文化传播

Cultural Communication

第8辑

蔡劲松　主编

北京航空航天大学出版社

图书在版编目（CIP）数据

文化传播. 第8辑／蔡劲松主编. --北京：北京航空航天大学出版社，2022.12

ISBN 978-7-5124-3980-1

Ⅰ. ①文… Ⅱ. ①蔡… Ⅲ. ①文化传播-丛刊 Ⅳ. ①G0-55

中国版本图书馆CIP数据核字（2022）第251410号

文化传播. 第8辑

责任编辑：李　帆
责任印制：秦　赟
出版发行：北京航空航天大学出版社
地　　址：北京市海淀区学院路37号（100191）
电　　话：010-82317023（编辑部）　　010-82317024（发行部）
010-82316936（邮购部）
网　　址：http：//www.buaapress.com.cn
读者信箱：bhxszx@163.com
印　　刷：北京九州迅驰传媒文化有限公司
开　　本：710mm×1000mm　1/16
印　　张：20.25
字　　数：321千字
版　　次：2022年12月第1版
印　　次：2022年12月第1次印刷
定　　价：58.00元

如有印装质量问题，请与本社发行部联系调换
联系电话：010-82317024

《文化传播》编辑委员会

目　录

CONTENTS

前沿视点

经典与通识

专题研讨：新文科教育探索

专题研讨：科技人文与反思

学术观察

博士生论坛

Main Contents

前沿视点

论黄河的神圣性义蕴

乔清举*

【摘要】在中华民族5000年的历史中，“黄河”始终不是一条普通的河流，而是一条具有神圣性的河流。它在历史上曾经被叫作“高祖河”“河宗”“德水”“中国河”“灵川”等，不同朝代给黄河分配了不同的河神，如“河伯”“河侯”；历代对黄河进行祭祀。在中华民族的文化心理中，与黄河相关的文化意象都具有永恒性、积极性价值。“黄河清，圣人出”成为表达中国文化对天人关系的神秘性认识。黄河能够具有神圣性既是因为黄河流域是中华民族、中华文明的发祥地，也与它的来源——昆仑山——上帝所居之山有关。黄河的神圣性是黄河文化及其生命的深刻内涵，也是中华民族历史传承的坚实保证。黄河的“神圣性”本质上是自然之魅的表现；敬畏黄河、敬畏山川，祭祀黄河、祭祀山川，这些活动表达了古人对于自然的珍重和敬意。基于这种敬意和敬畏精神，传统文化反对破坏自然、虐待动植物，反对人为阻绝山川，这种态度具有重要的生态意义，对我们今天生态文明建设具有一定的启迪。

【关键词】黄河　神圣性　高祖河　中国河　生态

黄河是中华民族的母亲河，也是一条神圣的河。黄河的神圣性是中华文化与中华文明的重要内容。本文分别从名称、祭祀等方面说明黄河的神

* 乔清举，中共中央党校（国家行政学院）哲学部副主任，教授，博士生导师，入选国家“万人计划”哲学社会科学领军人才、全国文化名家暨“四个一批”人才。

圣性的种种表现及其生态意义。

一、黄河神圣性义蕴的文化心理表现

在中华民族5000年的历史中，黄河始终不是一条普通的河流，不是一个单纯的自然现象，而是超一条“神圣”的河流，具有丰富的神圣义蕴，这是由中华民族在历史上和黄河的交往史所决定的。历史上，黄河曾叫“高祖河”、“中国河”（详下），这些都是它的神圣性的表达；它至今还被叫作“母亲河”，同样表达了它的“神圣性”。这种神圣性，成为中华民族的集体意识、文化心理；发挥了民族凝聚力、文化凝聚力。

黄河的神圣性是民族文化的隐秘内涵，是民族文化心理的集体意识。这种集体意识在思维中会成为一种自动过滤系统，在使用语言的时候，使人自觉地避开把河用在贬义上、阴柔之美上，这是客观的“神圣性”转化成了主观的人的心理的过程。在汉语中，与“河”相关的词汇和与“江”相关的词汇反映着不同文化心理，[①] 前者大都具有永久性、肯定性的正面价值，后者则否。河类词汇内涵的深刻性远超江类词汇，典型者例如“河山—江山”。二者大体同义，大好河山、江山秀美都可用来指作为自然国土的美丽，但二者又有一种非常隐秘的深刻区别，反映了不同的文化心理意识，从成语“江山好改，本性难移”中可以看出这点来。“江山”不具有本质意义，是可以变动的。事实上，“江山”常常代表的是政权、朝廷。中国自古就有革命的传统，《易传》上说“汤武革命，顺乎天而应乎人”，就是对革命的肯定。“江山”不具有永久意义，每一个朝代都有气数已尽之时，都会且应该被取而代之。一个失去天命的朝代要求“还我江山”，通常是不再具有合法性的，因为江山不可能永久地属于一家一姓。相反，当外敌入侵，国家民族处于危急存亡的关头，“还我河山”则是一个气壮山河、激励人心的口号。江山和河山的区别，如同顾炎武所说的“亡国”和“亡天下”的区别。国家，即一个朝代，是可以灭亡的；天下却是不可以的。一个政权可以说自己“一统江山”，却不能说“一统河山”，因为

---

① 此观点作者有受黄河水利委员会侯全亮同志启发之处，特此指出，以表谢意。

"河山"属于自然、属于大地、属于历史、属于永恒，谁也"统"不了。一个政权可以说"江山社稷"，不能说"河山社稷"，道理也是如此。"社稷"象征政权，河山象征天地的永恒性。杜甫诗"国破山河在"，不能改为"国破江山在"，一来国家不属于他，他没有资格这样说；二来"国破"是"江山"出了问题，而不是"河山"出了问题。岳飞抗金说的是"还我河山"，也不能说"还我江山"。因为江山是属于赵宋的。由于河山不定所属，岳飞夺回来的"河山"存在不再是自己的"江山"的可能性，所以，赵氏王室宁愿要半壁江山，也不敢冒岳飞把金国打败后所得的河山可能连半壁也没有自己的份这个险。赵宋本来就是这么起家的，殷鉴不远。总之，河山是普遍的、永恒的，江山是特殊的、短暂的；江山是属于人的，人却是属于河山的。所以，与江山相比，河山无疑更具有更本质的意义。

江山的气感也远不如河山足。汉语有"气吞山河""气壮山河""大好河山""河山壮丽"，给人带来的是壮、大、盛、好的感觉；江山则是妩媚、秀美。前者是阳刚之气；后者是阴柔之气。还有很多与江相关的词汇，甚至包含贬义，如"江湖"，与河相关的词汇则不如此。江湖往往意味着狡诈，"江河"则没有；"不废江河万古流"，反而是赞颂"江河"的永恒性。"河湖"则是一种纯粹自然现象。"江南"一般与风景秀丽、人杰地灵相联系，但是李白怀念杜甫，诗说："江南瘴疠地，逐客无消息。"在此，江南并不是一个宜居的地方。相反，黄河流经的中原，却没有人提出异议或攻击，而只能赞颂有加。《盐铁论》说："中国，天地之中，阴阳之际也；日月经其南，斗极出其北；含众和之气，产育庶物。"① 汉末，袁准对曹爽说："吴楚之民，脆弱寡能；英才大贤，不出其土；比技量力，不足与中国抗衡。"② 这里的"技"指文化，"中国"指中原。南宋陈亮关于中原的说法也非常典型。他说："中国，天地之正气也，天命之所钟也，人心之所会也，衣冠礼乐之所萃也，百代帝王之所以相承也，岂天地之外

① ［西汉］桓宽．盐铁论·轻重，盐铁论注释［M］．乔清举，撰．北京：华夏出版社，1995：91.
② ［东汉］袁准．宜捐淮汉已南书，全上古三代秦汉三国六朝文（第 2 册，第 1769 上）［M］．北京：中华书局，1958.

夷狄邪气之所以奸也。”①

二、黄河名称的神圣性义蕴

在古代，“河”即黄河。“河”字《说文》写作“”，与现在写法十分相近。这意味着这个字在此之前有一个较长的演化史。历史学家岑仲勉先生认为，上古没有“河”字，只有从“水”从“乃”的“氵乃”字，这个“乃”字不可做“可”，所以这个字不是“河”字。②现在看来，这一看法并不正确。其实，甲骨文已经出现了“河”字，写作“”，同篇写作“”。此外“河”字还有、等写法。③

1. 高祖河

从甲骨文材料来看，黄河在殷人的生活中扮演着重要角色。在殷人那里，黄河不是一条普通的河流，他们称它为“高祖河”。《卜辞》有这样的条目：“辛未，贞，求禾高祖河于辛巳，酌燎。”④殷人的神都是祖先神。显然，在他们的眼中黄河和他们的祖先一样神圣，所以它们向黄河祭祀，求雨、求年。

2. 河宗

殷人还提出了“河宗”的概念。甲骨文有这样一条：“贞，于南方将河宗。十月。”“将”，奉享，祭祀之意。“宗”，《说文》写作“”，意思“尊祖庙也，从宀、从示”。于省吾认为，“示”象屋中所立的神主的形状。此外，宗还有祖先、同一祖先的家族、嫡长子、本、根本等义项。老子的“渊兮似万物之宗”，采用的就是“根本”的含义。“宗”还有归向的意思，如“朝宗于海”。“河宗”意味着黄河是所有河流的“宗”。

---

① ［南宋］陈亮．上孝宗皇帝第一书，陈亮集（增订本）卷一［M］．北京：中华书局，1987：1.

② 岑仲勉．黄河变迁史［M］．北京：中华书局出版，2004：82.

③ 汉语大词典：第3册［M］．武汉：湖北辞书出版社，成都：四川辞书出版社，1990：1582.

④ 本文甲骨文文字皆引自赵诚．甲骨文与商代文化［M］．沈阳：辽宁人民出版社，2000. 为节省篇幅，不具注.

周人兴起于黄河流域的渭河、泾河地区，他们对于黄河也保持高度的敬畏精神，给了黄河许多神圣性的命名。他们继承殷人，也把黄河作为“河宗”。《穆天子传》说“河与江淮济三水为四渎。河曰河宗，四渎之所宗也。”① 这表明，黄河的地位高于其他三渎，是其他的首领，统领其他三渎；它们应归宗于黄河。殷、周人的这种看法极具文化意义。它不是以水量的大小、清浊、河流的长短为标尺的，而是以河流在文化、历史发展中的作用为依据的。周人起源于黄河流域，受惠于黄河。他们所居住的沣河，水是流向黄河的。黄河带走了他们那里可能发生的洪涝灾害，他们沿着自己的河流顺流而下，就可以来到黄河，到他们之外的其他部落。武王伐纣，曾经在孟津会师起盟，留下了“盟津”这个千古名称。黄河指引他们获得了胜利，取得了天下。

黄河本身是一个宏大的、永恒的自然现象，超出寻常的宏大和永恒总是和神意联系在一起的，本身就能激起人们的敬意和敬畏。西周、东周、春秋、战国都属于周朝。至今流传的许多关于河流的认识大都属于周人对于河流的认识。关于祭祀河川的规定，也都是周人制定的。这无疑是和殷人一脉相承的。诚如孔子所说，“周因于殷礼”。河为四渎之宗成为中国文化的一个普遍观念。《汉书·沟洫志》曾说：“中国川原以百数，莫著于四渎，而河为宗。”② 唐太宗诗也肯定黄河“雄标四渎尊”。

3. 浊河

战国时期，黄河还有“浊河”的名称。燕王曰：“吾闻之齐有清济浊河，可以为固。”③ 这是说黄河水浊，是一个自然的描述。浊河可能是一个常用的说法。《史记·高祖本纪》谈到齐国的地理形势，说“夫齐，东有琅邪，即墨之饶，南有泰山之故，西有浊河之限，北有渤海之利。”④

4. 德水

秦始皇曾经把黄河改名为“德水”。据《史记》记载，“始皇推终始

---

① ［唐］徐坚．初学记（上册）［M］．北京：中华书局，1962：119.
② ［汉］班固．汉书·沟洫志，汉书（第6册）［M］．北京：中华书局，1962：1698.
③ 张清常，王延栋．战国策笺注·燕策·苏秦死［M］．天津：南开大学出版社，1993：770.
④ ［汉］司马迁．史记（第2册）［M］．北京：中华书局，1962：382－383.

五德之传，以为周得火德，秦代周德，从所不胜。皆上黑。数以六为纪，符、法冠皆六寸，而舆六尺，六尺为步，乘六马。更名河曰德水，以为水德之始。”① 《史记·封禅书》有相同的记载，秦人认为，周以火德成。“今秦变周，水德之时。昔秦文公出猎，获黑龙，此其水德之瑞。于是秦更命河曰‘德水’”②

5. 黄河

黄河叫作“黄河”，似乎是从汉高祖刘邦开始。据《汉书·高惠高后文功臣表第四》封爵之誓曰：“使黄河如带，泰山若厉，国以永存，爰及苗裔。”不过，王念孙认为，汉以前没有称“黄河”为“黄河”的，这里的“黄”字可能是后人所加。

6. 中国河

黄河还有“中国河”的名称。这里的“中国”是古代的“中原”的含义，中原即天下之中。流经天下之中的河流，自然具有非同一般的神圣性。《汉书·西域传》：“其河有两源，一出葱岭山、一出于阗。于阗在南山下，其河北流，与葱岭河合，东注蒲昌海。蒲昌海一名盐泽者也，去玉门、阳关三百余里，广袤三百里。其水亭居，冬夏不增减，皆以为潜行地下，南出于积石，为中国河云。”③《初学记》在解释《山海经》河出昆仑的时候也指出，“昆仑山纵广万里，高万一千里，去嵩山五万里，有青河、白河、赤河、黑河环其墟。其白水出其东北陬，屈向东南流，为中国河。河百里一小曲，千里一大曲，发源及入中国。大率常然。”

7. 灵川、灵脉

在抒情的文学作品中，古人为了充分表达对黄河的敬意，把黄河称作“灵川”“灵脉”。后汉应场（？—217 年）《灵河赋》云：

> 咨灵川之遐源兮，于昆仑之神丘。凌增城之阴隅兮，赖后土之潜流。冲积石之重险兮，披山麓之溢浮。蹶龙门而南迈兮，纡鸿体而因

① ［汉］司马迁. 史记（第 1 册）［M］. 北京：中华书局，1959：337 - 238.
② ［汉］司马迁. 史记（第 4 册）［M］. 北京：中华书局，1959：1366.
③ ［汉］司马迁. 史记（第 12 册）［M］. 北京：中华书局，1959：3781.

流。涉津洛之阪泉兮，播九道之中洲。湏动而腾骛兮，恒亹亹而徂征。肇乘高而迅逝兮，阳侯怖而振惊。[①]

“灵”正是水的神圣性的表现。刘禹锡曾经说“山不在高，有仙则名；水不在深，有龙则灵”。水因为有神，所以灵。灵既是某种神物本身，也是神物所具有的性质的升华。在中华民族文化中，“神”很早就成为一种“妙用”，奇妙的性质，而不是一种有具体物质形态的鬼神。称黄河为“灵”，是一种根深蒂固的民族心理。东晋郭璞《尔雅图赞》说“昆仑三层，号曰天柱；实惟河源，水之灵府”，这是说河水之灵，源自昆仑之灵。明代诗人费锡琮的《黄河》说：“灵脉来天上，混流昼夜奔，纵横穿套口，曲折下龙门。地入荥阴断，山临华岳尊，何须逢汉使，便拟溯昆仑。”

黄河还有几种叫法，如《水经注》中称“上河”，“《地理志》曰河水别出为河沟，东至富平，北入河。河水于此有上河之名也。[②]《尚书》中称“九河”，《史记》中称“大河”等。

黄河的各种名称，除了“浊河”和“黄河”是对河流的自然状态的描述，其他都包含了浓郁的神圣性和深厚的文化底蕴，表现了古人对于黄河的敬意和敬畏。黄河之所以能够成为“母亲河”，是它对中华民族的形成和繁衍的巨大贡献以及中华民族对它的感恩和敬意的结果。黄河的神圣性，中华民族对于黄河的敬畏，都是黄河文化的生命的表现。

三、历代河神、河封与河祭、河清颂

对黄河加“魅”的极端化形式是塑造河神，把河神作为河的化身，由此确立河的主体性，使人在与河的交往中保持敬意和敬畏；确立人对于河流以至于整个自然的敬畏意识。这是神化形式的主体性，走到极端会完全无视人类的主动性，匍匐于自然的威力之下，典型的如把少女沉入河中祭

① 古今图书集成（第20册上）[M]. 北京：中华书局，成都：巴蜀书社. 1996：23921.

② [北魏] 郦道元撰，杨守敬纂疏，熊会贞疏. 水经注疏 [M]. 南京：江苏古籍出版社，1989：194.

河，说是给河伯娶妇。这种形式在先秦是比较普遍的，六国统一以前的秦国就有把公主沉入河中的风俗。[①] 西门豹曾经把女巫投入河中，切断了这一风俗的流传；后来又“发民凿十二渠，引河水灌民田”。[②]《史记》仅把西门豹列入《滑稽列传》，没有认识到西门豹兴修水利的文明、文化意义。用人祭河是河的主体性高于人的表现。近代对自然祛魅以后，自然失去了主体地位，成为人斗争的对象、人类用自己的智力塑造的客体。人成为唯一主体的缺陷导致我们正在经历和体验着自然的破坏。极端的自然主体和极端的人类主体都是不可以的。笔者认为，一阴一阳之谓道的思维方式来处理二者的关系，是明智的选择。

历史发展到今天，维护河流的主体性、尊重和维护河流的权利，维持河流的健康生命，已经成为生态文明建设的必然要求。我们已不必采用神化的形式，但必须保留对河流的神意的肯定，保持对于河流的敬意和敬畏，由此在人与河流的交往、诠释中达到深度的主体间性，实现人与河流的共存。如同金岳霖所说，达到“共存的民主”。

（一）历代河神

1. 河伯

黄河的第一位神是河伯。他的身世、性别都有一些扑朔迷离的地方。较为普遍的说法认为，他是“华阴潼乡人，姓冯氏，名夷，浴於河中而溺死，遂为河伯也。”[③] 此类说法还有以下若干条。

《楚辞·远游》：“使湘灵鼓瑟兮，令海若舞冯夷。”

屈原《九歌》：“与女游兮九河，冲风起兮水扬波。乘水车兮荷盖，驾两龙兮骖螭。登昆仑兮四望，心飞扬兮浩荡。日将暮兮怅忘归，惟极浦兮寤怀。鱼鳞屋兮龙堂，紫贝阙兮珠宫；灵何为兮水中？乘白鼋兮逐文鱼，与女游兮河之渚，流澌纷兮将来下。子交手兮东行，送美人兮南

---

① ［明］杨慎．升庵全集（第4卷）［M］．上海：商务印书馆，1937：513.
② ［汉］司马迁．史记（第10册）［M］．北京：中华书局，1959：3211－3213.
③ ［汉］司马迁．史记（第10册）［M］．北京：中华书局，1959：3211.

浦。波滔滔兮来迎，鱼鳞鳞兮媵予。”① 洪兴祖注《楚辞·九歌·河伯》引《抱朴子·释鬼》：“冯夷以八月上庚日渡河溺死，天帝署为河伯。”

也有一种说法认为，他是一位得道成仙者。《淮南子·原道训》：“昔者冯夷、大丙之御也，乘云车，入云蜺，游微雾，骛怳忽，历远弥高以极往。”高诱注《淮南子·齐俗训》：“冯夷，何伯也。华阴潼乡隄首任，服八石，得水仙。”②

《水经注·河水一》：“《括地图》曰：冯夷恒乘云车，驾二龙。河水又出于阳纡。凌门之山，而注于冯逸之山。”③

河神有一位美丽的妻子：洛水宓妃。宓妃乃伏羲之女，溺死水中，因成水神，嫁于河伯冯夷为妻。曹植《洛神赋》、顾恺之《洛神赋图》，都是对于这位美丽的水神的纪念。也有一种观点认为，河伯和冯夷本是两回事。河伯是中原一个部落的首领，冯夷原是东部一个部落首领，在征战与融合中，并入西部。冯夷本是他妻子的名字。《后汉书·张衡传》引《龙鱼河图》：“河伯姓吕，名公子，夫人姓冯，名夷。”

2. 河侯

黄河的第一位河神是“河侯”王尊。王尊原是汉代 名官员，事具《汉书·赵尹韩张两王传》。他成为河侯，与治水有关。据《汉书》传记载，“河水盛溢，泛浸瓠子金堤，老弱奔走，恐水大决为害。尊躬率吏民，投沉白马，祀水神河伯。尊亲执圭璧，使巫策祝，请以身填金堤，因止宿，庐居堤上。吏民数千万人争叩头救止尊，尊终不肯去。及水盛堤坏，吏民皆奔走。唯一主簿泣在尊旁，立不动。而水波稍却回还。吏民嘉壮尊之勇节，白马三老硃英等奏其状。下有司考，皆如言。于是制诏御史：‘东郡河水盛长，毁坏金堤，未决三尺，百姓惶恐奔走。太守身当水冲，履咫尺之难，不避危殆，以安众心，吏民复还就作，水不为灾，朕甚嘉之。秩尊中二千石，加赐黄金二十斤。’”④ 王尊死后，当地百姓把他立为

① 金开诚，董洪利，高璐明．屈原集校注（上册）［M］．北京：中华书局，1996：266－272.
② ［汉］刘安．淮南子·原道训，诸子集成（第7册）［M］．北京：中华书局，1954：2－3.
③ 水经注疏［M］．南京：江苏古籍出版社，1989：11－12.
④ 汉书（第10册）［M］．北京：中华书局，1962：3237.

河侯，加以祠祀。河侯是人鬼祀为河神的开始。

3.“河阴圣后”

黄河的第三位河神是“河阴圣后”。金世宗大定（1161—1190年）二十七年（1187年）正月，封郑州河阴县黄河为“昭应顺济圣后”。前代河为水患，黄河屡次应祷安澜，所以加封号，庙额。每年由本县长官春秋祭祀。“河阴圣后”是黄河的第一个地方性河神。

4. 陈平

黄河的第四位河神是陈平。陈平乃是汉代开国元勋。据《月令广义·岁令》称河神陈平为汉相国。《三教源流搜神大全》卷二亦称河渎为汉陈平，唐始封二字公，宋加四字公，圣朝加封四字王，号“灵源弘济王”。

5.“金龙四大王”

第五位河神是“金龙四大王”。金龙四大王本为南宋末人，名谢绪，浙江人，排行第四。明代受封，景帝景泰（1450—1457年）七年（1456年）十二月建金龙四大王祠于沙湾。①

6.“黄大王黄守才”

第六位著名河神为“黄大王黄守才”。明末人，李自成攻开封时被捉，李让其灌城，拒绝，李大怒，欲杀之，遂灌城。

（二）历代黄河的封号

唐天宝六年（747年）封河渎为“灵源公”。②

宋仁宗康定（1040—1064年）元年（1040年）诏封河渎为“显圣灵源王”。③

至元（1264—1295年）二十八年（1291年）加封河滨为“灵源弘济王”。④

---

① 古今图书集成（第20册上）［M］. 北京：中华书局，成都：巴蜀书社，1996：23898－23901.

② ［后晋］刘昫. 旧唐书·志第四·礼仪四［M］. 北京：中华书局，2000：630.

③ ［元］脱脱. 宋史·礼志五（第8册）［M］. 北京：中华书局，1977：2488.

④ ［明］宋濂. 元史·祭祀志五（第6册）［M］. 北京：中华书局，1976：1900.

明代封西渎为“大河之神”，北渎为“大济之神”，“西渎”即黄河。①

清代也多次给河神加封、祭祀。顺治三年特封黄河神为“显佑通济金龙四大王之神”，到光绪时，历代封号与清代封号加叠加在一起达到29字：“灵佑襄济显惠赞顺护国普利昭应孚泽绥靖普化宣仁保民诚感黄大王。”

（三）历代河祭

祭河是中国传统文化的一部分。《古今图书集成·河部》详细记载了历代河祭，② 礼仪一般是沉圭璧、牛、羊等牺牲于河。此处对历代祭河的典型事例进行分析。

最早的祭河记载是帝尧沉璧于河。据《尚书中侯》记载，“尧沉璧于河，白云起回风摇落”③ 关于帝尧沉璧于河，其他典籍皆无记载。《初学记》中说：“尧率诸侯群臣，沈璧于洛河，受图书，今《尚书中侯》握河纪之篇是也。”舜居摄时曾经祭河，《尚书·虞夏书·舜典》有“禋于六宗，望于山川，遍于群神”的记载。六宗为天宗日、月、星辰，地宗岱、河、海。禋的祭祀形式如前所述“精意以享为禋。”“精意以享”是对祭祀的本质性的解释，人把自己的精诚之意献给六宗，正是对于山川的敬意和敬畏。夏代的祭祀，据《竹书纪年》有“帝芒元年壬申帝即位，以元珪宾于河”一条。

甲骨文的出土使我们比前人更多地知道殷人祭河的情况。殷人对于黄河敬畏和祭祀远超前代。如前所述，他们把黄河称为“高祖河”，广泛地向黄河献祭、卜问。在他们大致看来，黄河具有一种决定未来的神灵作用，能够令自然界产生风、雨，如“贞，翌甲戌，河不令雨”“贞，翌甲戌，河其令雨”“壬戌卜，于河求雨，燎”。他们认为，黄河也能禁止风雨的产生，如“庚申卜，永贞，河壱雨”。“壱”

---

① ［清］张廷玉．明史·志第二十五（第5册）［M］．北京：中华书局，1974：1284.

② 古今图书集成（第20册上）［M］．北京：中华书局，成都：巴蜀书社，1996：23898－23901.

③ 古今图书集成（第20册上）［M］．北京：中华书局，成都：巴蜀书社，1996：23898.

是阻止、为害。河也能为阻止收成，“庚寅卜，唯河壱禾。”所以，他们向河卜问收成。“戊寅卜，争贞，求年于河，燎三宰，沉三牛”；“求年于河，寮三牢，沉三牛，俎牢”；“壬申贞，求禾于河，燎三牛，沉三牛”。①

祭祀河渎山川是周人的政治制度。他们规定了祭祀的对应等级，只有天子有资格祭祀四渎。据《竹书纪年》记载，周成王十八年春正月，“王如洛邑定鼎，凤凰见，遂有事于河”。“有事于河”即祭河。又据《竹书纪年》记载，“夷王二年，蜀人吕人来献琼玉，宾于河。用介珪”。这里所说的祭祀都不是常规祭祀，即临时有意外的祥瑞出现时的祭祀。秦始皇统一六国之后，规定在临晋祀河。据《史记·封禅书》记载，“水曰河，祠临晋”，秦始皇希望形成一种制度。因为他国祚不久，这个制度亦未形成。

史书记载的汉代祭河也都是非常之祭，有应瑞之祭，更多则是为了救灾。文帝时赵人新垣平说周鼎亡在泗水，现在河溢，东北有金气，可能是周鼎，建议文帝祭祀以出周鼎。文帝十五年修河渎祀嘉玉，武帝建元元年诏修河渎祠。武帝元封二年，黄河在瓠子决口。后二十年，武帝亲临堵塞，“沈白马玉璧”以祭河，“令群臣从官自将军以下皆负薪寘决河。是时东郡烧草，以故薪柴少，而下淇园之竹以为楗。天子既临河决，悼功之不成，乃作歌曰：‘瓠子决兮将柰何？皓皓旰旰兮闾殚为河！殚为河兮地不得宁，功无已时兮吾山平。吾山平兮钜野溢，鱼沸郁兮柏冬日。延道弛兮离常流，蛟龙骋兮方远游。归旧川兮神哉沛，不封禅兮安知外！为我谓河伯兮何不仁，泛滥不止兮愁吾人？久不反兮水维缓。’一曰：‘河汤汤兮激潺湲，北渡污兮浚流难。搴长茭兮沈美玉，河伯许兮薪不属。薪不属兮卫人罪，烧萧条兮噫乎何以御水！颓林竹兮楗石菑，宣房塞兮万福来。’”河决最终被堵上，汉武帝在河决的地方修建了宣房宫，从此“道河北行二渠，复禹旧迹，而梁、楚之地复宁，无水灾。”②

后汉书明帝末平十三年夏四月辛巳巡行河渠，乙酉诏曰“自汴渠决

① 以上数条甲骨文材料转引自赵诚《甲骨文与商代文化》第2章《先公》.

② ［汉］司马迁．史记（第4册）［M］．1413.

败，六十余岁，加顷年以来，雨水不时，汴流东侵，日月益甚，水门故处，皆在河中，漭瀁广溢，莫测圻岸，荡荡极望，不知纲纪。今兖、豫之人，多被水患，乃云县官不先人急，好兴它役。又或以为河流入汴，幽、冀蒙利，故曰左堤强则右堤伤，左右俱强则下方伤，宜任水势所之，使人随高而处，公家息壅塞之费，百姓无陷溺之患。议者不同，南北异论，朕不知所从，久而不决。今既筑堤理渠，绝水立门，河、汴分流，复其旧迹，陶丘之北，渐就壤坟，故荐嘉玉洁牲，以礼河神。东过洛汭，叹禹之绩。今五土之宜，反其正色，滨渠下田，赋与贫人，无令豪右得固其利，庶继世宗《瓠子》之作。”①

总之，河祭或为应瑞，或为塞决救灾。宋代曾经因为黄河水少而祭河。“康定二年三月，以黄河水势甚浅，致分流入汴，未能通济，遣使祭河渎及灵津庙。”② 金、元、清少数民族政权都接受了汉族对于河流的认识，以时祭河，从而融入中华文明。清康熙二十三年，曾祭河神，文曰：

> 惟神忠心贯日，正气凌霄；奠蔀屋，志宁居；功襄平土，挽银河之激浪，力奏安澜。三月春流，无恙桃花之水；千官扈跸，莫愁瓠子之宫。朕念苍赤之艰难，历黄淮而巡省，万艘飞挽，咸有藉于神庥；九曲澄波，实远资夫明德。凡此平成之效，尽邀兽运之灵，特遣从官吉蠲用享，惟神来格，尚其歆鉴。

我们也不应认为古人只会消极地祭河拜神，求天恩赐。实际上，中国古代文化是以儒家文化为主体的，儒家从孔子开始就确立了理性主义的传统。《论语》记载“子不语力怪乱神”③，子路问事鬼神。孔子说：“未能事人，焉能事鬼？”④ 孔子对于祭祀的态度是：“祭如在，祭神如神在。”⑤ 我们还可以举一个楚王不祭河神的例子来说明中国文化的理性态度。“楚

① 后汉书·显宗孝明帝本纪：后汉书（第1册）［M］. 16.
② 古今图书集成（第20册上）［M］. 北京：中华书局，成都：巴蜀书社，1996：23900.
③ 论语·述而［M］.
④ 论语·先进［M］.
⑤ 论语·八佾［M］.

昭王有疾，卜曰：‘河神为祟。’王弗祭。大夫请祭诸郊。王曰：‘三代命祀，祭不越望，江汉沮漳，楚之望也。祸福之至，不是过乎。不谷虽不德，河非所获罪也。’遂不祭。孔子曰：‘楚昭王知大道矣，其不失国也宜哉。夏书曰：维彼陶唐，率彼天常，在此冀方，今失厥道，乱其纪纲，乃灭而亡。’又曰：‘允出兹在兹，由己率常可矣。’”① 这里，楚昭王以祭不过望为原则，阻止祭祀河神，还受到孔子的赞扬。对于祭祀的意义，荀子早就说过，“日月食而救之，天旱而雩，卜筮然后决大事，非以为得求也，以文之也。故君子以为文，而百姓以为神。以为文则吉，以为神则凶也。”② 这些都确立了对于鬼神的理性态度。无论是高层统治者也好，一般的知识分子也好，大传统都不把问题的解决寄托在祭祀求拜上，而是力图找出符合科学的方法来解决问题。一方面也祭祀，保持对天地的敬畏，对百姓的爱护，对自己心灵的慰藉；另一方面，又采用科学的方法去解决问题，这是中国文化的主流，也是中国文化的健康理性所在。

（五）河清颂

由于黄河是一条神圣的河流，所以在中华民族的历史上，河清便与神意密切相关。圣人出，黄河清；黄河清，圣人出，二者已经超出了因果的范畴。只有具有神圣性的河流，她的清才成为神意的象征和实现。黄河成为人神之间联系的纽带。神意通过河清而得到现象。河清显示了天与人的沟通，天与人的感应，自然对于人的回应。《易·坤灵图》说，圣人受命，瑞见于河。元时黄河清七日，朱右《河清颂》其中有一段说明了黄河清的神圣意义。“《易·乾凿度》曰：天降嘉应，河水元清。《京房传》曰：河水清，天下平。王子年《拾遗记》：黄河一千年一清，既至圣之君，以为大瑞。春秋二百四十年，凡异屡书，未闻河清之记。秦汉以降，白麟赤雁芝芳宝鼎歌于郊庙，神雀五凤甘露黄龙标为年记，未闻河清之瑞也。宋元嘉中河济清。北齐武成以大宁二年改河清。唐肃宗中兴，河清四日，至三十里，亦未尝有七日之久，五百里之远也。惟我国朝太宗皇帝丙子之岁黄

---

① 孔子家语·正论解［M］.

② 荀子·天论［M］.

河清，今一百四十六年。河水载清，乃至七日，帝王受命符瑞未若此之著也。”① 总之，河清是神对于当时朝代和人们的格外的眷顾，所以历代对于河清都会唱一曲赞歌。唐代黄河从洛口开始160里河清，横海军奏界内河清澄分明。权德舆《贺黄河清表》文曰：

臣闻圣人在上，天下和平，风雨时若，则海波不荡。黄河清，夫土所以载水，水所以利物，天意钟土德之道，开水瑞之华，符我上圣，祥于下土。伏惟睿圣文武皇帝陛下继十圣之原规，陈一王之法，垂衣裳以朝万国，舞干羽而来四夷，平泰阶于天缠，偃师节于灵台，故得浊波浑浑，千载一清，长澜浩浩，百里如镜，气新天宇，光澈地脉。仰分万象之法，中涵千圣之德。初澄海裔，表陛下横恩波于海上；再清洛口，助陛下铺文明于土中。②

权德舆所说，值得注意的是河清对于“文明”的启示，“文明”是精神、文化在现实中的展开，是神意在历史中的落实。

四、黄河的神圣性义蕴的来源

黄河文化的神圣义蕴其实也是黄河神圣义蕴。黄河能够具有神圣性，首先是因为黄河流域是中华民族、中华文明的发祥地。《汉书·郊祀志》云：“昔三代之居，皆河、洛之间。”③ 据竺可桢先生研究，大致8000年至3000年之前，黄河流域处于较佳的气候期，史称仰韶温暖期，气温比现在平均高3℃~5℃，降水量丰富。黄土湿润肥沃，有利于作物生长，适于农业。河南的伊洛盆地、山西的太原盆地、晋南的汾涑河盆地、关中平原都是水道便利、土地肥沃的地区，中华文明即起源于这些地区。黄河流域是炎黄二帝活动的区域。炎帝发明了农业，所以又叫神农氏；他还发明

① 古今图书集成（第20册上）[M]．北京：中华书局，成都：巴蜀书社，1996：23929.
② 古今图书集成（第20册上）[M]．北京：中华书局，成都：巴蜀书社，1996：23923.
③ 汉书·郊祀志上（第4册）[M]．1205.

了陶器、纺织、用草药治病的方法等。黄帝出生于今河南新郑，活动于今河南新郑、密县、禹州一带；具茨山、风后城、大鸿屯兵处都实有其地。尧都汾阳，舜都运城，夏朝都城有斟寻、阳翟、阳城等，殷商先后都于郑州、安阳等地，周人都于丰、镐、洛阳。此后，秦都咸阳、汉都长安，东汉、西晋都洛阳，皆在黄河流域。东晋都建康，今南京，是中华文明政治中心首次转移到南方。魏晋南北朝整体上属战乱时期，国家政治中心呈现多地化特点。隋都洛阳，唐都长安。五代十国也属于战乱时期，情况大致与魏晋南北朝同。宋都开封，在黄河南岸。南宋由于金国入侵，定于临安，国家政治中心南移。元、明、清都定都北京。在中国历史上，南方则仅有南京、杭州作过全国性首都。由历代定都可见，中国历史的政治、经济基本上大部分时间是在黄河流域展开的；大致南宋以后国家经济中心南移。

在文化上，说中国文化总体上属于“黄河文化”，把“黄河文化”作为中华文化的代名词来使用，大体是可以的。五经、诸子之学皆出于北方。南宋以后，长江流域及江南、南方出现了比北方更多具有全国性影响的哲学家、文学家等，如朱熹、王阳明、王夫之、桐城学派、公安学派等。但是，他们的学问本质上还是黄河文化的延续和丰富，而不是异质新文化的诞生。朱熹理学是程颐和程颢二程理学的发展，合称为“程朱理学”，二程学问发端于伊洛之间。王夫之的学问可以溯源到张载的关学。清朝有汉宋之争，无论汉学、宋学都初起于黄河流域。明末以后，西学东渐，南方学者受西学影响，给中国的学问带来了新的气象。《康熙字典》的编纂、戴震的考据之学等，都有西学的影响。这些可视为异质因素的传入。刘师培曾经说：“大抵北方之地，土厚而水深，其间多尚实际。南方之地，水势浩洋，民生其地，多尚虚无。”① 的确，总体上说，北方尚实，南方尚虚，不过，这也是大体言之。老、庄都很难说是南方人，他们生长的地方是现在的河南商丘、周口一带，活动的区域也在北方。他们的确更多地谈到了江、海，而不十分重视“河”，这是一个明显的特点，但也很难说是南方的传统。禅宗六祖惠能是湖北人，形成自己的思想后，长期在广东活动；陆九渊、陈献章、王阳明的心学都可以说是南方人的学问。但

① 刘师培．刘申叔先生遗书（第1册）［M］．台北：华世出版社，1975：670.

是，心学传统是由思孟学派建立的，子思、孟子无疑都是北方人。陆九渊、王阳明都认为自己是接着孟子讲的。

黄河神圣性也与它的来源——昆仑山——上帝所居之山有关，它还与另外一条著名的河——银河有着姻亲关系。它又通过汉江、淮河与长江流域相连。黄河与银河的连通是一个精神意象。唐刘禹锡《浪淘沙》说："九曲黄河万里沙，浪淘风簸自天涯。如今直上银河去，同到牵牛织女家。"明徐贲《河流》诗云："洪流盘砥柱，淮济不同波。莫讶清时少，都缘曲处多。远能通玉塞，高复接银河。大禹成门险，为龙始得过。"徐贲所说"为龙诗得过"说出了黄河的神圣性的另一面，它为普通人提供了成龙的途径——鲤鱼跳龙门。它之所以能够如此，是因为它本身就是一条神圣的河流——它来自天帝之都，从根源上带有神圣性。再次，"河出图、洛出书"明确肯定了它的神圣性。一代明君唐太宗的《黄河》诗赞颂了黄河的雄浑与神意："河源发昆仑，连乾复浸坤。波浑经雁塞，声振自龙门。岸裂新冲势，滩余旧落痕。横沟通海上，远色近山根。勇斗山峰折，雄标四渎尊。湾中秋景树，阔外夕阳村。沫乱知鱼响，槎来见鸟蹲。飞沙当白日，凝露接黄昏。润可资农田，清能表帝恩。雨吟勘极目，风渡想惊魂。显瑞龟会出，阴灵伯固存。盘涡寒渐急，浅濑水微温。九曲终柔胜，常流可暗吞。人间无博望，谁复到穷源。"

五、黄河文化的神圣性义蕴的生态意义

黄河的神圣性是黄河文化及其生命的深刻内涵（关于黄河文化，拟另文论述），也是中华民族历史传承的坚实支撑。这种"神圣性"在古人那里表现为对于自然的敬意、敬畏，敬畏黄河、敬畏山川，从而祭祀山川。这种敬意和敬畏精神反对破坏自然，反对虐待动植物，反对人为阻绝山川等。文子说："衰世之主，钻山石，挈金玉，擿砻蜃，消铜铁，而万物不滋；刳胎焚郊，覆巢毁卵，凤凰不翔，麒麟不游；构木为台，焚林而畋，竭泽而渔，积壤而丘处，掘地而井饮，浚川而为池，筑城而为固，拘兽以为畜。则阴阳谬戾，四时失序，雷霆毁折，雹霜为害，万物焦夭，处于太半，草木夏枯，三川绝而不流。分山川溪谷，使有壤界；计人众寡，使有

分数。设机械险阻以为备，制服色，等异贵贱，差贤不肖，行赏罚；则兵革起而忿争生，虐杀不辜，诛罚无罪，于是兴矣。”① 连“掘地而井饮”都受到指责，可见，文子的说法也有其片面性。但是，对于自然保持敬意和敬畏则是不错的。近代以来西方文化对于自然进行了“祛魅”，自然所包含的神圣性被解构了，自然成了单纯的物质世界，成了人们的客体、对象，人则成为主体，主体对于自然可以采取任何措施。这种态度开启了近代科学和工业之门，极大地改善了人类的生存状态，这是它积极的一面，但这也带来了环境遭到破坏、生态失去平衡的严重后果。对于自然完全消极、被动地完全不开发，显然是不符合人类的生存的；但极端地开发，带来生态后果，也是不可以的。这就要取其中道、中庸的态度，以人和自然作为整个宇宙的双中心，调整人和自然的关系。这种态度是中庸，也是无为，无为不是不作为，而是合乎规律地作为。人类对于自然，应当能够保持敬意和敬畏。这是符合生态文明的态度，也可以说是对于中华民族与自然交往的智慧。

① 王利器撰．文子疏义［M］．北京：中华书局，2000：527.

中国传统福利文化与当代社会保障制度发展*

贾洪波　蔡瑶瑶**

【摘要】 文化决定了制度安排选择和制度变迁过程。中国社会保障制度的产生与发展根植于中国传统福利文化。从文化价值观方面理解社会保障制度的产生与变迁，有助于全面深入地把握当代社会保障制度变迁的内在逻辑。中国传统福利文化主要包括贫困观念文化、健康观念文化和孝道文化。在传统福利文化的影响下，传统社会必然会选择与其福利文化相适应的社会保障制度，并根据其福利文化改革其相应的社会保障制度。中国传统福利文化对当代社会保障制度建设提供了有益启示。

【关键词】 传统福利文化　文化与制度变迁　社会保障

任何制度都受制于一定的文化环境中，并不是孤立地产生、存在和发展的。社会保障制度作为保障和改善民生、维护社会公平、增进人民福祉的重要制度安排，其以何种方式诞生、以何种角色存在是人们文化价值观选择的结果。古今中外的社会保障发展历程均表明，社会保障制度作为一项复杂的系统工程，其产生、发展到变迁都在无形中受到文化的支配，扎

* 本文系国家自然科学基金面上项目“以所得为缴费基数的城镇职工基本养老保险缴费率优化模型与实证测算”（项目编号：72074016）、中央高校基本科研业务费项目“医疗保障在实现共同富裕中的发展思路和实施路径”（YWF－22－W－126）的阶段性成果。

** 贾洪波，北京航空航天大学公共管理学院教授，博士生导师，社会保障研究中心主任；蔡瑶瑶，北京航空航天大学公共管理学院博士研究生。

根于传统文化之中。中国亦不例外。当代中国社会保障制度的产生与发展也根植于中国传统福利文化之中。从文化价值观方面理解社会保障制度的产生与变迁，有助于全面深入地把握社会保障制度变迁的内在逻辑，并探索出一条与本土福利文化相适应的具有中国特色的社会保障制度发展道路。因此，着眼于传统福利文化与社会保障制度之间的相互关系无疑是研究中国社会保障制度的重要视角。

一、文化、制度与制度变迁

文化是社会实践活动中体现出来的各种思想、意识形态、价值选择等观念要素的总和。文化与制度的关系是新制度经济学研究的重要内容之一。目前，学界对制度的定义并不统一，学者们从精神观念、博弈论和行为规范等多个方面对制度的含义进行了多方面的概括。比如，凡勃仑强调习惯对制度形成所发挥的作用，从精神观念方面将制度定义为一种被习惯化和被广泛接受的自然习俗。① 青木昌彦从博弈论的角度对制度进行概念解析，认为制度是一种博弈均衡，所有当事人都同时处于一个信念体系之中，一旦这一均衡被打破，原有的信念体系就会逐渐瓦解，制度就需要进行变革，制度变迁实际上就是原有同有信念体系逐渐瓦解，新的共有信念体系逐步建立的过程。② 制度是显性的规则，③ 这是新制度经济学代表人物诺斯的重要观点。诺斯认为制度颁布与执行的目的在于限制追求利益最大化的个人行为，减少人们交往过程中的不确定性。在《制度、制度变迁与经济绩效》一书中，他将制度分为正式的规则与非正式的规则，其中正式的规则包括章程、法律、条例、财产所有权等“有形的制度安排”，非正式的规则包括传统习俗、习惯、忌讳等“无形的制度安排”。

世界上没有一成不变的制度，制度是动态变迁的。目前，学者们对新制度产生、替代或改变旧制度的动态过程进行了研究，提出多种制度变迁

---

① 凡勃伦．有闲阶级论［M］．北京：商务印书馆，2005：149－150.

② 严清华，吴广灼．博弈论视角的制度观［J］．当代财经，2007（10）：23－28.

③ 丰雷，江丽，郑文博．认知、非正式约束与制度变迁：基于演化博弈视角［J］．经济社会体制比较，2019（02）：165－177.

的模型，包括“产权学”模型、“诱致性制度变迁”模型和“诺斯”模型。产权学派强调私有财产的经济价值以及私有产权的排他性对人们的激励作用，将私有财产看作制度变迁的唯一有效形式。“诱致性制度变迁”模型认为技术、要素和产品需求的变化是制度变迁的重要诱因。诺斯作为新制度经济学的重要代表人物，长期致力于与制度变迁有关的研究，他认为签约的双方是已经达成制度均衡的，这时候改变规则，显然要付出巨大成本。诺斯指出制度变迁的诱因来源于三个方面：相对价格的根本变化、人们偏好的改变以及观念、交易、时尚以及意识形态。①

制度与文化相互影响、相互作用。一方面，先进的制度会加速人们对先进文化的认同，落后的制度则会阻碍先进文化的发展。一种新文化从诞生到成熟，再到获得人们普遍的认同需要一个漫长的过程。当需要提倡某种文化时，管理者会通过制度来推动新文化的传播，这时的制度承载着新文化的理念，它不但能加速人们对新文化的认同过程，而且会使新文化与人们的社会生活达到更深层次的融合，逐渐发展为人们的自觉行动。然而，若制度承载的是与新文化完全相悖的意识形态与习惯，则在实践中旧文化将不断得到强化，这无疑不利于新文化的萌芽与发展。另一方面，任何一种制度安排的产生、变迁与发展都有特定的文化作为根源和支撑。文化既可能是制度变迁的动力源泉，也可能是制度变迁的主要阻力。文化不仅形塑了制度模式，而且通过路径依赖以成本的形式决定了制度变迁的速度乃至成败。诺思指出，“在一个制度报酬递增的动态世界里，行为人的不完美的或笨拙的努力所反映出来的是：以现有的心智构建（mental constructs）——观念、理论和意识形态——来辨识复杂的环境是多么的困难。”② 诺思的路径依赖说到底是人们的信念在发挥作用，是信念变成制度，然后由这种制度来推动社会其他方面的发展，包括经济的发展。③ 一般来讲，制度变迁的最大障碍来自与旧制度相适应的文化积淀。若在不清除与旧制度相适应的文化羁绊的前提下，进行强制性的制度变迁，制度变

① 赵晓奔．制度、技术创新与产业协同演化研究［D］．南昌：江西财经大学，2019．

② 诺思．制度、制度变迁与经济绩效［M］．上海：格致出版社、上海三联书店、上海人民出版社，2014：113．

③ 刘和旺．诺思制度变迁的路径依赖理论新发展［J］．经济评论，2006（02）：64－68．

迁将会面临巨大的阻力，并需要付出高昂的成本。在成本足够高的情况下将会导致制度变迁收益为零甚至为负，从而导致制度变迁失败。比如，韦伯在《儒教与道教》和《新教伦理与资本主义精神》中研究表明，儒家与道家学派中重农抑商等文化因素阻碍了中国资本主义经济的发展，这从侧面说明若缺乏与制度相适应的文化环境，制度变迁将最终以失败告终。在诺思之后，格雷夫运用子博弈精炼均衡概念解释了文化信仰在实际中决定了制度变迁的路径依赖。格雷夫认为特定制度博弈均衡受到参与者预期的影响，参与者的预期则来源于他自身的文化信仰，而参与者的文化信仰又是在以往的制度博弈过程中逐渐形成的，受到历史、社会和政治因素的影响，文化信仰就这样在不同历史阶段上的制度博弈和均衡之间建立了内在的联系。① 可见，从长期来看，文化决定了制度安排选择和制度变迁过程。

二、中国传统福利文化的内容

中国传统福利文化作为推动社会保障制度产生与运行的内在要素，其中相当一部分经过时间的考验与历史的选择，被人们广泛接受与传承，在社会民生建设的实践中发挥着重要的精神指引作用。中国传统福利文化属于社会意识范畴，是指社会保障制度本身所蕴含的以及在实践活动中体现出来的各种思想、意识形态、价值选择等观念要素，主要包括贫困观念文化、健康观念文化、孝道文化。

贫困观念文化是从社会文化的角度对贫困现象的一种综合解释，是在对贫困问题进行解读过程中存在的一种思维定式。它不仅反映了人们在当前阶段对贫困的认知，也在一定程度上决定了人们将会采取何种行动摆脱贫困。② 总体来看，中国传统福利文化主张扶危济困，主动帮济生活困难者。中国在数千年的传统社会中关于济贫、反贫的福利文化论述举不胜举。比如，老子《道德经》第七十七章中提出了“天之道，其犹张弓欤，

---

① 赵祥．新制度主义路径依赖理论的发展［J］．人文杂志，2004（06）：54－60.

② 毕天云．社会福利场域的惯习［D］．北京：中国社会科学院研究生院，2003.

高者抑之，下者举之，有余者损之，不足者补之；天之道，损有余而补不足”的思想。再比如，《论语·雍也》第六论道“原思为之宰，与之粟九百，辞。子曰：‘毋！以与尔邻里乡党乎！’”，认为要把多余的财富用于帮助缺乏财物的人。还比如，葛洪在《抱朴子内篇·微旨》中说：“欲求长生者，必欲积善立功，慈心于物，恕己及人，仁逮昆虫。乐人之吉，愍人之苦；赒人之急，救人之穷；手不伤生，口不劝祸；见人之得如己之得，见人之失如己之失；不自贵，不自誉；不嫉妒胜己，不佞谄阴贼，如此乃为有德，受福于天，天作必成，求仙可冀也。”可见，葛洪认为推己及人、周济救穷是有德性的表现。佛家文化中也有若干行善济困的论述。比如，“大乘佛教认为，‘以己财事分与他，名之为布；己惠人，名之为施。’”① 管仲在《管子·五辅》中提倡“衣冻寒，食饥渴，匡贫窭，振罢露，资乏绝，此谓振其穷。”

健康观念文化是指与人们对行为与事物进行健康评价以及与选择健康准则有关的观念要素②，由与生命价值观念有关的文化和与疾病观念相关的文化两个方面构成③。前者是个体与群体基于一定的思维感官之上对生命价值的认知、理解、判断与抉择，它在较深的精神层次上支配着人们的医疗健康行为；后者相对于前者较为显性化，直接体现在人们具体的医疗行为中。中国传统健康观念文化引致出对疾病预防、治疗和医疗保障制度的重视。比如，春秋之后，人们开始从整体的角度来理解健康，强调人体内部阴阳、寒热、五行等元素的动态平衡，认为平衡一旦被打破人体就会出现不适，并采用以自然论为基础的经验医学治疗疾病，为了维护平衡，这种自然哲学医学模式强调对于疾病的预防和治疗。又比如，唐代孙思邈在《千金方·论大医精诚第二》中论述到：“凡大医治病，必当安神定志，无欲无求，先发大慈恻隐之心，誓愿普救含灵之苦。若有疾厄来求救者，不得问其贵贱贫富，长幼妍媸，怨亲善友，华夷愚智，普同一等，皆如至亲之想。亦不得瞻前顾后，自虑吉凶，护惜身命，见彼苦恼，若己有

---

① 周秋光，曾桂林．中国慈善简史［M］．北京：人民出版社，2006：47.

② 唐玲，唐月红，张南，等．健康文化视角下的健康观念发展［J］．解放军医院管理杂志，2018，25（12）：1156－1160.

③ 张军．社会保障制度的福利文化解析［D］．成都：西南财经大学，2010.

之，深心凄怆，勿避险巇，昼夜寒暑，饥渴疲劳，一心赴救，无作功夫形迹之心。”这种以医济世的思想对当时及后世医者道德及医疗保障实践均产生了深远影响。

孝道文化作为中华民族几千年来传统美德的基本元素，是社会不断变迁发展积淀出的具有中国特色的文化产物。孝道在传统福利文化中多有论及。比如，孟子鼓励人民尊老爱幼，希望老年群体都能够实现“老有所养”与“老有所葬”，并提倡邻里互助的社会帮扶模式。[①] 又比如，《礼记·王制》对先秦时代的养老惠政做了描述：“凡养老：有虞氏以燕礼，夏后氏以飨礼，殷人以食礼，周人修而兼用之。……有虞氏养国老于上庠，养庶老于下庠。夏后氏养国老于东序，养庶老于西序。殷人养国老于右学，养庶老于左学。周人养国老于东胶，养庶老于虞庠：虞庠在国之西郊。”再比如，宋代思想家张载在《西铭》中论述到：“乾称父，坤称母；予兹藐焉，乃混然中处。故天地之塞，吾其体；天地之帅，吾其性。民，吾同胞；物，吾与也。大君者，吾父母宗子；其大臣，宗子之家相也。尊高年，所以长其长；慈孤弱，所以幼其幼；圣，其合德；贤，其秀也。凡天下疲癃、残疾、惸独、鳏寡，皆吾兄弟之颠连而无告者也。于时保之，子之翼也；乐且不忧，纯乎孝者也。”张载把“老吾老以及人之老”的思想进一步推广。孝道文化提倡关爱父母长辈和尊老敬老，强调家庭成员之间的互助保障，特别是子女在父母年老时对父母在经济与精神上的反哺，从社会伦理与规范的角度为子女赡养父母提供了道义上支持，既是判断个人伦理道德素养高低的重要标准，也对于有效解决社会养老问题有重要促进作用。从个体进步角度来讲，孝道是个人修身养性的基础，不遵守孝道，就意味着失去了做人最基本的德行；从社会发展来讲，孝道文化能够维稳家庭、敦化民风，又在一定程度上能够规范人伦秩序，促进社会安宁。

三、中国福利文化对传统社会保障实践的规制

一如前述，新制度经济学派认为文化在制度形成和制度变迁中起关键

① 柳薇薇．孟子的社会福利思想及启示［J］．中国集体经济，2018（24）：75－76．

性的作用。因此，传统福利文化必然会对传统社会的社会保障制度安排和制度变迁产生影响。也就是说，在传统福利文化的影响下，传统社会必然会选择与福利文化相适应的社会保障制度，并根据福利文化改革相应的社会保障制度。相应社会保障制度安排和变迁必然会对传统社会保障实践产生影响。

传统福利文化影响了传统的社会保障实践并取得了一些积极成效。首先，在传统福利文化影响下我国传统社会实施了救灾和济贫等较低保障程度、有限保障范围的社会保障项目，这在一定程度上减轻了社会贫困。比如，“曹魏黄初二年（221）、五年（224），冀州两度发生饥荒，民有菜色，官府均开仓廪发粟以赈之。”① 还比如，根据《魏书·释老志》记载，“（永平）四年夏，诏曰：僧祇之粟，本期济施，俭年出贷，丰则收入。山林僧尼，随以给施；民有窘弊，亦即赈之。”再比如，《宋史》（卷176），《食货志上》四中描述官府设立广惠仓来进行济贫救灾的办法是：“自十一月始，三日一给，人米一升，幼者半之，次年二月止。”中国慈善史或者中国社会史中类似的记载不胜枚举。无论是官办济贫还是民间救助，这些救灾和济贫项目的实施客观上对于缓解社会贫困必然会起到积极作用。其次，在传统福利文化环境下，中国传统社会采取了一系列医疗保障措施来保障国民健康。比如，《北史》（卷4）《魏世宗宣武帝纪》中记载：“丙申，诏太常立馆，使京畿内外疾病之徒，咸令居处。严敕医署分师救疗，考其能否而行赏罚。又令有司集诸医工，惟简精要，取三十卷以班九服。”还如，《高僧传》（卷5）《竺法旷传》记载佛教徒的施医行为：“晋兴宁中……时东土多遇疫疾。（僧竺法）旷既少习慈悲兼善神咒。遂游行村里拯救危急。乃出邑止昌原寺。百姓疾者多祈之致效。”再如，《宋史·苏轼列传》记载：“既至杭，大旱，饥疫并作。轼请于朝，免本路上供米三之一，复得赐度僧牒，易米以救饥者。明年春，又减价粜常平米，多作饘粥药剂，遣使挟医分坊治病，活者甚众。”在苏轼创立病坊的基础上，北宋政府成立了以治病为主的安济坊。传统社会各种济医惠民措施客观上疗救了饱受疾病困苦的患者，有利于帮助其恢复健康和延续生命。再

① 周秋光，曾桂林．中国慈善简史［M］．北京：人民出版社，2006：77.

次，在传统福利文化的熏陶下，中国传统社会重视敬老养老孝老的实践数不胜数。比如，《梁书》（卷3）《武帝本纪》对恤鳏养老的孤独园描述如下："凡民有单老孤稚，不能自存，主者郡县，咸加收养，赡给衣食，每令周足，以终其身。又於京师置孤独园，孤幼有归，华发不匮。若终年命，厚加料理。"还如，朱元璋积极推动养济之政，多次下令设立养济院。《大明律》（卷4）《户律》规定："凡鳏寡孤独及笃疾之人，贫穷无亲属依倚，不能自存，所在官司应收养而不收养者，杖六十；若应给衣粮而官吏克减者，以监守自盗论。"中国传统社会中老年人口在家庭和家族中的地位较高，这可以成为传统社会中老年人口得到相对较好养老保障的一个明证。

在承认传统福利文化影响下传统的社会保障实践取得一些积极成效的同时，我们还应该看到其社会保障实践存在着若干不足。比如，受到生产力发展水平的制约，尽管存在着这样那样的社会保障项目和实践，但是这些社会保障实践的保障程度往往比较低，保障范围也不完善，通常没有实现应保尽保。从前文分析可见，传统社会中非正式社会保障制度在社会保障实践中扮演了重要角色，正式社会保障制度的能力还不够充分，国家或者政府在社会保障实践和运行中的主体作用还不够明显。部分社会保障待遇的获取具有惩罚性，往往夹带着对受保障对象人格或者尊严的某种伤害。比如，《礼记·檀弓》记载："齐大饥。黔敖为食于路，以待饿者而食之。有饿者，蒙袂辑屦，贸贸然而来。黔敖左奉食，右执饮，曰：'嗟！来食！'扬其目而视之，曰：'予惟不食嗟来之食，以至于斯也！'"

四、中国传统福利文化对当代社会保障制度建设的启示

首先，适应中国传统的社会网络，将家庭作为基本参保单位。根深蒂固的孝道文化作为一种非正式规范，既加深了父母与子女的联系，也加固了以家庭为核心的社会网络。目前我国大多数社会保险都是将个人作为基本参保单位，这种参保模式使个人从家庭网络中脱离出来，在某种程度上与中国以"家庭"为基本组成单元的亲情社会不相符。社会成员在接受救助与福利时，不仅需要金钱与物质上的帮助，更需要情感与精神上的支

持。因此，我国社会保障制度应该根据社会成员对家庭成员的情感需要做出相应的调整，使之在与中国亲情社会相适应的基础上，再达到社会救助与社会帮扶的目标。具体来讲，就是要建立包含本人、配偶、子女与父母等家庭成员在内的社会保障账户之间的互济机制，家庭成员在经过对方同意之后，可以有限度地使用彼此账户上的余额。目前，城镇职工基本医疗保险制度个人账户改革朝向家庭保障方面的改革，这是一个进步。社会保障参保单位由个人转化为家庭，更加便利了家庭成员之间的互帮互助活动，更有利于营造一个和谐温馨的家庭环境与社会环境。

其次，建设与经济发展水平相适应的社会保障制度，坚守社会救助作为社会保障最后一道防线。传统福利文化对福利社会进行了美好的描绘和论述，这成为当时乃至当代中国社会保障制度建设的思想源泉。但是，从福利文化对传统社会保障规制的实践来看，传统社会的社会保障水平并不高，绝大多数实施的是社会救助层次上的社会保障。这对当代中国社会保障制度建设提供了有益启示。一方面，传统社会保障实践有力地证明了社会保障必须要建立在与经济发展水平相适应的物质基础之上，任何超越经济发展水平的社会保障措施是难以实现的。这启示中国当代的社会保障制度建设要尽力而为，量力而行，不能超越生产力发展水平，要依据当代的经济发展水平建立我国的社会保障制度。另一方面，社会救助制度是社会保障的最后一道防线，有必要进一步坚持和夯实。前文研究表明，即使在生产力不发达的传统社会，国家也实施了若干种类繁多的社会救助制度。社会救助制度对于保障国民基本的生存权、维护社会稳定和实现社会善治发挥着最后一道防线的作用。因此，当代中国社会保障制度建设应该千方百计夯实社会救助制度，比如城乡居民最低生活保障制度、城乡居民医疗救助制度、廉租房制度、教育救助制度，等等。

再次，强化社区在社会救助和互助中的作用，适应并支持中国人的情感生活。中国传统福利文化中主张社会互助，强调邻里等熟人之间的帮助。这启示我们当代中国社会保障制度的建设需要考虑如何能使被保障对象尽可能从“熟人社会”中获取保障。这既有助于节约社会保障实施的成本和提高社会保障效率，也有利于满足被保障对象的精神慰藉需求。中国人的熟人网络大多是以家庭为中心展开并延伸至社区。强化社区作为社会救助场域手段的功能有助于满足救助对象叶落归根等多重情感的需要，也有利于活络社区的社会资源与增加社区的社会价值。具体来讲，各社区根据居民需要在社区内部安排特定人员对“鳏、寡、孤、独、废疾者”进行照料，并设立对应的照料机构，使受助群体在熟悉的环境中获得帮助与救济，从而获得精神与情感方面的满足。

最后，发展多层次社会保障体系。社会性是社会保障的特征之一。中国传统福利文化中主张多元主体共同参与福利供给对于我国发展和建设多层次社会保障体系提供了有益启示。一方面，要继续强化以政府为主体的正式社会保障制度建设。现代社会保障制度是以政府为责任主体的制度安排，这是数百年来社会保障制度变迁做出的历史选择。传统社会中政府福利供给相对不足的教训启示当代强化正式社会保障制度建设的必要性。中国政府目前在城镇职工基本养老保险、城镇职工基本医疗保险方面已经承担了相当责任，未来在长期护理保险、长期护理救助以及城乡居民各类社会保险和社会救助方面应当发挥更加积极的作用。另一方面，要加强非正式社会保障制度建设。目前尤其要积极发展企业年金制度、职业年金制度、个人养老金制度、各类补充医疗保险制度以及互联网慈善制度等，从而形成立体式的社会保障网络。

沙漠生态文化传播的核心要素

金鸣娟　卞　韬*

【摘要】强化沙漠生态文化的传播能力，是实现沙漠生态文化的现代化转型的保证。沙漠生态文化中所蕴含的丰富资源为当前生态文明的建设提供了智慧的宝库。沙漠生态文化传播的核心要素主要有三个：一是具备综合与专业素养特质的传播者；二是兼有物质与精神文化内涵的传播内容；三是借助传统与现代技术优势的传播媒介。认真研究分析这三个核心要素，对于促进沙漠生态文化的传播、扩大沙漠生态文化的影响力有积极意义。

【关键词】沙漠　生态文化　传播　要素

沙漠曾经是富有不同特色的民族文化发轫、繁衍和昌盛栖息之地，是东方文化与西方文化、农耕文化和草原文化碰撞、冲突到融合的交汇之处，文化传播活动频繁。在长期的历史演变中，这种文化传播不仅构成了沙漠生态文化鲜明的多元性特色，也使得沙漠生态文化超越时空、跨越种族，生生不息地积累和传递下来，成为人类珍贵的文化财富。

沙漠生态文化作为一种处于现代文化边缘的亚文化形态，因其自身的原生态性、局域性、特殊性，在与现代文化冲撞中十分脆弱，极易被现代文化解构和消融，面临着文化消亡的危险。因此，强化沙漠生态文化的传播能力，是实现沙漠生态文化的现代化转型，重获发展生命力的保证。

---

* 金鸣娟，北京林业大学马克思主义学院教授；卞韬，国家林业和草原局副研究员。

沙漠生态文化中所蕴含的丰富的生态文化资源为当前生态文明的建设提供了智慧的宝库，也为沙漠生态文化精髓的传承和发扬创造了条件。因此，弘扬沙漠生态文化，必须充分认识到文化传播的重要性，从传播角度解读沙漠生态文化。要认真研究在沙漠特殊的人文环境和社会历史条件下，传播生态文化的功能、规律和特点，并结合现代传播的理论和实践特征，促进沙漠生态文化的传播，扩大沙漠生态文化的影响力有积极意义。

沙漠生态文化的传播是一项系统而复杂的系统，横向需要跨越民族、区域、语言、习俗的差异进行文化交流传递，纵向还要顺应时代潮流对沙漠民族历史文化中的生态材料进行加工整理实现文化传承。因此，需要深入剖析沙漠生态文化传播构成的核心要素，对文化传播核心要素的特征及其要素之间的联系进行研究。

一、具备综合与专业素养特质的传播者

传播者作为信息传播链条的第一环节的要素环节，在传播过程中起到至关重要的作用。传播者担任着收集、储存、加工、传递信息的职责，不仅是传播活动的发起者、传播内容的制作者，也是信源与受众之间的信息中转站，对整个传播过程具有能动的控制作用。① 美国的社会心理学家卢因在《群体生活的渠道》一文中首次提出了“把关人”的概念，即“把关人”通过过滤或筛选，使得原始信息“总是沿着含有门区的某些渠道流动，在那里，或是根据公正无私的规定，或是根据‘把关人’的个人意见，对信息是否被允许进入渠道或继续在渠道里流动做出决定。”每一个传播者都是信息的“把关人”，筛选着受众所接受的讯息。

沙漠生态文化的传播者，古来有之。传播者的形态也随着时代的发展和传播工具的进步不断发生变化。在新媒体日新月异的今天，如何挖掘出沙漠文化中的生态元素，并通过有效传播途径使其作用于当前的生态文明建设，这无疑对沙漠生态文化的传播者的个人素养提出了更高的要求，良好的意志品质、职业素养、文化素养是对传播者的理想要求。

---

① 吕尚彬，朱彬．基础传播学［M］．北京：农业出版社，2010.

（一）沙漠文化传播者的类型演进

中国古代的沙漠地区跨文化传播已有悠久的历史，早期的传播活动是伴随着边疆战争产生的。自汉唐以来，由于西北边陲战事不断、政治活动频繁，西域地区成为信息流动最为活跃的区域，为文化传播提供良好机遇和平台。但受到地理因素、传播通信工具的落后、语言文字的障碍等因素的制约，早期的沙漠文化传播主要依托官方的政治外交活动实现的。一批中原王朝的使臣，如张骞、班固等，在完成外交任务返回中原时，将西域地区的特产、服饰、习俗、观念等异域文化带回中原，成为沙漠文化最早的传播者。政治的联盟打通了中原地区与沙漠地区之间的经贸通道，随着丝绸之路的开辟，民间交流成为文化传播的主力，商人和传教士成为主力的文化传播者。商人往来于不同区域从事商贸活动，成为所经地区物质产品、文化习俗、宗教观念的携带者，并通过商业迁移传递到不同区域。沙漠地区自古以来就是宗教汇聚交流的大本营，传教士们凭借坚定的意志和惊人的毅力跋涉于沙漠之间，在所经的每个绿洲点传教弘法，宗教精神逐渐融入沙漠民族的文化中，并伴随传教士永不停息的步伐向外传播。其中最著名的例子当属唐玄奘西行求法，玄奘法师西行 19 年，行程数万里，从天竺取得真经，并撰写《大唐西域记》，记载了西行路上亲身经历的 110 个国家，以及沿途地区民族的气候环境、风土人情、宗教习俗、神话传说等，内容丰富、严谨有据，成为中国了解考察西部文化重要的文献资料。

进入工业文明后，印刷技术和电子技术的出现为文化传播带来革命性的改变，不仅克服了沙漠地区深居内陆、地理阻隔、交通不便、民族纷杂、语言不通的时空限制，也使得传播者的形态发生了很大变化，即由古代主要依靠人与人、团体与团体之间的亲身传播，到更多依赖中介——各种传播媒介进行传播。近现代的沙漠文化传播者的类型大致分为三种。

一是大众传播者。所谓大众传播者就是通过大众传播媒介进行传播活动的职业传播者，可以是个人层面的传播者，如记者、编辑、主持人、导演等，也可以是组织层面的传播者，如报社、出版社、电视台、网站等。

大众传播依托现代媒介，面向社会大众，影响范围广，容易形成一定的社会舆论，是文化传播最重要的力量。但同时大众传播者易受到一些客观因素，如大众传播组织机构的经营目标、受众需求、利益因素等的制约，其文化传播功能无法充分发挥。

二是学术传播者。由于文化传播不同于普通信息的传播，它有一个文化内容挖掘、恢复、再制作的过程，这个信源制作的过程超出了一般大众传播者的能力范畴，需要拥有专业学术能力和知识水平的学者来完成这项工作。传播者的主体往往为高等院校、研究学者、翻译家、小说家等，通过著书立传、学术研究、文化交流等方式展开，受众集中于相对特定人群，传播内容专业化和体系化。

三是个体传播者。相对于上面两类传播者而言，个体传播者具有分散性、偶然性的特征。历史上个体传播者往往伴随人口迁移产生，但在信息化高度发展的现代社会，新媒体技术的发展打破了文化交流时空绝对阻隔，个体传播者重要性开始凸显。沙漠生态文化凝聚在众多民族的个体文化之中，而每个个体文化内部又在教育背景、民族文化认同程度等因素影响下分化成不同亚群体，其中学生群体由于文化素养和媒介素养较高，担负起了新时代的文化传播者的使命。尤其是沙漠地区少数民族大学生，他们在特定文化环境中成长，认同本民族的文化和价值观，同时受教育程度高，接受新媒体的能力又强，因此拥有很强的文化传播力。各地的高等院校每年都有不同数量的少数民族招生和骨干培训，这些大学生和骨干群体在文化传播中的潜在影响力不可小视。

（二）沙漠文化传播者的素养特质

随着信息时代的到来，人类社会进入了一个讯息瞬息万变、知识大量膨胀的时代。人们每时每刻被包围在大量信息中，自主对信息进行过滤挑选，这无疑对沙漠生态文化的传播带来巨大挑战。沙漠生态文化作为一种跨民族、跨区域的文化传播，不仅由于语言隔阂、行为习惯以及价值观上的差异导致交流困难，还面临着流行文化等其他文化形态的冲击，要得到大众的青睐十分不易，这就对文化传播者的个人品质提出更高的要求。文化的传播归根到底还是人的传播，传播者的优秀品质和个体魅力无疑对沙漠生态文化的传播起到至关重要的作用。

1. 媒介素养

所谓媒介素养，可以从不同角度理解，概括来说就是指能够正确地、建设性地享有大众传播资源，充分利用媒介资源完善自我，参与社会进步，具体包括利用媒介资源的动机、使用媒介资源的方法和态度、利用媒介资源的有效程度以及对媒介资源的批判能力①。在信息化高速发展的时代，大众传媒已经成为人们获得信息和沟通思想最普遍的渠道，新媒体的出现和迅速发展也深刻地改变着原有的传播体制，因此，提高媒介素养成为文化传播者必备的素质要求。

在信息社会的大背景下，不同形态的文化形态都被纳入同一个传播体系中，传统的传播秩序被打乱，公众不再只是信息的接受者与使用者，也拥有了生产信息、传播信息和选择信息的能力，这就导致了社会上的信息大量膨胀且良莠不齐，许多庸俗的、无营养的垃圾信息利用人们的猎奇、从众心理而大肆泛滥。这种大环境下，沙漠生态文化作为一种传承性、民族性、生态性鲜明的主流文化形态想要从流行文化、群众文化中突围，并为人们关注且形成舆论优势，就必须依托于传媒力量，尤其是新媒体的力量。现代传媒不仅是一种文化传送和表述的载体，还能通过一定程度上的文化重建和容纳，以潜移默化的方式使传播的思想观念作为一种群体性的语言而迅速被受传者接纳和吸收。美国传播学者詹姆斯·凯利认为，传播的最高表现并不在于信息在自然空间内的传递，而是通过符号的处理和创造，与传播的人们构筑和维持有序、有意义、成为人活动的制约和空间的文化世界。② 因此，基于媒介的重要性，沙漠生态文化传播者必须迅速转变传播理念，自觉接受传媒素养教育，强化自己操控驾驭新媒体的能力，在坚守传统媒介优势基础上，继续学习不断提升自己的传播技能，通过新媒体更为广阔的信息平台，实现生态理念传递，引导舆论方向。

---

① 雷跃捷. 网络传播概论 [M]. 北京：中国传媒大学出版社，2010.

② 石义彬，单波. 20 世纪西方新闻与大众传播理论概观 [J]. 国外社会科学，2000 (04): 10 - 17.

2. 文化修养

文化作为人类创造的物质和精神的财富，是社会历史发展长期发展的产物，因此文化进步的路径一般是优良传统的传承与发展创新同步并举的。沙漠生态文化，作为生活在沙漠上的居民在探索与自然和谐共生的漫长历史中世代相承下来又不断发展的智慧结晶，深深凝聚在沙漠地区少数民族的风土人情、传统习俗、生活方式、文学艺术、行为规范、思维方式、价值观念等方面，其中许多精华内容还处于未开发的原生态状态，十分珍贵。但是随着现代化发展的速度加快，受到经济利益和社会潮流的影响，沙漠少数民族的文化受语言、地域、宗教、政治活动等制约，面临边缘化甚至消失的危险处境。因此，加强沙漠生态文化的对外传播力，不仅是对生态文明理念的宣扬，也是对西北少数民族文化遗产进行传承和保护。

沙漠生态文化作为一种区域文化是我国多元文化体系的重要组成部分，拥有独特魅力和文化气息。近年来，随着民族风、原生态歌舞等在电视节目和网络上的火热，原本相对边缘、非主流的少数民族原生态文化艺术借助大众传播媒介的平台进入人们的视野，更多的受众在媒体营造的氛围中开始关注这个原本边缘和陌生的文化领域，这种少数民族大众化的传播方式为沙漠生态文化的传播创造了良好的条件。但是，在这个过程中也出现了少数民族文化重开发、少保护、原生态文化庸俗化等问题，而导致这些问题的重要原因之一，就是作为传播者的媒体从业人员，在自身的知识素养和思想意识还没有充分准备的情况下，就在媒体逐利性和文化市场需求的驱动下草率地完成了身份的跨越，很难对民族文化的原发性和文化性进行深层次的挖掘，大多集中于对少数民族的民风民俗或宗教节日做表层的印象展现和描述，而不去考察其深层次所隐藏的民族情感和文化意涵，有时甚至简单凭借经验和受众需求对原生态民族文化进行打磨和包装，传播内容和形式流于平庸低俗化，这不仅不利于文化的传承和发扬，还误导传播受众对民族文化进行片面化解读。沙漠民族历史悠久、文化内容丰富，每一个文化传播者要提高自己的综合文化修养，增强对沙漠民族文化的认知和鉴赏能力，深入对沙漠民族历史、宗教、习俗、文学艺术作品做全方位的考察把握，挖掘出沙漠孕育的最为本真朴实、原汁原味的情感智慧，而不是“走马观花”式地了解与浅尝辄止的体验。

3. 创新能力

在新媒体时代，传播受众对信息的自主选择权越来越大，对于传播内容的趣味性和传播形式的多样性要求也越来越高，以往那种形式陈旧、内容晦涩的传播方式越来越受大众冷落，成为有名无实的口号式宣传，大众的关注度和参与度都很低，难以达到理想的传播效果。这就需要传播者突破循规蹈矩，在工作中充分发挥创新能力，不断总结反思，挖掘新的内容和形式，实现文化创新。

文化间的差异性是跨文化传播的重要前提，而文化间的共通性是跨文化接受的重要前提。沙漠文化在对外传播时，其民族文化的原发性和独特性可以迅速引发受众的好奇和遐想，获得良好的传播机遇，然而想获得大众更广泛的认知和接受，就必须打破成规，依据时代需要和受传者的特点进行创新。沙漠地区的少数民族由于地处偏远，现代化进程缓慢，其衍生的文化形态无论在观念和形式上都存在着观念落后、与时代脱节的问题，例如宗教神话的观念外衣、民族陋习、晦涩难懂的语言文字等，这些文化因素可以博得人们的好奇关注，却很难得到人们的认同，随着时间推移人们的兴趣点也会随之下降，这种亚文化形态终会消失在人们视野之下。这就需要沙漠文化的传播者在把握生态文化思想的精华内容的前提下，在形式和内容上进行调整和重塑：形式上依靠大众传媒产品化的传播理念，通过影视节目、电视栏目制作、网站设计等现代媒介将民族文化内容转化为媒介产品，实现与流行文化接轨，引起社会大众尤其是青少年群体更多关注；内容上将沙漠生态文化融入当前建设生态文明的理论体系中，探索传统生态文化与现代生态理念的一致性，减缓民族特色的退化、变异以及多样性的流失。

4. 生态意识

传播者自身具备生态意识是生态文化有效传播的关键。传播毕竟还是人的传播，传播者的价值取向和观念意识会无形地渗入传播过程并传递给受传者，从而直接影响传播效果。在影片的拍摄和新闻的报道之中，传播者的思维倾向可以通过镜头的焦点和采访的重点集中反映，同时在影片剪辑制作和新闻撰写评论过程中，制作者也会根据自身确定的文化标准，对素材重新编码排序，组合出主观认定能达到最佳传播效果的内容形式。因此，培养传播者内在的生态意识，对于生态文化传播效果的实现是至关重要的。

生态文化是沙漠文化的重要内容，它更多的是作为一种观念文化影响人们的思维和价值取向，是维系沙漠地区人与自然和谐发展关系的思想基础。然而随着市场经济的发展，在外界社会经济环境变迁的剧烈冲击下，这种朴素的生态价值观逐步边缘化，在经济利益驱使下，人们开始对沙漠生态环境实施掠夺式的开发，沙漠化、绿洲草原退化、生物多样性锐减等尖锐的生态环境问题不断威胁人们生存，尽管国家一再制定政策法规限制环境破坏，但上述现象却未有好转，人们开始反思自己的文化价值观，试图在意识层面重新建构起这种世代传承的生态观念，沙漠生态文化的传播在意识形态方面，承担起了重构人们生态价值观的重任。而作为传播活动主体的传播者，应首先培养起自己的生态意识，清醒认识到生态环境恶化给人类生存发展带来的威胁，并充分意识到民族生态文化的传承和传播的重要作用。

5. 意志品质

传播关键是人的力量。自古以来的文化传播者，无论是张骞、班超、玄奘，还是西方传教士们，都具备了坚忍的意志品质和敬业精神。沙漠文化作为一种边远地区的少数民族的文化，在挖掘其文化内涵时必然面临重重困难，要克服语言、文字、习俗差异等方面的困难，潜心进行学术的研究挖掘，这无疑需要传播者坚定不移的明确目标和甘于寂寞、坚持不懈的学术精神。

沙漠生态文化传播者不仅肩负着宣扬传播生态文化的重要使命，还需要自觉承担起保护和传承沙漠民族文化遗产的责任。如果没有坚定的理想信念，极容易敷衍处理或片面解读，这无疑会对文化传承产生永久性的伤害。

二、兼有物质与精神文化内涵的传播内容

传播内容作为传播活动的核心要素之一，在传播活动中扮演重要的角色。传播内容既要充分表达出传播者的意图，又要驾驭特定的传播媒介，并为受传者所接受和理解，最终达到期望的传播效果。因此，传播内容并不是简单的原始信息的物理文本的传递和复制，在原始信息和最终呈现在受众面前的信息之间有一个内容“编码”的过程，即通过筛选、编辑、加工再制作原始信息文本，使之转化为易于媒介载送或受众接受的符号和代码的过程，传播者正是通过内容的“编码”实现对传播活动的控制。

沙漠生态文化是一个很宽泛的概念，它广义上包含了生活在沙漠上的人们在长期生产生活实践中，在适应环境、应对生态灾害、谋求天人和谐共存的探索中创造的生产生活方式、风俗习惯、思想道德、宗教信仰、文学艺术等的总和，其中既包括物质的内容，也包括精神的内容。这些生态文化不仅是中国多元文化的宝贵资源，也是当前我国生态文明建设有力借鉴和智慧遗产，需要我们传承和发扬。但同时我们也要充分认识到，由于沙漠地区经济文化发展相对缓慢，少数民族文化的许多内容与时代脱节较为严重，再加上多语言文字的障碍，在文化传播过程中，需要对少数民族的原生态文化资料内容进行深度的加工制造，摒弃其中迷信、陈旧、晦涩的内容，挖掘出沙漠民族在物质生产、生活礼俗、意识观念、文学艺术中所蕴含生态文化的精华，并与现时代生态建设的先进理念相融合，形成沙漠生态文化的传播内容。

（一）物质生产与沙漠生态文化

物质文化是人类文化的物化形态，是人类在谋求生存和种族繁衍的物质活动的物质产品及其所表现的文化，并通过生产技术、工具、饮食、服饰、建筑等文化要素表现出来。[①] 沙漠地区干旱、植被稀少、自然灾害频繁的自然条件和生态环境孕育了人们独特的生活生产方式，从早期“逐水

① 阎国栋．中国文化概观［M］．天津：南开大学出版社，2001.

草而迁移”的粗放型游牧生产方式，到以盆地、绿洲为中心的绿洲农耕、兼事牧业的生产方式，沙漠人们逐步探索出适应干旱气候地理条件的可持续生存发展方式。而这种可持续理念集中体现在人们对于水资源的有效利用和绿洲的保护上。

水和绿洲是沙漠居民生存的基础。一方面，对于生活在浩瀚沙漠的人们而言，水是生命之源，有水才有绿洲，有了绿洲，人们才有了稳定的生存繁衍之所。因此，对水的崇拜敬畏的情感深深熔铸在沙漠民族的意识深处。成书于喀喇汗王朝时期的《福乐智慧》中有这样的诗句：“若置办土地，先得把水源追溯”，把水看作人们择居时首要重视的因素，在维吾尔族等沙漠民族的道宗教禁忌中甚至有“往水中吐口水是一种罪过”“在水中大小便是一种罪过”的道德观念。在实践中，为了保护水源，沙漠居民放弃了“逐水而居”的游牧生活，选择“傍水而居”发展起了以灌溉农业为主的农耕文明，这是人们生存智慧的集中体现。另一方面，由于沙漠众多、植被缺少，可利用的农耕资源稀缺，对绿洲土地的珍视和热爱也植根于沙漠民族情感之中。历史上楼兰古国等因过度开发绿洲导致文明覆灭的惨痛教训促使沙漠居民反思自己生存方式，对绿色植被的热爱和保护成为所有沙漠各民族共识，伊斯兰教在教义中就严禁对树木的乱砍滥伐，规定“谁砍掉一颗酸枣树，真主就让他进火狱”。对绿色植被的保护，维持了绿洲的水土平衡，减少了水土流失，防止沙化的扩张。

新疆坎儿井是沙漠居民适应沙漠生态环境，实现绿洲土地和水资源可持续利用的农业生态遗产。坎儿井大多分布于吐鲁番和哈密盆地，是一套有效平衡地下水资源和解决生活生产用水的生态灌溉系统。坎儿井往往依地势人工开掘而成，通过暗渠和直井把地下水引出地面，减少水分的地表蒸发和水质污染，而在暗道出口处竖井和涝坝，将河流夏季的冰雪融水储存起来，并形成植被和沙漠穴居动物、鸟类、鱼类的栖息地，形成一个小型的生态循环系统。沙漠居民们在生产中形成的对水资源和土地资源的珍惜和有效利用的生态思想和技术方法，是我们应该重点传承和发扬的生态文化资源。

（二）生活习俗与沙漠生态文化

沙漠民族的生态文化在体现人们日常衣食住行各个方面。沙漠民族的服饰多以长袍、长裙为主，以丝绒、棉布为主要材料，头部戴面纱和皮帽，与当地生态环境相适应，既可抵御风沙，又遮挡曝晒。饮食结构上，在继承了游牧民族烤食饮食方法基础上，同时继承了农业民族煮食习俗，以面食为主，牛羊肉为辅，并伴有瓜果弥补蔬菜的缺乏。居住特点也与众不同，以维吾尔族为例，族人自古坚持庭前种葡萄、屋后建果林的优良传统，大多数的民居都会选择栽种葫芦、南瓜、紫茉莉和牵牛花来美化庭院，即使室内也要盆栽石榴、无花果装饰，人们特别重视用自然景物来美化自己居住环境，追求自然和谐恬静之美。另外，在庭院内，维吾尔族的农民多从事牛、马、羊的家畜养殖，在现在的西北沙漠地区，畜力仍是重要的出行方式。沙漠民族这种顺应自然的生活方式，是人们崇尚生态和谐的精神集中体现。

沙漠民族敬畏自然、天人合一的精神还充分体现在人们日常的生活习俗中。自古以来，崇拜自然、敬畏生命的生态伦理观就深深烙印沙漠民族精神意识中，许多自然物如水、绿色植物、动物等被人们赋予神圣的意义，被看作兴旺、幸运的象征。维吾尔族先辈们会用湖泊、植物的名称给子女起名字，如夏木夏特（云杉）、阿娜汗（石榴花）、库勒艾尔肯（湖水）等。这种自然崇拜思想也充分体现在沙漠民族的习俗和节日中，如在穆斯林礼俗中，清晨会用水净身洗礼，并在庭院四周洒水，在社交场合主人会特意安排向客人掬起的手掌倒水，这种习俗被称为“给洗手水”，表达对水的神圣崇拜。在维吾尔族最重要的传统节日“诺鲁孜”节上，会将一盆象征春天的青苗放归自然，并举行隆重的仪式。在庆典上，人们会举行拜水、拜树、敬土地、敬自然等一系列仪式，并跳起“阔克麦西来甫”来。“麦西来甫”即集体歌舞之意，而“阔克”在维吾尔族语中意为“绿色、青苗”，表达人们对绿色的崇敬，和对自然的感恩之情。

（三）意识观念与沙漠生态文化

沙漠民族的意识观念层面的生态伦理思想主要体现在宗教信仰和禁忌习惯法两个方面。

受到历史因素的影响，沙漠地区各个民族普遍受到多种宗教的影响，以中国西北地区为例，历史上萨满教、袄教、摩尼教、佛教、伊斯兰教等多种宗教都在该地区广为传播并产生过深远影响，这些宗教教义中都包含有崇拜自然、万物平等、禁止杀戮的内容，这些内容久而久之便内化为沙漠民族文化中根深蒂固的环境保护意识和生态伦理道德。例如沙漠民族最为广泛信奉的伊斯兰教，就宣扬万物平等，把人看作世间万物大家庭的一员，只是真主在世间的“代治者”，与万物是和谐的统一体。《古兰经》教导人们：“他（真主）以大地为你们的席，以天空为你们的幕，并从云中降下雨水。而借雨水生出许多果实，做你们的给养。”人们要对世间存在的一切自然事物怀抱仁爱之心，禁止滥砍滥杀，禁止铺张浪费，要珍惜土地和大自然一草一木，保护生态环境。这种天人合一和爱护自然的宗教生态观，是当前重建人们内心生态价值观重要的途径。

在沙漠地区各民族观念习俗中普遍存在一些约定俗成的禁忌、乡规民俗和习惯法中。早在楼兰王国古地出土的公元3世纪的“森林法”中，用佉卢文记载着这样的规定：“不论是谁都严禁随意砍伐树木。对于砍伐有根的树木者，罚一匹马，森林在生长期禁止砍伐，违者罚一头牛。”① 可见早在1500年前，生活在西域的人们就有了禁止滥垦滥伐的禁忌民俗。在北方少数民族中普遍存在禁猎禁渔的禁忌规定，打猎时节要自觉避开生物孕育期、鱼苗发育期禁渔、遵守渔网网孔适度、不猎杀孕畜等古老习俗，违反禁忌会给本人和部族带来灾难，这种禁忌逐渐形成一种约定俗成的自觉行为，在协调人与自然关系中发挥重要作用。这些民规民俗还为后来北方统治政权的自然法的形成奠定了基础，如成吉思汗在统治期间就颁布《大札撒》，其中有明确的生态保护的条款，如“其禁草生而创地者，遗火而焚草者，诛其家”以严厉的处罚的威慑保护草场资源，这都包含了丰富的生态文化思想，对今天的生态建设有很好的借鉴意义。

（四）文学艺术与沙漠生态文化

文学艺术在跨文化交流中担任重要媒介的角色。不同民族文学艺术中有共性之处，如对真、善、美的追求等，这些共性是文化交流的基础；同

---

① 周宁宁．新疆维吾尔族生态文化探析［J］．新疆社科论坛，2013（04）：85－88．

时文化艺术中还有某些个性之处，如某种民族价值观、文化传统、心理结构的潜移默化的表达。这种个性之处是民族文学艺术的魅力所在，也是一种跨文化传播的特殊形态。近年来，少数民族的原生态音乐舞蹈表演越来越得到大众的喜爱和认可，从信天游、蒙古牧歌、客家山歌等原生态民歌，到《十二木卡姆》《云南印象》《藏迷》等原生态民族舞蹈表演，均以朴实、生动、热情、原汁原味的演出“润物细无声”地慢慢滋润着中国大地，向现代城市文明中的人们传递着一种原始民族精神和生存价值观。

这种原生态歌舞艺术源自古代先民“歌之不足，手之舞之，足之蹈之”的原始情感的表达，而这种情感产生自早期人类的图腾崇拜信仰，如新疆塔吉克族的“鹰舞”、哈萨克族的“熊舞”、汉族古代的“龙舞”等，人们把自己的期望、理想寄托在崇拜的动物神灵中，通过这种膜拜和模仿的行为，表达对自然神灵的敬畏和依赖，和希望借助神灵力量实现驱邪纳吉的强烈情感。原生态舞蹈中所传达出这种原始生态文化元素，传承自原始先民们顺从自然秩序，敬畏自然力量，追求人与自然和谐相处的生态价值观。沙漠文化中传承的这种生态情感通过西北少数民族特色的原生态歌舞表演表达出来，会带给现代社会浮躁的心灵一种别样的皈依感。

三、借助传统与现代技术优势的传播媒介

传播媒介，又称为传播渠道、传播工具，是传播内容的载体。传播媒介有传统媒介和现代媒介之分，传统媒介指的是通过某种固定机械装置定期向社会发布信息或提供教育娱乐交流活动的媒体，主要包括广播、报刊、电视三种传统媒体；新媒介指的是相对于传统媒介而言的，主要依赖数字技术、互联网技术、移动通信等新媒体技术向受众群体提供信息服务的新兴媒体。媒介是文化传播的关键，决定着文化传播的速度、内容和范围，媒介的变革创新为社会和文化发展带来冲击。每一次新媒介的诞生，都会对原有的媒介造成冲击，但是每一次新媒介的出现，并不以取代旧媒介为前提和条件，而是迫使旧媒介改造自己，在媒介竞争中生存下去。

（一）各具特色的传统媒介

以印刷媒体和电子媒体为主要类型的传统媒介是沙漠生态文化传播的主要形态，在生态文化传播中一直扮演重要的角色。传统媒介在生态传播中各具优劣：报纸媒体倾向于对生态文化的深度报道和权威解读，但是报纸的时效性较差，在与受众的互动上也是远逊于其他传播媒体；广播媒体覆盖面广、信息发布快捷、不受时间和空间的限制，但是缺乏视觉印象、信息转瞬即逝、不易储存；电视媒体集字、声、像、色于一体，感染力强，有娱乐性易为受众所接受，但也存在携带不便、电视节目制作成本高、耗时长的弊端。综上分析，每种传统媒体都有先天的优势和不足，互补性强。

以报纸、杂志为代表的文字印刷媒介是近代以来沙漠生态文化传播的主要形态。我国生态纸媒发展起步较早，在中国西北地区各个省行政区域都有自己独立的专业报纸和大众化报纸，对本区域内的文化传播起到了重要的作用。近年来，随着生态文明逐渐成为媒体和社会关注的热点，不仅出现了《中国环境报》《中国绿色时报》等环保专业性的报纸关注全国生态相关的报道，一些综合性报纸也纷纷开始对生态问题进行专栏报道，纸媒成为沙漠生态文化传播的新阵地。在生态传播方式上，报纸、杂志等纸媒刊物主要通过运用图表、漫画、照片、背景材料等新闻手段，通过对深度报道、学术追踪、专家解读，深度挖掘沙漠生态文化的内涵，以此唤起公众的生态意识。

以广播、电视、电影为代表的电子媒介也是沙漠生态文化传播的重要途径。电子媒介通过声音和图像弥补了抽象文字不足，消除了文字符号和受教育水平对传播受众的限制，促进了传播受众的民主性和平等性。尤其是电视媒体，具备声画结合、视听兼备的优势特征，强烈的视听感染力可以大大提升环保传播的效果。通过媒体新闻报道、电视专题节目的制作、纪录片的拍摄制作等形式对沙漠生态文化进行宣传，鲜活直观地将沙漠生态文化的内涵和发展历程展现于大众视野，达到良好的传播效果。

（二）前景广阔的新兴媒体

随着科技的发展进步，日益成熟的数字化技术、网络技术、数据库技术多媒体技术以及光纤通信及卫星通信等技术，建构起来一个全新的信息传播环境，新媒体的运用标志着一场变革真正到来，使得当代文化传播发生翻天覆地的变化。借助网络和新媒体，文化传播迅速走向数字化，对沙漠生态文化的交流、继承和传播产生了直接和深刻的影响，主要体现在三个层次。

一是新媒体技术为沙漠传统文化的保护和传承提供了强大的技术支持。借助网络和数字技术，运用现代科技手段对沙漠传统文化进行抢救和复原工作，数字化的加工、处理、恢复、储存、展示和传播，克服了传统研究收藏的烦琐流程和浩大工程量的局限，实现了民族文化产品的图、文、声、动并茂，并能迅速复制、传播、回馈，实现资源共享。“用数字采集、数字存储、数字处理、数字展示、数字传播等数字化技术，将文化遗产转换、再现、复原成可共享、可再生的数字形态，并以新的视角加以解读、保存和传播。”

二是新媒体彻底突破了传播的时间、空间的限制。地域空间的局限历来是沙漠文化传播最大的障碍，新媒体时代的到来使少数民族文化大范围传递和交流达到了前所未有的广度和深度，沙漠异域文化的独特风情和魅力通过网络迅速实现全国性乃至全球性的迁移，生态文化的影响力、辐射力更强。

三是新媒体的运用实现了沙漠生态文化多元化途径传播。以往沙漠文化的传播无论是报刊还是电视节目多为官方主导的宣传性传播，传播方式单一，吸引力较低。新媒体的时代，民间力量异军突起，成为文化传播的新生力量。这些民间传播者多能熟练运用新媒体，通过网络社区、民族网站、电子商务、数字电视等新兴事物对沙漠文化进行推广和经营，不仅吸引了更多受众关注，还推动了民族文化产业和文化事业的发展。

（三）媒介融合，优势互补

新媒体的出现为沙漠文化的传播带来了便捷的传播工具和发展机遇的

同时，也带来了不小的冲击和挑战。新媒体产业化运营方式，在经济利益驱使下，简约化、片面化、碎片性地解构沙漠民族文化，重视文化表面形式的开发以满足大众文化消费的需要，忽略对民族文化精神内涵的挖掘和发扬，沙漠文化中许多优秀的文化元素逐渐边缘化、削弱化甚至消失。在商业化和娱乐化的扭曲下，沙漠民族内在的本色文化逐渐衰退，生态文化也因不符合商业运营利益而逐渐被忽略，这使得新媒体时代的沙漠文化的传播陷入困境。

在新媒体传播出现危机时，传统媒介的作用就充分彰显出来，媒介融合成为新时期沙漠生态文化传播的必然选择和发展趋势。从媒介生态学的角度来看，不同介质的媒介形成了不同的群落，不同的群落之间存在着差异。正是由于存在这样的差异性与多样性，生态才能动态平衡，才能满足不同层次的信息需求。① 报纸、广播、电视、网络、手机等媒体传播的重点不同，受众也不同，需要发挥各自的媒介优势，通力合作，在竞争中不断完善、共同发展。传统媒体需要适应市场及自身发展的需要，借助新媒体扩展发展空间；而新媒体也需要借助传统媒体的深度采访、权威解读、节目制作深化内涵。传统媒介与新媒介的结合，实现优势互补，以最快速的传播速度、最深入的挖掘和报道、最丰富生动的产品展示和最便捷的信息互动，为沙漠生态文化的传播创造最便捷的途径。

---

① 张梅珍，张磊．媒介融合背景下生态传播可持续发展的路径探讨［J］．新闻知识，2010（12）：19－20.

工业美学与文化定价*

孙 星**

【摘要】 工业美学源于人类的工业生产活动，是美学的一个分支。在纷繁复杂的生产工艺流程和各式各样的产品类型中，工业活动体现出工艺美术之美、机械之美、时尚之美、工业景观之美、大工业之美和虚拟世界之美。倡导并践行工业美学一方面是满足人民对美好生活的需要，另一方面是丰富产品的文化内涵、增强企业产品文化定价能力的需要，有利于提高产品品质，提升管理和服务水平，增强企业市场竞争力。

【关键词】 工业美学　工业生产活动　文化内涵　文化定价

工业是生产产品、创造物质财富的主要部门，因此，我们对“美”有一个非常朴素的认识，认为从物质角度审视，美可以简单地划分为自然造物之美和人造物之美，即自然美与人造美。自然美是天然形成的美，这是大自然本身就固有的，遵循“存在即合理”的法则，因此，大自然存在的东西就有其美的地方。人造美是在人类出现之后，通过劳动所创造出来的美，它是人类智慧的结晶，一方面可以满足使用目的，另一方面又给人们带来美的享受。

工业审美的演变分几个阶段。第一阶段，古代手工业诞生的时候，仅

* 本文根据作者2022年7月9日在中国企业文化研究会首届企业美学沙龙上所作的“工业美学与文化定价”主题演讲内容整理。

** 孙星，工业和信息化部工业文化发展中心副主任。

仅解决的是实用性问题，即生产具有某种使用功能的产品，产品不追求审美，也不懂审美设计，讲究的是实用价值。第二阶段，古人在产品的使用过程中，感觉到还缺少一定的精神享受，于是，在手工业产品的生产过程中，要求加入美学元素。此时，手工业产品除具有使用功能外，还附加了审美功能。再往后，部分产品的实用性逐步降低，审美价值不断提升，经过艺术家创作之后最终演变为艺术品。

与其他审美过程不一样，工业审美是先从物质层面再上升到精神层面，结果是产品既有实用价值又有审美价值，而其他审美更多的是直接从精神层面开始的。例如，人类最早生产的陶碗，开始的时候不圆且粗糙，只有使用功能，后来对陶碗的外观需求提高了，于是按照审美要求绘制了花纹，随着生产技艺的提升，碗口越做越圆，外观越做越精美。因此，工业创造了一种新的审美形态。

那么，谁是这个世界创造人造美的主要力量？我们认为是工业。从物质角度来看，我们今天开会的环境，包括建筑、装饰、灯光、桌椅、投影仪、茶杯、笔等，都是工业产品，但是这些工业产品一定是按照美学规律来设计制造的。因为如果它不符合消费者的审美，消费者一定不会去购买，它就会被市场所淘汰。可以把视野放宽一点，我们家里的每件工业产品同样是按照美学规律来设计制造的，房屋建筑、道路桥梁、交通工具等是同样的道理。随着科技水平的提升，城市会越来越现代化、越来越美。

工业美学是美学的一个分支，与传统美学不同，它首先是基于物质需求的美，然后在制造和使用过程中满足人的精神需求。工业美学源于人类的生产活动，倡导并践行工业美学有利于提高产品品质，提升管理和服务水平，增强企业市场竞争力。

工业美学涵盖了工业活动的整个流程，包括产品的构思、研发、设计、制造、包装、营销、服务、使用、收藏等各个环节。在纷繁复杂的生产工艺流程和各式各样的产品类型中，工业活动体现出工艺美术之美、机械之美、时尚之美、工业景观之美、大工业之美和虚拟世界之美。其中，工业科技和产品构建的虚拟世界是人类创造了一种新的美学形态，在虚拟世界里，艺术家们可以海阔天空、随心所欲地设计、搭建和展现自己心目中的理想之美，人们可以戴着 VR/AR 眼镜，进入虚拟世界一同感受。

世界许多机械运动是人类创造出来的，在自然界中并没有，如齿轮运动、滚轴转动、游丝摆动等，这些运动具备很强的审美要素。以机械表为例，以前的机械表面板是封着的，只有指针和刻度，现在则故意做成透明的，把机芯特别是陀飞轮展示出来给大家看，因为这代表着人类的智慧，展现的是高精密的机械之美。科技是推动时尚发展的核心动力，回顾30年前的“大哥大”，当时是令人羡慕的时尚产品，是身份和实力的象征，但如今再看其设计相当粗糙。人类科技持续进步，手机不断升级换代，工业设计越来越精美时尚，每推出一款新手机就像一件艺术品。

再看工业厂房车间，它是按照生产工艺流程来设计的，不要求审美，主要是满足生产制造的功能需求，但是当它变为工业遗产的时候，它的使用价值在降低，由于这种构造的独特性、唯一性、不可复制性，它的历史价值、文化价值、美学价值在大幅提升，因为没有一个艺术家、美学家可以凭空想象出这种形态。如景德镇陶溪川，以前是生产陶瓷的工厂，现在经过改造之后，锯齿形和人字形的“包豪斯”厂房、烟囱、水塔、窑炉，在融入玻璃、钢、木材、景观照明等现代元素后，体现出工业遗产之美。北京首钢，通过炼钢高炉、烟囱、冷凝塔、筒仓、输送带等生产设施改造，形成一种非常震撼、非常壮观的大工业之美，它代表着一个时代人类科技发展水平，体现出当时强大的生产制造能力。

世界工业化经历了200多年的历史，其发展可以分三个阶段。在工业化初期和中期，各国工业发展的路径大同小异，表现出“标准型式”，但后期各国工业化表现各异。初期的决定性因素大多都是资源；到一定阶段后，技术越来越重要；再往下发展，文化因素不可或缺，且影响越来越深刻。

第一阶段，发展工业主要靠资源，当时西方在全球到处建立殖民地，开采出煤、铁矿石等资源之后，就可以炼铁卖产品、生产机械设备、制造武器，于是工业就能快速壮大起来。第二阶段，当大家都找到矿产资源后，各国再比拼什么呢？技术！你能炼出铁，我能把铁炼成钢，炼钢比炼铁技术含量高，钢比铁的价值大、应用广。第三阶段，各国发现发展工业除了依靠技术之外，还要有文化支撑，工业产品需要精美的设计、高超的品质，需要工匠精神、创新精神等，否则就成不了世界工业强国。因此，我们深深体会到要成为制造强国，在拼技术同时，还要拼创新、拼文化。假如没有品牌、没有创意、没有文化的产品，就会像没有核心技术一样，在市场上没法竞争，这也是中国产业、中国产品迈向中高端的必由之路。

为什么要研究工业美学？一方面是满足人民对美好生活的需要；另一方面是要丰富产品的文化内涵，增强企业产品的文化定价能力。企业发展得好，关键是要产品卖得好，但产品怎么样才能卖得好？过去中国企业没有技术的时候，西方国家把高技术产品的价格卖得很高，疯狂赚取高额利润。现在，当中国突破了某些领域的技术并且顺利国产化之后，原本天价的产品被中国人做成了白菜价，许多西方企业竞争不过就垮了。当西方国家在某些技术领域不占领先优势时，它们的企业就开始依靠文化挣钱。20年前，中国需要出口大约1亿条牛仔裤才能换回1架波音飞机，那时，我们利润很薄，习惯拼成本打价格战，而西方企业卖一件奢侈品就可以赚上万利润，它们实际上是用文化去赚钱，且这种文化不像技术那样难以模仿、难以复制。大家知道，很多奢侈品都是在中国生产的，但国内打造的奢侈品牌却寥寥无几。

美学背后其实就是一种文化。品牌是企业、产品的外在形象，它背后的支撑力量是技术、文化、管理等。但非常遗憾的是，西方经济学并没有提出文化定价理论，也很少从文化角度去思考，企业在给产品定价时，通常会考虑设计、品牌、包装等文化因素，但它的定价原则、机理、方法、溢价空间等不清楚，据目前掌握的情况，没有专家学者系统研究过产品的文化定价。

经济学产品定价理论主要有成本定价、竞争定价、需求导向定价、心理定价、拍卖定价等。为什么要提出“产品的文化定价权”？就是要通过这套理论的提出，推动企业认清文化定价的重要性，知道如何把产业、产品推向中高端。从概念上讲，产品的文化定价权是让企业有效地将文化要素融入产品定价过程中，使得文化要素，当然也包括美学要素，成为产品价格的有机组成部分，并通过提高产品的文化内涵，增强产品的差异化竞争力，从而在市场上占据优势。

前面谈到，消费产品不仅要有使用功能，还要有精神价值。产品如何提高文化内涵？可以从研发、生产、制造、宣传、销售、使用等各个环节入手提升。企业生产制造中如何贯彻落实美学的理念？企业可以通过打造环境之美，从建筑之美、生产之美、产品之美、营销之美等切入，因为美的生产环境大家都会愿意去体验。工业 1.0 蒸汽动力时代，生产车间又脏又吵；工业 2.0 时代到工业 3.0 自动化时代，虽然生产环境得到大幅改善，但是噪音粉尘污染仍存在；工业 4.0 网络时代，生产全自动、全封闭，车间没有粉尘污染、干净整洁、环境友好，有些企业甚至会考虑灯光、色彩对人情绪的影响，这些都是采用了美学的理念。

航空领域有一句俗话“颜值就是战斗力”，表达的是飞机设计得漂亮，性能就不会差，战斗力肯定强。如今，工业设计和制造已经炉火纯青，一辆汽车设计得越漂亮，美学价值越高，它的销量就越好，跑车给我们的印象就是一件真正的工业艺术品。

丰富产品的文化内涵大大强化了其溢价能力。例如，两杯咖啡放在一起供你选择：一杯是普通咖啡；另一杯是星巴克咖啡。我想一般大部分人会选择后者，虽然星巴克咖啡的价格就远远高于普通咖啡，这就是文化的溢价效应。再如，法拉利 250 GTO 是 20 世纪 60 年代最先进的跑车，当时只生产了 36 辆，售价仅 6000 美元左右。2018 年，法拉利 250 GTO 在拍卖中以 4840.5 万美元价格成交，成了有史以来被拍出的最昂贵的汽车。一辆旧跑车，历经 50 多年价格不跌反涨，溢价空间竟然高达 7000 多倍，本质原因在于跑车的使用价值降低了，但文化艺术价值却大幅提升。

为何要研究产品的文化定价？因为它讲清楚了产品文化增值的机理，揭示了普通品牌、名牌、奢侈牌、艺术品在售价上为何会产生巨大的差异，与此同时，它能给企业创造巨大的经济效益。总之，技术、质量、功能、设计、包装、宣传，包括工业美学对产品的溢价空间，都有着显著的提升作用。

“文化创意+”电力工业融合发展的意涵及路径

陈海华*

【摘要】 文化是助力人类文明不断攀升的云梯，文化元素与传统产业的融合创新，催生了“文化创意+”这一崭新的发展业态。“文化创意+”为电力工业注入文化内核和文化支撑，对于实现电力工业可持续发展意义重大。通过对“文化创意+”概念阐释，剖析“文化创意+”电力工业融合发展存在的问题，进而对其融合发展的原则与路径进行探讨。

【关键词】“文化创意+” 电力工业 融合发展

引　言

现代社会文明的发展得益于电能的应用，它使人类迈进了一个崭新的电气化时代，并为21世纪的信息化发展以及现代文明进步奠定了坚实的基础。因此，电力工业是现代社会文明发展的重要基石。

文化创意与美学有着紧密的关系，创意产业中的所有领域都涉及如何将广泛的文化内容创造性地融入审美形式之中。文化创意与电力工业的三大美学（空间美学、产品美学、生命美学）相融合，其空间美学通过企业文化物化构建起企业空间“文化场”，把书面的思想语言转化为空间视觉

---

* 陈海华，中国企业文化研究会高级咨询师、企业美学部主任。

艺术语言；其产品美学通过将企业产品融合视觉艺术，为企业获得竞争优势、为顾客带来价值，美学设计成为企业战略工具；其生命美学通过以生命为视界，以人因工程、生理及心理学等为基础，以视觉艺术语言为手段，把人本价值作为衡量企业的尺度。只有这样才能形成我国电力工业国际化竞争的新优势。

推动“文化创意+”与电力工业融合发展，要厘清电力工程设计与工业设计的关系，强化以文化创意、设计创新引领电力工业建设的思维方式。电力工程设计是为发电、输电、变电、配电等工程项目提供有技术依据的设计文件和图纸的过程，也是对项目进行整体规划与具体实施，将科学技术转化为生产力的过程。工业设计以工学、美学、经济学为基础，对工业产品进行设计，涉及学科包括造型设计、环境规划、室内设计、平面设计、心理学、社会学、美学、人机工程学、色彩学等。与其他艺术生产活动、工艺制作有着明显不同，由工业发展和劳动分工衍生出的工业设计是各种学科、技术和审美观念的交叉产物，其本质是把思想和概念转变为具有美感的视觉形式。

电力工程设计的完成者也应是社会文化的缔造者，电力工程设计应当有更高层次的追求——精神层面的美学追求、天人合一的自然崇拜、艺术设计的创意思维。“在建设物质电站的同时，不遗余力地建设‘精神电站’”（荆玉成《原力觉醒》）。

一、基本概念及存在的问题

文化创意产业具有“无边界融合”的特征，跨界融合也是电力工业未来的发展趋势，文化创意产业与电力工业的相互融合发展，拓宽了传统电力工业的边界，从而催生了新的产业形态，形成了新的经济增长点。

（一）以文化为基础的跨业态融合——“文化创意+”

1. 文化创意产业的概念

国家“十二五”时期重大社科类课题《中国特色社会主义文化发展

道路研究》中对文化产业的定义是：文化是人类在历史社会发展过程中所创造的物质财富和精神财富的总和，文化产品既有其物质作为载体，又有精神蕴含其中，优质的文化创意产品的特点是精神大于物质的价值。就文化创意产业而言，创意是指原创之意、首创之意；文化创意是指两种或两种以上的文化元素，通过整合、提炼、升级而形成的一种新的文化结构，这种新的文化结构就是创意成果，就是核心价值。

文化创意产业是把文化转化为更高生产力的行业集群。文化创意产业中的文化是指大文化，是指与生产、生活、生态相关的文化。文化创意产业是我国国民经济发展中的一个经济层级最高的产业形态，是新时代下一种全新而美好的新兴战略产业，是文化产业和一、二、三产业的整体升级和放大。

2.“文化创意+”的概念

“文化创意+”是随“互联网+”概念之后提出的，以文化因素为创新对象的跨业态融合模式，是对文化再创造的思考与实践过程，也是推动经济模式不断演变、发展的原动力。“文化创意+”传统行业融合，即“文化创意+传统行业”，但这并不是对两主体的简单叠加，而是让文化创意与传统行业进行深度融合，从而创造新的发展业态。

将“文化创意+”与传统行业的融合发展，就是将精神、物质、制度、服务等不同层次、不同形态的文化元素融入于企业发展之中，并推动其健康发展。“文化创意+”的概念是以文化为基因，以创意为动能，以融合为方法，实现从传统单一产业到多元、现代、时尚、高科技含量产业的转型升级，既拓宽了文化创意产业的覆盖面与内涵深度，又增加了传统产业的附加值与综合竞争力。

3.“文化创意+”传统产业融合发展形态

“文化创意+”的出现，标志着文化创意在社会经济发展中达到了新的高度，“文化创意+”传统产业融合，可分为跨要素融合、跨行业融合、跨平台融合三种融合形态。（张湘涛《文化创意+产业融合发展的新形态》）

（1）跨要素融合

跨要素融合是文化创意产业的“对内融合”，就是以文化、科技、信息、创意、资本、市场、人才、品牌等为代表的产业要素，通过集聚创新形成的融合发展模式。其更多的是以文化为资源，以创意为手段，以产业为目的发展文化创意产业，同时实现与其他产业的深度融合。

（2）跨行业融合

跨行业融合是文化创意产业的“对外跨界”，通过行业间的功能互补和链条延伸，将文化内容和创意设计向三次产业渗透，使各行业之间共生相辅，将“隔行如隔山”的行业壁垒逐步消解。

（3）跨平台融合

跨平台融合是对文化创意产业的“空间重塑”。随着行业信息化水平越来越高，文化创意产业的发展不再限定于狭隘的空间，而是展开多领域、跨平台的融合创新，“文化创意＋互联网”就是典型代表。互联网拥有平台聚众优势，能够使文化内容、创意表达更加丰富多样，从传播消费到运营投资更加方便、快捷，许多产业因此削弱了市场边界和壁垒，无论是在地域分布还是产品类别上都得到极大拓展。

4.“文化创意＋”传统产业融合发展动因

跨界融合成为产业发展的新常态，除了经济全球化和高新技术迅猛发展的外部因素外，文化所具有的强大经济力量，是新常态下“文化创意＋”得以催生的内在动因。文化作用于产业发展主要体现在三个方面。

（1）技术创新驱动

信息技术的发展加速了文化创意产业与相关产业的融合，从文化创意产业的文化产品生产来看，信息技术创新体现在利用数字技术、互联网、软件等高新技术来提升文化内容、创意与设计；从文化创意产业的文化产品传播和销售渠道、消费方式上来看，技术创新加速了文化产品的传播、消费频率，同时也加快了数字化与网络化的进程；从文化创意的产业链延伸来看，技术创新加快企业技术改造的步伐，将技术推广应用于更广泛的范围；从制造业等其他产业对与文化创意产业融合的需求来看，技术创新推动了工业设计服务领域的延伸及其服务模式的升级。同时，新技术所带来的新工艺、新装备、新材料、新需求，进一步促进工业设计向高端综合设计服务的转型。（赵玉宏《文化创意产业融合发展研究——以北京文创

产业为例》)

（2）政府政策推动

政府的财政、税收及各项产业政策和知识产权法律法规的保护，是影响文化创意产业融合发展的外部因素。党的十八大报告提出，要“发展新型文化业态，提高文化产业规模化、集约化、专业化水平”；党的十九大报告提出，要“健全现代文化产业体系和市场体系，创新生产经营机制，完善文化经济政策，培育新型文化业态”；国务院出台《关于推进文化创意和设计服务与相关产业融合发展的若干意见》等政策文件，明确指出：“推进文化创意和设计服务等新型、高端服务业发展，促进与实体经济深度融合，是培育国民经济新的增长点、提升国家文化软实力和产业竞争力的重大举措，是发展创新型经济、促进经济结构调整和发展方式转变的内在要求，是促进产品和服务创新、催生新兴业态、带动就业、满足多样化消费需求、提高人民生活质量的重要途径。”

（3）企业需求拉动

文化具有强渗透、强关联的效应，文化要素与经济、社会、生态各领域进行更广范围、更深程度、更高层次的融合、创新，进而推动产业业态裂变，实现产业结构优化，提升产业的可持续发展，这就是“文化创意+”商业模式。世界上知名品牌的形成约有半数归功于技术研发，另外半数是靠文化的跨界融合，使文化符号价值、文化经营理念等相关概念相互渗透，企业得以“美学增值”，商品的审美功能和精神价值得到强化，另外，文化的跨界融合还可促进品牌塑造，提升产业的文化内涵和边际效应。

文化创意产业具有创新驱动的特点，其发展与巩固来自企业强有力的自主创新氛围与能力。文化的价值不仅局限于满足人们的文化需求，若将其创造性地渗透进产业的发展之中，无疑会大大提高企业的附加价值。文化创意产业也具有诱导效应，商品生产创造出一种生活方式，然后在消费中实现对这种生活方式的售卖，其过程本质上是一种文化现象。文化的变迁与消费理念的改变是一脉相承的，消费理念往往决定产业发展的空间与方向。“文化创意+”贯穿于社会多行业多领域之中，强化“文化创

意 +”的引领和支撑作用，可以提高企业的整体效益和国际竞争力，加快实现由“中国制造”向“中国创造”的转变。因此无论是文化创意企业还是传统制造业企业，都亟须以“文化创意 +”提升企业竞争力和品牌影响力。

（二）现代文明社会的基石——电力工业

1. 电力工业的概念

电力工业就是将煤炭、石油、天然气、核燃料、水能、风能、太阳能、生物质能等一次性能源经发电设施转换成电能，再经过输电、变电、配电环节将电能供给用户的精密而庞大的工业系统。

电力工业主要包括五个生产环节：发电，包括火力发电、水力发电、核能和其他能源发电；输电，包括交流输电和直流输电；变电，包括通过电力设备将电压由低压转变为高压（升压）或由高压转变为低压（降压）；配电，包括配电室、高压配电线路、低压配电线路、配电变压器以及相应的控制保护设备；用电，包括用电设备的安装、使用和用电负荷的控制，以及将这五个环节所存在的设备连接起来的电力系统。此外，还包括规划、勘测设计和施工等电力基本建设、电力科学技术研究及电力机械设备制造等。

2. 电力工业是现代文明社会的重要基石

人类文明的发展，离不开社会生产力的发展。从早期的钻木取火，再到工业革命时期蒸汽机的发明及应用，人类历史的发展同时记录了能源技术的进步过程。从现代文明发展的角度来看，电能的应用及发展促进了现代社会的快速发展，电力技术的综合发展及其深化应用，带来了蒸汽技术的产业性革命与进步，继而推动人类迈进了一个崭新的电气时代。以电力发明和应用为标志的第二次科技革命，揭开了电力工业在人类未来文明发展中的序幕，给人类带来了生产力水平的质的飞跃，引发了彻底的生产关系变革，成为推动人类文明发展的重要力量，奠定了 21 世纪信息化现代文明的基石。

从 1880 年发明的水电、火电，1890 年发明的风电，至 1910 年发明的潮汐能发电，1950年发明的核电，再到1970年发明的太阳能发电，电力技术革命的变迁烙印出人类文明发展的脚步。随着风能、电能、核能等新能源的发展利用以及智能化电网技术的应用及开展，电力工业的发展全面引发了人们生活及生产方式的改变，并促使人们超越互联网信息时代，朝着智能化时代迈步。工业4.0时代的发展，以及电动能源在城市交通领域中的全面应用，更是引发了人类生活方式的质变，翻开了人类文明发展的新篇章。

（三）“文化创意+”电力工业融合发展存在的问题

1. 融合发展的意义认识不到位

由于文化创意产业目前仍是一个新兴产业，对其与电力工业融合发展的研究更是处于起步阶段。人们对融合发展的认识还停留在概念层面，没有自觉地将“文化创意+”的理念耦合进电力工业。

“文化创意+”电力工业融合发展是一种战略选择，我们必须牢固树立“文化创意+”的战略思维，拓宽与电力工业融合的研究视野，丰富和完善与电力工业融合发展的理论研究，将电力工业中的文化创意元素上升到创意产业、创意经济的高度上来，在文化经济的时代潮流中对其加以认知和把握。

在经济全球化时代，国际竞争愈演愈烈，企业竞争力更多体现在话语权与文化软实力上，同理，电力工业在国际市场上的竞争不仅是经济的输出和市场的占领，也是文化精神、价值观的输出和意识形态的较量。为实现“文化创意+”电力工业融合发展，在设计建设时应注重文化的整体结构，探究各国民众不同行为、思考方式的内在联系，寻找到隐藏于文化深层结构下的共同核心要素。

2. 融合发展的思路不清

“文化创意+”要求打破传统的思维模式，而现有电力设计方式大多没有实现从“旧思维”向“新思维”的转变，缺乏对“文化创意+”的认知，无法以融合思维和艺术化思维来谋求电力工业发展的新途径。

从文化创意产业的视角来看，文化正在走出传统的文化艺术、新闻出版和影视创作的“小文化”，迈向国民经济的“大文化”。相较而言，电力工业并没有实现从“小文化”向“大文化”的扩展，文化创意的先导作用不强。推动融合发展不能于电力工业的窠臼之中谋发展，要统筹电力工业与文化产业发展的关系，从而实现两者的一体化迈进。

3. 融合发展的推进滞后

关联性、辐射性、带动性是文化创意产业的突出特点，文化创意设计产业涵盖工业设计、建筑设计、环境艺术设计、视觉传达设计等，对电力设备制造业、电力工程设计咨询都有较大辐射带动作用，所以，强化创意设计的引领和支撑作用，可以提高电力工业的整体效益和国际竞争力，加快实现由“中国制造”向“中国创造”的转变。

一方面，电力行业普遍对文化创意产业重视度不高，缺乏相关配套规范措施的支持，有待对国家相关政策进行深入的分析与研究。在产业的融合发展方面，人才匮乏、力度不够，无法形成一个完整的产业链也是横亘在“文化创意 +”电力工业融合发展面前的问题。另一方面，电力工程设计咨询缺乏与文化创意的融合；电力建筑设计、环境艺术、视觉传达设计缺少统一的设计语言；就以人为本及安全文化设计的角度而言，缺乏对企业文化、环境心理学、生理学、人因工程及美学方面的研究与设计。目前，我国 19 家具有工程综合甲级资质的电力设计院，只有国核电力设计院和山东电力咨询院成立视觉环境设计中心。

4. 融合发展缺乏统一指导

文化创意和电力设计服务产业具有高知识性、高增值性等特征，大力推进“文化创意 +”电力工业融合发展，培育电力工业文化，建设各类主体共同参与融合发展的良好环境，才能形成电力工业竞争新优势。

虽然国务院及各部委下发的《关于推进文化创意和设计服务与相关产业融合发展的若干意见》及《关于推进工业文化发展的指导意见》中都提到，文化创意和设计服务在经济社会各领域、各行业，呈现出多向交互融合态势，但目前电力行业还没有对此类发展方向的整体规划，更无法以产业融合理论为基础，通过实践经验制定系统有效的推进方案。尽管一些电力企业近年来就此方向做了一些尝试性探索，但仍局限于局部的产业融合，尚未实现产业融合的整体联动，融合的领域、层次都亟待提高。

二、融合发展的原则

推动“文化创意+”电力工业融合发展，要立足于电力工业的行业特点，做好“文化创意+”的前瞻性研究，从电力企业文化、品牌形象、人本设计、跨界融合、艺术设计等方面，探索出一条融合发展的正确路径，尤其应遵循如下五个方面的原则。

1. 功能性原则

功能性原则是“文化创意+”电力工业融合发展的基本原则。电力工业是国民经济发展中最重要的基础能源产业，也是世界各国经济发展战略中的优先发展重点。作为一种先进生产力与基础产业，电力行业对促进国民经济的发展和社会进步起到了重要作用，同时也与社会、经济的发展有着十分密切的关系，其不仅是关系国家经济安全的重大战略问题，也与人们的日常生活及社会稳定密切相关。因此，“文化创意+”与电力工业的融合发展首先要满足电力生产的安全稳定与可靠运行。

产业融合要兼顾经济效益与社会效益，这也是电力工业必须遵从的基本法则，因此，与“文化创意+”相融合产生出的电力产业及其产品，必然承载着经济和文化的双重属性。在新一轮能源技术革命中，我们要时刻以创新为引领，发挥文化强渗透、强关联的特征，将“文化创意+”理念融入电力生产与市场营销的过程之中，占领其主动权，提升电力工业在未来能源领域的国际竞争力，从而进一步加快创新步伐，抓住电力技术和装备跨越式发展的机遇，占领全球能源电力技术制高点，确保我国电力能源战略的安全和产业的可持续健康发展。

2. 国际化原则

当前，文化软实力对国家综合竞争力的影响越来越大，其代表着一个国家的气质，蕴含着民族精神。推动文化“走出去”，有利于提升国际话语权和品牌影响力。

改革开放以来，电力企业紧跟国家对外开放战略，取得了丰硕成果。

在全球经济一体化的背景下，电力企业应进一步增强国际化意识，加强海外文化传播和跨文化融合，树立文化自信，尊重文化差异，吸纳先进文化，取得文化共识。并通过塑造电力企业良好的海外形象，营造出有利于开展境外投资、经营的和谐环境，为企业“走出去”创造有利条件。牢固树立“文化创意+”的市场意识，顺应市场经济规律，分析、统筹国际国内两大市场，把握宏观经济与区域经济不同走势和需求，准确选择产业融合的切入点、结合点、增效点。应以市场需求为基础，生产富有吸引力、竞争力、生命力的新业态和新产品，并赋予电力企业更多文化内涵。

同时，电力工业要坚持以企业为主体、以市场为导向，按照国际电力标准和商业原则开展电力装备制造合作。坚持突出重点、有序推进的工作方式，选择制造能力强、技术水平高、国际竞争优势明显的装备制造商，以国际市场需求较强的领域为重点，根据不同国家和行业的特点，有针对性地采用贸易、总承包工程、投资等方式有序推进。在此基础上，制定科学有效的“文化创意+”电力工业融合发展规划，并完善支持政策，为融合发展营造良好的环境，通过创新性产品提升我国电力工业的国际竞争力。

3. 文化融合原则

“文化创意+”使文化更加自觉、主动地向电力工业渗透，其核心是赋予电力工业活的文化内核、文化属性、文化精神、文化活力、文化形态和文化价值。简言之，是为电力工业植入文化的DNA。牢固树立“文化创意+”的战略思维，要以“全链接”“零距离”的理念看待产业融合，真正使产业融合成为电力工业全领域的生产、经营和发展理念。

“文化创意+”电力工业融合发展，要坚持文化传承与科技支撑的统一。一方面，要依托于深厚的文化资源与新颖的创意设计，实现文化在电力工业生产及市场活动中的传承和可持续发展；另一方面，要加强科技与文化的结合，促进创意方案与电力设计的成果转化，实现文化美学价值与实用价值的有机统一。同时，要发挥文化要素对于电力发展质量的提升作用，改变环境破坏、资源浪费、能源高耗、技术落后的不良局面，追求绿色环保、低碳循环、创新驱动、高附加值的集约型新经济发展模式，以

“文化创意+”的理念推动电力工业融合发展。

4. 创新发展原则

“文化创意+”电力工业融合发展要深入挖掘文化的创新驱动力，以全球视野谋划、推动企业自主创新，加快形成经济发展的新方式，并推动电力工业科学发展、率先发展。

实施创新发展驱动，要将产业融合摆在企业发展的重要位置，建立以电力企业为主体、以市场为导向、产学研结合的创新体系，让企业成为产业融合的创新主体。文化创意产业不再是独立发展的产业，而是与电力工业全面结合。

实施创新发展驱动，对于加快我国电力工业转变经济发展方式具有现实意义。文化创意具有裂变效应，不仅可以直接转化为现实生产力，而且可以通过“文化创意+”的渗透作用放大各生产要素的生产力，提高电力工业整体生产力水平。

5. 人性化原则

人性化设计是指设计者在设计过程当中，根据人的行为习惯、生理结构、心理情况、思维方式等，对设计的基本功能做出相应调整的设计方式。人性化设计是对人的心理、生理需求及精神追求的尊重和满足，体现出设计中人文关怀及对人性的尊重。人性化设计是科学和艺术、技术与人性的结合，科学技术给设计以坚实的结构和良好的功能，而艺术和人性使设计富于美感，充满情趣和活力。

人性化设计要注重与历史文脉的结合，尊重民族传统，并注意与企业文化相承接。在进行电力工程设计时，设计者要充分挖掘项目地的历史文脉，重视工程视觉性与艺术性的结合，在美感之中增加人文精神方面的设计，达到景与情相结合的怡人效果，向社会展示新时代电力员工的良好形象。

人性化设计要有环保与可持续发展意识，树立以保护人类生存环境为中心的设计理念，这就要求电力设计者要具有强烈的道德责任感和社会责任感。人性化设计理念在电力工业设计中运用时，要充分满足人因工程学原理，通过运用心理学、生理学、人体测量学等科学知识于电力工程技术设计和作业管理，特别是电力安全设计和安全管理，从而达到提高生产效率、保证安全生产的目的。

三、融合发展的路径

（一）以文化创意助推电力企业文化落地

近年来，电力企业在培育企业精神、提炼经营理念、推动制度创新、提高员工素质和塑造品牌形象等方面进行了广泛探索。国家电网的卓越文化、南方电网的幸福文化、华能集团的三色文化、大唐集团的大唐精神、华电集团的华电宪章、国家电投的和文化等，就是这些经探索而产生的优秀实践结晶，其无一不蕴含着深刻的内涵，体现出企业鲜明的特色并不断激发出企业强大的文化力量，促进广大电力员工思想观念、精神面貌及道德素质的深刻变化与全面提升，为电力企业改革的发展、进步提供了不竭的动力和源泉。在2017年企业文化优秀成果中，国家电投的“企业文化目视化系统的设计与研究”，中国大唐集团的“以文化引领全面创新建设实践，推动企业转型升级与提质增效”等课题，从不同角度阐述了企业文化建设对电力集团改革发展的积极促进作用，促进了电力企业文化建设的发展与落地。以文化创意助推电力企业文化落地的方法主要包括三方面。

1. 企业文化理念宣贯落地

一是要创新载体，借助融媒体等全新媒介强化宣传效果，实现资源通融、内容兼容、宣传互融，开展全方位、立体式企业文化宣贯，扩大传播覆盖面；二是创建企业性格色彩，将企业理念转化为拟人化、人格化的企业性格色彩，通过色彩对感官的联想作用传达信息，并据此引导员工的行为；三是以艺术设计的手段将企业性格色彩应用于员工工作空间之中，将企业的文化理念视觉化、形象化，使其成为企业文化与企业员工间联系和沟通的纽带，强化对企业文化的认同。

2. 企业文化目视化设计

将企业物质文化、行为文化、制度文化和精神文化，运用管理学、文化创意、设计美学、色彩生理及心理学等多学科研究成果，以企业室内外空间为载体；以视觉艺术语言为基本手段；以文化的可视性为基本原则，通过图形、色彩、造型等基本要素，对企业建筑、景观、室内装修、陈设等空间环境融入企业文化并进行视觉艺术化表达，将环境与视觉、空间与时间纳入一个整体进行系统研究，将文化理念可视化后传达给员工及社会，并使其产生积极影响。在实施手段上，可通过固化于制、显化于物、外化于形、融化于情、内化于心和实化于效六个方面进行塑造，从而实现企业文化的整体落地。

3. 强化全员参与互动

一是文化主题雕塑在策划时就要考虑将员工纳入作品概念之中，形成作品与员工的互动；二是策划可供全体员工参与的文化主题装置艺术，将企业文化的思想内核深耕于每个员工的内心；三是策划可供全体员工参与的文化时间舱活动，使员工牢记企业使命，并对企业未来的发展充满希望。

（二）以文化创意塑造电力企业形象

以文化创意为手段加强电力企业的形象建设，建立具有电力工业特色的视觉形象文化体系。视觉形象是企业形象的重要组成部分，是企业形象中最易被接受、含义最广泛，且最具感染力的视觉传达形式。目前，国内各电力集团公司的视觉识别系统手册都已经完成，标识、标准字、标准色和造型图案等要素已经制定完毕。这些要素是企业地位、规模、力量、尊严和理念的集中展示，在实际工作中，应强调所属企业对这些要素的规范使用，以充分展示企业风范，使其视觉形象深入社会大众之心，实现传达企业理念、完善企业形象的目的。以文化创意塑造电力企业形象的方法主要包括两方面。

1. 用工业美学与建筑美学设计发电厂

工业美学是人类造物活动、机械生产和产品文化研究过程中，所涉及的有关美学问题的应用美学学科，其理念可以通过工业产品的功能美、技术美、材料美、形式美四个方面来实现。建筑美学是一门建立在建筑学与美学基础之上，对建筑领域中的美和审美问题做出研究的新兴学科。由此看出，发电厂的生产区设计与建造应体现工业美学的四个方面，厂前区建筑设计应着重体现建筑美学的形式美法则。

2. 将环境艺术设计融入电网工程

环境艺术设计是一门通过艺术设计的方式对建筑室内外空间环境进行整合与优化的实用艺术，涉及领域广泛，包含建筑学、城市规划学、人类工程学、环境心理学、设计美学、环境生态学、环境行为学等。在电网工程的建设中，输变电工程的变电站及线路铁塔设计就应以艺术为黏合剂，将环境艺术与工程建设相结合，形成电网工程与人、人与环境、环境与企业之间的良性互动。环境艺术将输电线路中的铁塔转化为景观塔，将变电站建设成景观变电站，使输变电工程成为一道亮丽的风景线。

除输变电工程外，我国的电动汽车充电站建设也在尝试与景观设计相融合。作为一种兼具形式美与功能性的公共艺术，其建设仍处于起步阶段。充电站公共艺术设计不能简单地以尺寸大小为设计准则，而是应当将其变成公共空间中不可缺少的一部分，使其符合景观与环境共生共存的基本原则，充分融合空间环境，提升环境的文化氛围。

（三）以文化创意强化电力安全生产

在安全生产实践中，企业首先要根据本企业的安全管理特点，提炼并培育企业员工普遍认同的安全生产文化，以此激发员工安全生产的工作热情，增强其安全生产的责任感。通过创建企业安全文化，达到提高全员安全素质，促进安全生产的目的。以文化创意强化电力安全生产的方法主要包括两方面。

1. 通过视觉传达将电力安全管理目视化

视觉传达是人与人之间利用“看”的形式所进行的交流，是通过视觉语言进行表达、传播的方式。视觉的观察及体验可以跨越语言不通的障碍，消除文字的阻隔，凭借对“图”——图像、图形、图案、图画、图式的视觉共识获得理解与互动。

视觉传达是一种利用视觉符号来传递各种信息的设计方式，其以某种目的为先导，通过可视的艺术形式传达某些特定信息给被传达对象，并且对被传达对象产生影响。在信息传递的过程中，设计师是信息的发送者，其所传达的对象是信息接受者，涉及谁、把什么、向谁传达、效果、影响如何五个程序。

企业安全目视化管理是指通过安全色、标志、标牌等方式明确现场人员职责分工，告知工器具、工艺设备的使用状态，提示作业区域的危险状态等情况的现场安全管理方法。其以信息公开化为基本原则，将管理者的安全要求及违规导致的隐患风险通过视觉传达的方式呈现于员工面前，以此推动看得见的管理、自主管理及自我控制。直观的视觉展示使问题点更加容易暴露，能够起到事先预防和消除隐患的作用。

以视觉传达的方式设计电力安全管理目视化的具体原则为：视觉化——安全标示、设备标志、发电厂管道的颜色科学管理；透明化——将需要看到，但被遮隐的地方显露出来，并对其进行艺术化设计；界限化——以美学比例界定、标示管理界限，以及正常与异常的定量界限。

安全目视化的内容主要有：安全色、安全标志、安全警示线、人员安全管理目视化、工器具目视化管理、设备设施目视化管理、建（构）筑物、办公区域目视化管理、作业区域目视化管理、安全宣教及管理标志牌、仓储管理、消防标志、道路交通目视化、交通安全标志、环境标识。这些管理方向的目视化设计不仅给生产上带来方便，而且有助于推动电力企业的安全生产。

2. 用人因工程设计强化电力安全生产

电力工程中的人因工程设计是一门将心理学、生理学、解剖学、管理学以及各种工程学知识与方法相结合的，探讨人、工作和环境关系的新学科，其主要功能在于研究如何设计一个最适合于人的工作环境。人是企业的尺度，也是环境的主题。理想的环境，既能提高工作效率，也能给人身心健康带来正向的积极的影响。历史上，美国三里岛、苏联切尔诺贝利、日本福岛等三次大的核电事故，人因失误是诱发核电站事故的主要原因之一。通过人因工程对人的生理、心理、组织特性研究，建立一套针对人员失误的纵深防御体系，是提高核电厂安全性、经济性和舒适性的重要举措。对它的研究，目前大多停留在人体工程学等“硬”的领域，较少关注人的情感、心理、生理、美学及环境美学等“软”的方面，而软人因设计正是数字社会需关注的重点。“软人因设计以工业设计心理学、人性化设计、情感化设计等软性学科为基础，而不是以人体测量学应用为重点。”内容包括美学设计、情感设计、感官环境设计、空间与人的生物节律协调性设计、旷奥度设计等。企业生产及办公空间软人因设计，通过环境对员工感官层面（人对物体的形、色、音、触等感性认知）、使用层面、观念层面影响的研究，对空间进行科学设计和布局，使员工感官愉悦、身心舒适、情感认知、文化认同，进而对人的意志、行动产生影响。

（四）以文化创意推进电力企业跨界融合

文化创意产业几乎正在向所有的产业部门渗透，电力工业也毫不例外。随着电力产业形态的多样化发展，其与更多领域的跨界融合正不断拓展。这种融合的产业形态已经模糊了传统的固化产业边界，成为产业发展的新常态，弥补了双方的缺陷与不足，有效推动了产业的转型与升级。以文化创意推进电力企业跨界融合的方法主要包括三方面。

1.“文化创意+”水电站融合发展

将水电站工业旅游项目与文化创意跨界融合，拓宽了我国旅游产业的发展方式，提升了工业文化内涵。将创意性的旅游活动与水电站的工业文化相结合，能够有效塑造和传播电力企业的良好形象，从而为其发展拓展新的经济增长路径，并提升工业旅游产业的影响力、带动力，增强工业旅游产品的丰富性和吸引力。文化创意产业还可以促进工业旅游产品的深度化、多元化结构调整，丰富工业旅游的内涵，推动企业的转型增效。

文化创意与水电站建设的联姻，使企业效益在文化的基因中不断增长，文化通过工业旅游的物质媒介构建出新的产业形态。以“文化创意+”为魂，能够更好地融入社会、链接市场、亲和大众，并因经济效益与社会效益的兼容性而充满生命力。

2. 用艺术设计介入新能源工程

将艺术设计介入太阳能及风力发电站建设，以艺术的形式将科技成果展示给观众，并为其提供体验、互动的场所，改变传统以“看”为主的观看方式。这种规模巨大的艺术作品需要以不同的观看角度才能够看清全貌，而这样的视角是前人所不能想象的。因此，新能源艺术设计与传统绘画的根本区别在于，传统绘画对于空间的表达是在二维平面上的虚拟表达，是调动观众既往的空间经验与画面对话，从而产生对空间的记忆。而新能源艺术设计不仅存在于空间之中，并且直接将空间作为其媒介要素，以空间的巨大、复杂和真实感来生成新的空间经验，给人们提供了一种新的视觉体验方式。风电的装置艺术、太阳能发电的大地艺术，是让人类获得各种更有价值、更有品质的视觉审美形式。

3. 以文化创意拓展电力工业遗址利用

以文化创意拓展电力工业遗址利用，让“沉睡”的电力工业遗产重现生机，完美诠释了工业与艺术的共生，成为追求创意与创新的创意产业的物质载体。老电厂在转型中寻求新生，新产业在中心城区寻找立足之地。

在发电厂工业遗址发展文创产业，特色鲜明的工业文化与对工业时期的场地记忆，可以激发艺术家无穷的艺术灵感。将工业遗产建设成为公共娱乐休闲的场所，这也是政府改善城市环境、完善城市功能的重要举措。对具有改造潜力的工业遗产，可以考虑对其进行集参观、购物、休闲、娱乐等功能于一体的综合商业开发。通过对电力工业遗产与文化创意的融合，促进了对工业遗产的保护和利用，促进了城市的整体转型及产业链的构建，促进了工业旅游价值体系的增值。

开展“文化创意＋”与电力工业融合发展研究，为电力工业注入文化内核和文化支撑，是电力企业三大美学（空间美学、产品美学、生命美学）在企业文化物化、企业战略工具和企业价值尺度的投射，对实现电力工业的可持续发展具有重要意义。

经典与通识

宋代“晚唐”诗学概念的诞生[*]

李裕政[**]

【摘要】 诗学史中的“晚唐”之说，大约在北宋中后期出现。在此之前，与之相关的说法如“唐末”“唐季”“唐之晚年”等，为“晚唐”的提出奠定了基本的意义。当“晚唐”之说盛行后，“唐末”“唐季”仍并行不废，而且与“晚唐”的意义趋于相同而通用。

【关键词】 唐末　唐季　唐之晚年　晚唐　唐晚

在唐诗学中，“晚唐”这一诗学概念，通常是跟初唐、盛唐和中唐一起，构成所谓的唐诗分期。通过考察发现，在“晚唐”的说法出现之前，已经有诸种与之相关的说法；在“晚唐”之说出现后，又衍生出与之相关的其他说法。这些不同的说法之间，其意义和用法也在趋同。

一、“唐末”“唐季”

先于“晚唐”之说出现的是“唐末”和“唐季”，其说常见于由五代入宋之人的论述中。譬如，陶谷（903—970）《清异录》卷三《针史》云：“自唐末无赖男子以劄刺相高，或铺辋川图一本，或砌白乐天、罗隐

* 本文系浙江省杭州市哲学社会科学规划课题“宋代‘晚唐’诗学概念研究”（项目编号：Z22JC070）的阶段性成果。

** 李裕政，浙江工商大学人文与传播学院讲师。

二人诗百首。”同卷《便囊》云：“唐季竞作方便囊，重锦为之。”① 所录唐末诸人诸事，人多无名，事多不彰，无文献可征，难考“唐末”所指具体时段。其中言及白居易（772—846）和罗隐（833—909），则所指“唐末”，最早不过白居易，最晚不过罗隐。又如张洎（933—996）《张司业诗集序》称，张籍（约766—约830）的诗集，“自唐末多故，荐经离乱，公之遗集，十不存一”②。“唐末”所指时间段亦不明了，据文意，当指张籍身故之后。又如黄休复（约1002年前后在世）记载了“唐末，蜀州青城县味江山人唐求”③ 的生平和诗名著于当时的情况，为后来计有功撰《唐诗纪事》与元人辛文房撰《唐才子传》“唐求”篇所本，辛氏连“唐末”之称也沿而用之。

宋初批评家关于唐末诗人的论述，以孙光宪（900？—988）《北梦琐言》最多、最详，其中较为重要的有以下几则：

> 唐相国孙公偓，宽裕通简，不事矫异……唐末朝达罹谷水、白马驿之祸，惟相国获免焉。
>
> 唐末，朝廷围太原不克，以宰相张濬为都统，华帅韩建为副使，泽潞孙揆尚书以本道兵会伐。
>
> 唐吴郡陆龟蒙……与颜荛、皮日休、罗隐、吴融为友……唐末以左拾遗授之，诏下之日，疾终。光化三年，赠右补阙，吴侍郎融传贻史，右补阙韦庄撰诔文，相国陆希声撰碑文，给事中颜荛书，皮日休博士为诗。皮寇死浙中。方干诗名著于吴中，陆未许之。
>
> 唐末凤翔判官王超，推奉李茂贞，携曹马之势，笺奏文檄，恣意

① 陶谷．清异录．丛书集成新编．第86册［M］．台北：台湾新文丰出版公司，1989：343、349．

② 张籍撰，张洎编次．张司业诗集［M］．席启宇，编．唐诗百名家全集．第11册．民国九年扫叶山房石印本。按“唐末”二字，四部丛刊本作“皇朝”；而余嘉锡则辨别分明，以席启宇刻本为佳（余嘉锡．四库提要辩证［M］．北京：中华书局，1980：1271）。又《全宋文》所收《张司业诗集序》用四部丛刊本，但将“皇朝”改作“唐末”（曾枣庄，刘琳．全宋文．第3册［M］．上海：上海辞书出版社，合肥：安徽教育出版社，2006：366页）。本文从余嘉锡之说，用席刻本。

③ 黄休复．茅亭客话．丛书集成新编．第82册［M］．276．按魏庆之《诗人玉屑》卷二、卷二十皆引《古今诗话》“唐末蜀川有唐求”之说，其源当出于此。

翱翔。王蜀主初下成都，冯涓节制判掌其奏笺。岁久转厅，以掌记辟韦庄郎中，于权变之间，未甚惬言。

李商隐员外依彭阳令狐公楚，以笺奏受知。相国危急，有宝剑，尝为君上所赐，将进之。命李起草，不惬其旨。因口占云……唐末乱离，渴于救时之术，孔相国纬，每朝士封事，不暇周览，但曰：“古今存亡，某知之矣。未审所陈利害，其要如何?”盖鄙其不达变也。

唐末有《北里志》，其间即孙尚书储数贤平康狎游之事，或云孙棨舍人所撰。①

第一则材料所说的白马驿之祸，在卷十五中言之更详，指朱温虐杀大臣、弃尸黄河，时在哀帝天祐（904—907）年间。② 第二则所载朝廷派兵合围太原李克用之事，时在昭宗大顺元年（890）。③ 第三则提到的唐末指陆龟蒙卒年，即僖宗中和二年（882）。虽然陆龟蒙未必诏下之日即卒，但此处所指年岁为僖宗中和初年是可以确定的。④ 第四则所载王建攻陷成都之事，时在昭宗大顺二年（891）八月庚子。⑤ 第五则所论唐末，与孔纬拜相有关。孔纬两度入相，分别在僖宗光启二年（886）和昭宗大顺二年（891）⑥，而李商隐（812—858）早在 30 年前故去，并不在唐末范围之内。所谓“唐末乱离”，更为具体的说法是卷十一所说的“唐咸通乱离”之事⑦。从懿宗咸通（860—873）开始，唐王朝已日近荡析边缘。撰修《新唐书》的宋代史家认为，宣宗是唐朝最后一位有作为的皇帝，“自是而后，唐衰矣”⑧，因为“懿、僖当唐政之始衰，而以昏庸相继；乾符之

---

① 孙光宪撰，林艾园校点．北梦琐言［M］．上海：上海古籍出版社，1981：22、49、57、57—58、72.

② 孙光宪撰，林艾园校点．北梦琐言［M］．上海：上海古籍出版社，1981：112－113.

③ 刘煦等撰．旧唐书［M］．北京：中华书局，1975：741.

④ 对于诏下之日陆龟蒙离世的辨析，参见辛文房撰，傅璇琮主编．唐才子传校笺．第三册［M］．北京：中华书局，1990：514－515.

⑤ 欧阳修，宋祁等撰．新唐书［M］．287.

⑥ 欧阳修，宋祁等撰．新唐书［M］．1746－1750.

⑦ 孙光宪撰，林艾园校点．北梦琐言［M］．90.

⑧ 欧阳修，宋祁等撰．新唐书［M］．253.

际，岁大旱蝗，民愁盗起，其乱遂不可复支，盖亦天人之会欤”①。第六条所标明的时间也很具体。据孙棨所撰《北里志》的序文，该书成于僖宗中和甲辰岁，即884年。②

从孙偓（840—916）、陆龟蒙（？—881）、颜荛（生年不详，卒年晚于陆龟蒙）、皮日休（约838—约883）、罗隐（833—909）、吴融（850—903）诸人的生卒年来看，他们参加科举和仕宦的时间基本从懿宗咸通年间（860—873）开始，历僖宗（874—888）、昭宗（889—904）以至哀帝（905—907）亡国，时长约50年。“唐末”当指这段时间。后人对咸通与晚唐的看法，与孙说颇为相关。南宋初，计有功撰《唐诗纪事》，多取材于孙说，特别注重咸通时代。明初高棅将唐诗分为初、盛、中、晚唐四个时段，以文宗开成（836—840）到五代为晚唐③，将晚唐的起点提前至上述诸人的生年。

在这个大乱的时代，诗坛景象不容乐观。本来唐诗以诗取士，士人重视诗歌，促进诗歌的发展，这一点为后世所公认，比如杨万里即认为诗“至晚唐诗而工的原因就在于以诗取士”④。但这一情况到唐末时发生了转变：“唐末举人，不问士行文艺，但勤于请谒，号曰‘精切’，亦楷法范阳公尔。”⑤ 在此情况下，应举之人如卢延让者，所业之诗多是“狐冲官道过，狗触店门开”“饿猫临鼠穴，馋犬舐鱼砧”“栗爆烧毡破，猫跳触鼎翻”这类浅易俚俗的诗作，即便因此得人赏识入了翰林，也并不能长久。在这个如相国孔纬所说的“渴于救时之术”的时代，卢延让终因才力不逮，“竟以不称职，数日而罢”。⑥ 孙光宪还提到了唐末人的其他诗弊，比如贾岛、胡曾、李洞的偏僻，陈咏的假誉求售，包贺、卢延让、顾况的粗鄙，高蟾、罗隐的寡理或无理，李频“只将五字句，用破一生

① 欧阳修，宋祁等撰．新唐书［M］．281.

② 孙棨撰．北里志［M］．北京：商务印书馆，1939：1.

③ 高棅编纂，汪宗尼校订，葛景春，胡永杰点校．唐诗品汇．第一册［M］．北京：中华书局，2015：113。参见杨万里撰，辛更儒笺校．杨万里集笺校［M］．北京：中华书局，2007：3209－3210.

④ 杨万里撰，辛更儒笺校．杨万里集笺校［M］．北京：中华书局，2007：3209－3210.

⑤ 孙光宪撰，林艾园校点．北梦琐言［M］．26.

⑥ 孙光宪撰，林艾园校点．北梦琐言［M］．55.

心”的苦吟。① 这些人，有名或者无名，是后来唐诗分期形成之后，晚唐时段中时常为人提及的诗人群体。

总的来说，孙光宪对唐末诗坛多有不满。他的某些看法，尤其是他所指出的唐末诗病，后人批评晚唐诗时仍时时提及。大动乱时代如世界末日来临，决定了唐末诗作的社会底色是灰暗的，气象是衰飒的，这成了后人攻击晚唐诗的一个重要缘由。

在北宋中后期，“唐之晚年”和“晚唐”的说法兴起和盛行之后，仍有“唐末”“唐季”之说，比如梅尧臣（1002—1060）在诗中写道：“安取唐季二三子，区区物象磨穷年。”② 他认为，“唐季二三子”的诗歌拘泥于物象，经年琢磨，格局不够开阔，不足为法。梅氏将其与《诗经》六义之一的“风”相比，意在批评唐季诗人没有注重诗的政治作用。就此而言，梅尧臣与孙光宪指出唐末乱离时需要救时之术一样，强调诗的实用性。又如欧阳修（1007—1072）《六一诗话》云：“郑谷诗名盛于唐末，号《云台编》，而世俗但称其官，为‘郑都官诗’。其诗极有意思，亦多佳句，但其格不甚高。以其易晓，人家多以教小儿。”③ 欧阳修认为郑谷（约850—约910）诗佳处在于有意思、多佳句、易于理解故可教小儿，短处在于格不甚高。值得注意的是，“格卑”的论断，在“晚唐”之说兴起后，常常逸出郑谷一人之评而扩展为整个“晚唐”诗坛的标签。

二、“唐之晚年”

在“郑谷诗名盛于唐末”之外，欧阳修还提出了“唐之晚年”的说法。此说在其盛年所写的《朋党论》中已经出现：“唐之晚年，渐起朋党

① 孙光宪撰，林艾园校点．北梦琐言［M］．51、59、57、59、60、60.

② 梅尧臣撰，朱东润编年校注．梅尧臣集编年校注［M］．上海：上海古籍出版社，1980：300. 黄奕珍根据梅尧臣此诗与欧阳修论《六一诗话》关于许洞将九僧困于山、水、风、云诸字的说法，认为梅尧臣所谓“唐季二三子”指的是孟郊、贾岛（黄奕珍．宋代诗学中的晚唐观［M］．台北：文津出版社有限公司，1998：46－47）。但从梅尧臣和欧阳修对孟郊、贾岛诗观点来看，郊、岛诗的特色是穷而后工，并非拘泥于物象。欧阳修认为，泥于物象是九僧诗作的特色。

③ 欧阳修．六一诗话［M］．何文焕，辑．历代诗话．北京：中华书局，1981：265.

之论。及昭宗时，杀尽朝之名士，或投之黄河，曰此辈清流，可投浊流，而唐遂亡矣。”① 文章中“唐之晚年”的说法与诗学无关，纯指政治时代。对照前引孙光宪关于“唐末”大臣被弃尸黄河诸事，可知“唐之晚年”指示的时间跟“唐末”是相近。欧阳修晚年撰写诗话时，将“唐之晚年”的说法，从政治时代移用到诗论上。《六一诗话》云：

> 唐之晚年，诗人无复李杜豪放之格，然亦务以精意相高。如周朴者，构思尤艰，每有所得，必极其雕琢，故时人称朴诗“月锻季炼，未及成篇，已播人口”。其名重当时如此，而今不复传矣。余少时犹见其集，其句有云：“风暖鸟声碎，日高花影重。”又云：“晓来山鸟闹，雨过杏花稀。”诚佳句也。②

这段文字后人援引颇多，议论纷杂，但多聚焦于考证所引两联诗的作者是周朴还是杜荀鹤。③ 就诗学意义而言，欧阳修评述周朴的文字出处更值得关注。这段评语出自林嵩（约848—944）《周朴诗集序》：

> 先生名朴，字见素，生于钓台，而长于瓯闽。与李建州频、方处士干为诗友，一篇一咏，脍炙人口……诗人张为尝贻先生诗曰：“到处只闭户，逢君便展眉。”……先生为诗思迟，盈月方得一联一句，得必惊人，未暇全篇，已布人口。④

张为除了赠诗给周朴（？—878）外，还在其所撰的《诗人主客图》中将周朴列为“清奇僻苦主”孟郊的“上入室”⑤，评价不可谓不高，可见周朴在唐末确实诗声颇著。林嵩这段论周朴的文字，后人如计有功《唐

---

① 欧阳修著，李逸安点校．欧阳修全集［M］．北京：中华书局，2001：297.

② 欧阳修．六一诗话［M］．何文焕，辑．历代诗话．267.

③ 余嘉锡．四库提要辩证［M］．1313－1315.

④ 林嵩．周朴诗集序［M］．李昉，等，编．文苑英华．第五册．北京：中华书局，1961：3687－3688.

⑤ 张为．诗人主客图［M］．丁福保，辑．历代诗话续编．96.

诗纪事》[①]、尤袤《全唐诗话》[②]、辛文房《唐才子传》[③] 皆有所用。就目前所知，欧阳修是宋人中最早引用林嵩之说者，似乎并未有人注意到这一点。

《六一诗话》所说的“精意相高”“构思尤艰”，近于欧阳修《感二子》称赞苏舜钦和梅尧臣“二子精思极搜抉，天地鬼神无遁情”[④]，可见对于精思和锻炼，欧阳修抱持着欣赏而非贬斥的态度。这种看法，不乏响应者。如刘攽（1023—1089）说：“唐人为诗，量力致功，精思数十年，然后名家。”[⑤] 其意与欧氏论周朴近似，但所论已不限于“唐之晚年”的诗人，而是扩展为整个唐代诗人。沈括（1031—1095）把锻炼当作所有诗人作诗之法，认为唐人尤其如此：“诗人以诗主人物，故虽小诗，莫不埏蹂极工而后已。所谓旬锻月炼者，信非虚言。崔护《题城南诗》……唐人工诗，大率如此。”[⑥] 张镃（1153—?）《诗学规范》引沈氏此说时将“旬锻月炼”写作“月锻季炼”[⑦]，这正说明，在张镃看来，沈括之说取自欧阳修。张耒（1054—1114）则承欧氏之说而有所变化。《张耒集》卷五十二《跋郊岛诗》云：

> 唐之晚年，诗人类多穷士，如孟东野、贾阆仙之徒，皆以刻琢穷苦之言为工。或谓郊、岛孰贫。曰：“岛为甚也。”“何以知之?”“以其诗知之。郊曰：‘种稻耕白水，负薪斫青山。’岛曰：‘市中有樵山，客舍寒无烟。井底有甘泉，釜中常苦干。’孟氏薪米自足，而岛家俱无，以是知之。然及其至也，清绝高远，殆非常人可到。唐之歌诗，称此两人为最。至于奇警之句，往往有之。如“鸡声茅店月，人迹板桥霜”，则羁旅穷愁，想之在目。若曰“柳塘春水漫，花坞夕阳迟”，则春物融洽，人心和畅，有言不能尽之意，亦未可以为小道无

---

① 计有功撰，王仲镛笺注．唐诗纪事校笺［M］．上海：上海古籍出版社，1987：1894－1895.
② 尤袤．全唐诗话［M］．何文焕，辑．历代诗话．232－233.
③ 辛文房撰，傅璇琮主编．唐才子传校笺．第四册［M］．北京：中华书局，1990：103－111.
④ 欧阳修撰，李之亮笺注．欧阳修集编年笺注［M］．成都：巴蜀书社，2007：348.
⑤ 刘攽．中山诗话［M］．何文焕，辑．历代诗话．289.
⑥ 沈括撰，胡道静笺注．梦溪笔谈［M］．北京：中华书局，1957：151.
⑦ 张镃．诗学规范［M］．北京：中华书局，1980：616.

取也。①

这是目前所见最早将孟郊、贾岛视为“唐之晚年”的诗人的说法，胡仔（1110—1170）《苕溪渔隐丛话》前集卷一九“孟东野贾浪仙”条引用这段文字并注明出自张耒②。对于这条重要的文献，有的现代研究者认为并非出自张耒手笔。比如，李定广认为，经其检阅，张耒文集中并无此文，乃是后人将欧阳修《试笔·郊岛诗穷》和《六一诗话》“唐之晚年”的说法“错窜在一起”而编入张耒集中。③ 前文说到，将精思和锻炼的作诗方法推广到“唐之晚年”之外的诗人，在刘攽和沈括已有其说，并非张耒首创。李氏说他检阅张耒文集而不见此文，可能是因为他根据郭绍虞《宋诗话辑佚》引张耒此文后的案语“此则见《张右史文集》四十六《评郊岛诗》。《苕溪渔隐丛话》前十九一称引之”④ 来按图索骥，但张耒这篇题跋收在张耒集卷五十二而非卷四十六。郭把图给错了，李自然找不到“骥”。

不过，诚如李定广所言，张耒的这篇文章，确实是根据欧阳修《六一诗话》截搭成文。《六一诗话》有三段依次排列的文字，前引“唐之晚年”一段，处于下列两段文字之间：

> 孟郊、贾岛皆以诗穷至死，而平生尤自喜为穷苦之句。孟有《移居》诗云：“借车载家具，家具少于车。”乃是都无一物耳。又《谢人惠炭》云：“暖得曲身成直身。”人谓非其身备尝之不能道此句也。贾云：“鬓边虽有丝，不堪织寒衣。”就令织得，能得几何？又其《朝饥》诗云：“坐闻西床琴，冻折两三弦。”人谓其不止忍饥而已，其寒亦何可忍也。

---

① 张耒撰，李逸安、孙通梅、傅信点校．张耒集［M］．北京：中华书局，1998：805.

② 胡仔．苕溪渔隐丛话［M］．北京：人民文学出版社，1962：125.

③ 李定广．论“晚唐体”［J］．文学遗产，2006（3）：52．宋业春亦以为张耒此文乃编者误收欧阳修《郊岛诗穷》一文，且有文字错误，见宋业春．张耒诗文真伪考辨［J］．南京理工大学学报（哲学社会科学版），2009（5）.

④ 郭绍虞辑．宋诗话辑佚［M］．618.

圣俞尝谓予余曰：“诗家虽率意，而造语亦难。若意新语工，得前人所未道者，斯为善也。必能状难写之景，如在目前，含不尽之意，见于言外，然后为至矣。贾岛云：‘竹笼拾山果，瓦瓶担石泉。’姚合云：‘马随山鹿放，鸡逐野禽栖。’等是山邑荒僻，官况萧条，不如‘县古槐根出，官清马骨高’为工也。”余曰：“语之工者固如是。状难写之景，含不尽之意，何诗为然？”圣俞曰：“作者得于心，览者会以意，殆难指陈以言也。虽然，亦可略道其仿佛：若严维‘柳塘春水漫，花坞夕阳迟’，则天容时态，融和骀荡，岂不如在目前乎？又若温庭筠‘鸡声茅店月，人迹板桥霜’，贾岛‘怪禽啼旷野，落日恐行人’，则道路辛苦，羁愁旅思，岂不见于言外乎？”①

欧阳修的《郊岛诗穷》又云：

唐之诗人，类多穷士，孟郊、贾岛之徒，尤能刻篆穷苦之言以自喜。或问：“二子其穷孰甚”？曰：“阆仙甚也。”何以知之？”曰：“以其诗知之。郊曰：‘种稻耕白水，负薪斫青山。’岛曰：‘市中有樵山，客舍寒无烟。井底有甘泉，釜中常苦干。’孟氏薪米自足，而岛家俱无。此诚可叹，然二子名声高于当世。其余林翁处士用意精到者，往往有之。若如“鸡声茅店月，人迹板桥霜”，则羁孤行旅、流离辛苦之态，见于数字之中。至于“柳塘春水漫，花坞夕阳迟”，则春物融洽，人心和畅，又有言不能尽之意。兹亦精意刻琢之所得者耶。②

对比之下，张耒文本的来源一目了然。张耒把欧阳修的四段文字做了改动：一是将“唐之晚年”刻琢锻炼之人由周朴置换为孟郊、贾岛；二是将梅尧臣论意新语工时所举的温庭筠、严维之诗，冠诸郊、岛名下，当是误记，胡仔引用这段文字时曾指出其错误。张耒认为郊、岛像

① 欧阳修．六一诗话［M］．何文焕，辑．历代诗话．266－267．
② 欧阳修撰，李之亮笺注．欧阳修集编年笺注［M］．172．

周朴一样刻琢锻炼，除了三人作诗的确讲究锻炼，还因为此前已有将孟郊、贾岛与周朴苦吟相提并论的说法。如前所言，与周朴同时的张为，在《诗人主客图》里将周朴与陈陶并列为“清奇僻苦主”孟郊的上入室。又唐末五代的徐夤《雅道机要·叙搜觅意》云：“凡为诗须搜觅。未得句，先须令意在象前。对全无意味。凡搜觅之际，宜放意深远，体理玄微。不须急就，惟在积思，孜孜在心，终有所得。古人为诗，或云得句显耀颔下之句，今之欲高，应须缓就，若阆仙‘经年’、周朴‘盈月’可也。”[①] 徐夤所谓“阆仙‘经年’”，指贾岛的诗句“二句三年得，一吟双泪流”[②]；“周朴‘盈月’”，指前引林嵩《周朴诗集序》里所云“先生为诗思迟，盈月方得一联一句，得必惊人，未暇全篇，已布人口”。可见，将孟郊、贾岛和周朴都作为讲究精思刻琢的代表捉置一处，并非张耒首开先河。

再者，谓唐人诗锻炼，在张耒乃是数见之论。《答李援惠诗书》云：“唐人作诗，用思甚苦，而所得无多，至有终身习之，而但一章数句便名世者。”[③] 这种以“一章数句便名世”的“唐人”，指的正是唐末诸如李频“只将五字句，用破一生心”[④]、方干“吟成五个字，用破一生心”[⑤]，周朴“月锻季炼，未及成篇，已播人口”之类的诗人。林嵩《周朴诗集序》谓李频、方干和周朴为诗友，从其诗来看，数子的苦吟态度确实相似。又张耒《读吴怡诗卷二首》“休学风骚穷事业”和“跨驴谁问贾长江”之句[⑥]，用贾岛骑驴苦吟的著名典故，与《答李援惠诗书》所说之意略同。可见，张耒的说法，虽本于欧阳修，但却是文献足征、学理通洽的，并非李定广所谓的“错窜”。也正是因为张耒有此类似于欧阳修的观点，所以他才取用欧阳修文章而截搭为《跋郊岛诗》一文。

---

① 张伯伟编校．全唐五代诗格汇考［M］．南京：凤凰出版社，2002：445—446. 此处标点据文意略做修改。

② 贾岛撰，李嘉言新校．长江集新校［M］．上海：上海古籍出版社，1983：133.

③ 张耒撰，李逸安、孙通梅、傅信点校．张耒集［M］．835.

④ 李频．句［A］．彭定求，等，编．全唐诗（增订本）［M］．北京：中华书局，1999：6901.

⑤ 方干．贻钱塘县路明府（一作感怀）［A］．彭定求，等，编．全唐诗（增订本）．7496.

⑥ 张耒撰，李逸安、孙通梅、傅信点校．张耒集［M］．513.

周朴与孟郊、贾岛虽然都刻琢苦吟①，但从他们在后世的知名度来看，郊、岛远胜于周朴。欧阳修与梅尧臣在长达二十年的诗歌唱和中，频以韩愈和门人孟郊、贾岛自比②，使得孟郊和贾岛重成为当时谈诗者的话头，并催生了欧氏门人苏轼“郊寒岛瘦”的著名论断。就此而言，张耒把刻琢苦吟的晚唐诗人代表从周朴置换为郊、岛也就不足为奇，而且在后世成为习见之说。如刘克庄（1187—1269）称，“孟郊、贾岛鸣其穷愁而已”；“虽郊、岛才思拘狭，或安一字而断数髭，或先得上句，经岁始足下句，其用心之苦如此，未可以唐风少之”；“郊、岛极天下之工，亦极天下之穷。方其苦吟也，有蒐得上句，经年始足下句者，有断数茎须而下一字者。做成此一种文字，其人虽欲不穷，不可得也”；“郊、岛辈旬锻月炼而成者，（岑）参谈笑得之”。③ 其说正是从林嵩、欧阳修和张耒而来。元末的杨士弘撰《唐音》，明人张震为之作注，在卷十二“唐诗遗响五”孟郊小传里全文引用张耒此文，并于文末注明出自《张耒集》。④ 足见张耒之说流传久远。

到南宋末年，永嘉四灵学习姚合、贾岛而被称为诗学晚唐，贾岛、姚合则被推为晚唐诗的代表。其后周朴渐不为人所知，到清代的李怀民撰《重订中晚唐诗主客图》时，列贾岛为“清真僻苦主”，周朴则已不入图。

---

① 贾岛苦吟尤为著名，其自作诗和当时人赠诗屡言及此，笔记小说中记载贾岛与韩愈论推敲的轶事更是脍炙人口。参见辛元房撰，傅璇琮主编．唐才子传校笺．第二册［M］．北京：中华书局，1989：323－326.

② 参见《依韵和永叔子履冬夕小斋联句见寄》《永叔寄诗八首并祭子渐文一首因采八诗之意警以为答》《别后寄永叔》《因目痛有作》《依韵和永叔澄心堂纸答刘原甫》《永叔赠绢二十匹》（梅尧臣集编年校注［M］．171、287、468、469、801、884），以及欧阳修《读蟠桃诗寄子美》（欧阳修集编年笺注［M］．92）。

③ 参见刘克庄《张尚书集》《林子显》《柯岂文诗》《后村诗话》（刘克庄集笺校［M］．北京：中华书局，2007：3988、4139、4229、6805）．

④ 杨士弘撰．唐音．影印文渊阁四库全书．第1368册［M］．台北：台湾商务印书馆，1986：389. 按杨士弘编选，张震辑注，顾璘评点，陶文鹏、魏祖钦整理点校本《唐音评注》（石家庄：河北大学出版社，2006）没有张震自己注明出自《张耒集》.

三、“晚唐”与“唐晚”

就目前所见，宋人诗论中提到“晚唐”一词者，似以刘攽和吕南公（1047—1086）为最早。刘攽《中山诗话》载：“鞠，皮为之，实以毛，蹙蹋而戏。（见《霍去病传》注：‘蹙蹋而戏。’）晚唐已不同矣。归氏子弟嘲皮日休云：‘八片尖皮砌作毬，火中燀了水中揉。一包闲气如常在，惹踢招拳卒未休。’”① “晚唐”只是作为普通的时间名词，跟孙光宪提到皮日休时所用的“唐末”一词用法相似。

吕南公《韦苏州集序》记载了自己的读书经历：最早读薛能和郑谷诗，因嫌其诗卑而改读韩愈文和杜甫诗，“异时更读孟东野、王摩诘、张文昌、李太白等诗，乃至泛读沈、宋以来至于晚唐诗人集本焉……熙宁三年，予归自健康，始读《韦苏州集》于舟中，爱而叹焉”②。与刘攽用法相似，此处“晚唐”也只是泛泛而论，并未指涉具体的作者和时间。据文意，吕氏此序当作于熙宁三年（1070）之后，与作于熙宁、元祐间的《中山诗话》③ 大约同时。

刘攽和吕南公提到了“晚唐”而所指不甚明晰，沈括则不同。《梦溪笔谈》载：

> 晚唐士人专以小诗著名，而读书灭裂。如白乐天《题座隅诗》云……杜牧《杜秋娘诗》云……又陆龟蒙作《药名诗》云……
>
> 晚唐五代间，士人作赋，用事亦有甚工者。如江文蔚《天窗赋》……④

第一则材料表明，沈括同前引陶谷的说法一样，把白居易归为晚唐。第二则材料中提到的江文蔚，经胡道静考证，其人生于901年，卒于952

---

① 刘攽．中山诗话［M］．何文焕，辑．历代诗话．288－289.
② 吕南公．灌园集．影印文渊阁四库全书．第1123册［M］．71.
③ 郭绍虞．宋诗话考［M］．北京：中华书局，1979：8.
④ 沈括撰，胡道静笺注．梦溪笔谈［M］．154、162.

年，生于晚唐而卒于五代。[①] 这两则材料说明，在沈括的观念中，晚唐的起讫点与陶谷的看法相同。略晚于沈括的孔平仲（约1111年前后在世），论诗主张“当作不经人道语”[②]，也有以白居易为“唐末人”的说法：“白乐天每作诗，令一老妪解之。问曰解否？曰解则录之，不解，则又易之。故唐末之诗，近于鄙俚。”[③] 孔氏之论，既本于王定保（870—954）《唐摭言》中“元和中，元、白尚轻浅”之说[④]，又与苏轼“元轻白俗”[⑤] 和江西诗法“宁僻毋俗”[⑥] 的时代论诗风气有关，但将白居易归为唐末则是《唐摭言》所未有。至于“鄙俚”云云，则与沈氏论诗“一读便尽，无可讽味”之说相似。

沈括提到晚唐士人的两个特点，一是“专以小诗著名”，二是“读书灭裂”。所谓“读书灭裂”，指读书不认真而导致文意破碎，不过讽刺的是沈括在这则材料中也犯了同样的错误。[⑦] 在同书卷四，沈括列举了杜牧“欲把一麾江海去”，认为是对于“一麾”的误用[⑧]，也是晚唐诗人读书灭裂的例证。沈氏此说，可谓后世攻击晚唐人不读书也作诗的先声。所谓的“小诗”指绝句，唐人又称其为“小律诗”[⑨]，如白居易《江上吟元八绝句》“一夜吟君小律诗”[⑩]。胡仔《苕溪渔隐丛话》提到王安石的五言绝句

---

① 沈括撰，胡道静笺注．梦溪笔谈［M］．162.

② 魏庆之．诗人玉屑［M］．上海：上海古籍出版社，1978：137.

③ 孔平仲．孔氏谈苑．丛书集成新编［M］．第86册．648．这一段文字，也出现在彭乘和惠洪的论述中，未知孰先孰后。彭乘（约1105年前后在世）《墨客挥犀》卷三引此说（吴文治．宋诗话全编．第一册［M］．552）。魏庆之《诗人玉屑》卷八“锻炼”类“乐天”条引此说而谓“《冷斋夜话》云”，当为惯于偷人之说的惠洪窃自孔平仲。魏庆之云：“苕溪渔隐曰：乐天诗虽涉浅俗，不至于如冷斋所云。余旧尝于小说中曾见此说，心不然之，惠洪乃取而载之诗话，是岂不思诗至于老妪能解，乌得成诗哉。”亦可证惠洪之说偷自他人。（魏庆之．诗人玉屑．175．）

④ 王定保．唐摭言．唐五代笔记小说大观［M］．上海：上海古籍出版社，2001：1673.

⑤ 苏轼．祭柳子玉文［A］．苏轼撰，孔凡礼点校．苏轼文集［M］．北京：中华书局，1986：1938—1939.

⑥ 陈师道．后山诗话［M］．何文焕，辑．历代诗话．311.

⑦ 参见沈括撰，胡道静笺注．梦溪笔谈［M］．162.

⑧ 参见沈括撰，胡道静笺注．梦溪笔谈［M］．51.

⑨ 钱良择《唐音审体·律诗七言绝句论》云：“绝句之体，五言七言略同，唐人谓之小律诗。”（丁福保辑．清诗话［M］．上海：上海古籍出版社，1978：784．）

⑩ 白居易撰，谢思炜校注．白居易诗集校注［M］．北京：中华书局，2006：1218.

时，称之为“小诗”[1]，亦同一用法。关于晚唐人以绝句著名，沈括还有更详细的说法。

> 小律诗虽末技，工之不造微，不足以名家。故唐人皆尽一生业为之，至于字字皆炼，得之甚难……若字字皆是无瑕可指，语意亦掞丽，但细论无功，景意纵全，一读便尽，更无可讽味。此类最易为人激赏，乃诗之《折柳》《黄华》也。譬若三馆楷书作字，不可谓不精不丽，求其佳处，到死无一笔，此病最难为医也。[2]

沈括认为，如果晚唐人所作绝句过于“尽”，没有留下讽味的余地，即便写得工整掞丽和受读者青睐，也只是像《黄华》《折柳》这些周代以来的俗曲而已。[3] 这种取雅去俗的说法似是当时通见，如王安石（1021—1086）《寄题郢州白雪楼》也说，“《折杨》《皇华》笑者多，《阳春》《白雪》和者少”[4]。沈括关于晚唐人工于绝句的说法，或与苏轼评论王安石暮年七言诗有晚唐异味而引起热议有关，杨万里更是把晚唐绝句推为“最工”[5]。此外，沈括诟病晚唐绝句直露而缺乏含蓄，也是后来对晚唐诗常见的批评。

认为晚唐诗卑俗凡近，是宋人的普遍看法。如前引欧阳修谓“唐末”郑谷之诗用以课童子而格不甚高，孔平仲谓白居易之类的“唐末”诗老妪能解，近于鄙俚，二人皆就诗作文字之俗易凡近而论。又如北宋末蔡居厚

---

① 参见胡仔．苕溪渔隐丛话［M］．234．宋人对于“小诗”的用法，也有不单循用唐人之说者。如王安石《寄吴正仲却蒙马行之都官梅圣俞太博和寄依韵酬之》：“山水玄晖去后空，骚人还向此间穷。小诗聊与论孤愤，大句安知辱两雄。”“小诗”指的是七言绝句。《与宝觉宿龙华院三绝句》其一“忆我小诗成怅望，金山只隔数重山”，所谓“小诗”指著名的七言绝句《泊船瓜洲》。而卷《每见王太丞邑事甚冗而剸剧之暇犹能过访山馆兼出佳篇为赠仰叹才力因成小诗》则以“小诗”称七言律诗。（王安石撰，李壁注，李之亮补笺．王荆公诗注补笺［M］．成都：巴蜀书社，2002：602、792、727.）

② 沈括撰，胡道静笺注．梦溪笔谈［M］．153.

③ 章太炎云：“周世里巷歌谣，本有《折杨》《皇华》，文见《庄子》。《皇华》即《小雅》之篇，而里巷袭其语。”（章太炎．国故论衡［M］．上海：上海古籍出版社，2003：92.）

④ 王安石《寄题郢州白雪楼》（王荆公诗注补笺［M］．279），杨万里《诚斋诗话》（杨万里集笺校［M］．4357－4358.

⑤ 杨万里撰，辛更儒笺校．杨万里集笺校［M］．4357－4358.

《诗史》云：

> 晚唐人诗多小巧，无风骚气味。如崔鲁《山鹤诗》云：“一林寒雨吹巢冷，半朵山花咽嘴香。”张林《池上》云：“菱叶乍翻人采后，荇花初没舸行时。”《莲花》云：“何人解把无尘袖，盛取清香尽日怜。”皆浮艳无足尚，而昔人爱重，称为佳作。
>
> 晚唐诗句尚切对，然气韵甚卑。郑棨：“童子病归去，鹿麑寒入来。”自谓铢两轻重不差。有人作《梅花》云：“强半瘦因前夜雪，数枝愁向晓来天。”对属虽偏，亦有佳处。①

蔡居厚所引诗句，除了郑棨一联外，其余皆出自唐末五代人王定保的《唐摭言》，所谓“昔人爱重称为佳作”，当指王氏对崔鲁的推举。② 蔡氏认为，晚唐诗的缺点在“小巧”“无风骚气味”而又“浮艳无足尚”。所谓小巧，从其所举诗例来看，指的是工于切对。可资对比的是，后来杨万里推崇晚唐诗，正因其有风骚气味。蔡、沈之说的不同之处在于，蔡居厚认为晚唐诗之俗在于尚切对；沈括并不以切对为病，而认为晚唐诗俗在过于意尽，无可讽味，其诗学审美观念接近欧阳修、梅尧臣所欣赏的意新语工、言外之意。

“晚唐诗句尚切对，然气韵甚卑”，对于晚唐诗之卑的原因，蔡氏已经由欧阳修、孔平仲诸人着眼的文字之俗，转变为批评文字之工巧。这种转变，与当时论诗讲究文字工拙的风气有关，即葛立方（？—1164）所说的，“近时论诗者，皆谓偶对不切，则失之粗；太切，则失之俗”③。

在“唐之晚年”和“晚唐”外，还有“唐晚”之说。如杨万里（1127—1206）《朝天集·和段季承左藏惠四绝句（其一）》云：“个个诗家

---

① 蔡居厚. 诗史［M］. 441－442、448.

② 王定保《唐摭言》卷十《海叙不遇》条曰：“崔橹慕杜紫薇为诗，而橹才情丽而近荡，有《无机集》三百篇，尤能咏物。如《梅花》诗曰：‘强半瘦因前夜雪，数枝愁向晚来天。’复曰：‘初开已入雕梁画，未落先愁玉笛吹。’《山寺》诗曰：‘云生柱础降龙地，露洗林峦放鹤天。’如此数篇，可谓丽矣。若《莲花》诗曰：‘无人解把无尘袖，盛取残香尽日怜。’此颇行迹。复能为应用四六之文，辞亦深侔章句。”（唐五代笔记小说大观［M］. 1664.）

③ 葛立方. 韵语阳秋［M］. 何文焕，辑. 历代诗话. 486.

各筑坛，一家横割一江山。只知轻薄唐将晚，更解攀翻晋以还。”① “唐将晚”指晚唐，当时江西诗派盛行而排斥晚唐，所以杨万里谓其轻薄晚唐。

在南宋后期，永嘉四灵学习姚合、贾岛为主的唐人诗而风靡一时，论诗者称之为晚唐诗风。因此，这一时期的“唐晚”之说较多，所指涉的人物多与姚合、贾岛相关。如方岳（约1252年前后在世）《深雪偶谈》赞赏贾岛诗佳，“同时喻凫、顾非熊，继此张乔、张蠙、李频、刘得仁，凡唐晚诸子皆于纸上北面，随其所得浅深，皆足以发其身而名后世”。② 又如姚勉（约1264年前后在世）《赞府兄诗稿序》云：“晚唐诗姚秘监为最清妙。”《赠俊上人诗序》云：“汉僧译，晋僧讲，梁魏至唐初，僧始禅，犹未诗也。唐晚，禅大盛，诗亦大盛，吾宋亦然。”③

四、“唐末”与“晚唐”的并行和通用

“晚唐”之说盛行后，与“唐末”“唐季”等说并行不废，有的用法与诗学有关，有的则无关。黄奕珍说，“晚唐”是就人而论，而“唐末”则是就时代而论。④ 赵敏认为，“唐末”的时间范围小于“晚唐”，只包含唐王朝灭亡前的最后几年，不便于作为文学史分期。⑤ 实际上，宋人之说并不如此截然区分。比如，前文提到，欧阳修在《朋党论》中便用“唐之晚年”来指示政治时代。又如，吕南公《豫章城》云：“西山东下古池隍，增饰依稀问晚唐。平世但严民筦钥，乱时曾是贼金汤。春归旧堞多芳草，鸟聚荒陴正夕阳。也欲登临赋风物，自怜才笔厌忧伤。”⑥ 以“晚唐”论政治社会而不及诗人和诗作。至于以“唐末”论诗人且指涉一个很长的时段，前引孔平仲把白居易作为唐末俚俗诗人便是一个例子。纵观宋人之说，大多通用“唐末”与“晚唐”。

---

① 杨万里撰，辛更儒笺校．杨万里集笺校［M］．1217.

② 方岳．深雪偶谈．丛书集成新编．第79册［M］．39.

③ 姚勉．雪坡舍人集．丛书集成续编．第131册［M］．台北：台湾新文丰出版公司，1989：695、696.

④ 黄奕珍．宋代诗学中的晚唐观［M］．15、100－101.

⑤ 赵敏．宋代晚唐诗歌研究［M］．成都：巴蜀书社，2008：15.

⑥ 吕南公．灌园．影印文渊阁四库全书．第1123册［M］．52.

苏轼（1037—1101）除了评价王安石暮年七言诗“终有晚唐气味”①外，还有许多关于“唐末”诗歌的说法值得重视。他主要有以下几个观点，都对后人论唐末诗歌产生了影响。第一，肯定个别唐末诗人。他在《书黄子思诗集后》说，“唐末司空图，崎岖兵乱之间，而诗文高雅，犹有承平之遗风”②，肯定司空图的诗有承平遗风。他曾对李之仪（1048—1117）说：“凡造语贵成就，成就则方能自名一家，如蚕作茧，不留罅隙。吴子华、韩致光，所以独高于唐末也。”③ 自从苏轼从造语成就、自成一家的角度提出吴融、韩偓独高于唐末的说法，后来论诗者谈及吴融、韩偓，尽管立论的依据不一样，但多持肯定二者。④

第二，尽管对个别唐末诗人有所肯定，但苏轼对唐末诗歌的整体评价并不高，认为“唐末五代文章卑陋”⑤，甚至是“衰尽”。《书诸集伪谬》云：

> 唐末五代，文章衰尽，诗有贯休，书有亚栖，村俗之气，大率相似。如苏子美家收张右史书云：“隔帘歌已歇，对坐貌弥精。”语既凡恶，而字无形，真亚栖之流。近见曾子固编《太白集》，自谓颇获遗亡，而有《赠怀素草书歌》及《笑矣乎》数首，皆贯休以下词格。二人皆号有知诗者，故深可怪也。⑥

苏轼认为唐末诗歌“衰尽”，从他以贯休为例来看，诟病的是晚唐末诗的村俗之气。他在这里提到贯休词格与李白诗的区别，是他论唐末诗的第三个观点，即通过观察唐末诗歌的风格来辨别唐末人冒名别人的诗作。《书李白集》言之更详：

---

① 赵令畤．侯鲭录［M］．北京：中华书局，2002：182.

② 苏轼撰，孔凡礼点校．苏轼文集［M］．北京：中华书局，1986：2215.

③ 李之仪．姑溪居士全集．丛书集成新编．第62册［M］．309.

④ 如周紫芝《太仓稊米集》卷六七《书韩承旨别集后》（影印文渊阁四库全书．第141册［M］．480）、罗大经《鹤林玉露》卷乙编卷六《晚唐诗人》（宋元笔记小说大观［M］．上海：上海古籍出版社，2001：5307）.

⑤ 苏轼撰，孔凡礼点校．苏轼文集［M］．2188.

⑥ 苏轼撰，孔凡礼点校．苏轼文集［M］．2098.

> 今太白集中有《归来乎》、《笑矣乎》及《赠怀素草书》数诗，决非太白作，盖唐末五代间贯休、齐己辈诗也。余旧在富阳，见国清院太白诗，绝凡。近过彭泽唐兴院，又见太白诗，亦非是。良由太白豪俊，语不甚择，集中往往有临时率然之句，故使妄庸辈敢尔。若杜子美，世岂复有伪撰者邪？①

将李白之豪俊与唐末贯休、齐己辈之率然对举，可以看到乃师欧阳修以“李杜豪放之格”与“唐之晚年”诗人讲究“月锻季炼”对举之说的影子。苏轼从诗歌的风格来断定其真伪，这种作法后来不乏嗣响。②

第四，在《书诸集伪谬》中，苏轼将唐末的诗歌和书法放到捉置一处论述，一并否定，也是其新意。他所肯定的诗歌和书法，详见于《书黄子思诗集后》。其说云：

> 予尝论书，以谓钟、王之迹，萧散简远，妙在笔画之外。至唐颜、柳，始集古今笔法而尽发之，极书之变，天下翕然以为宗师，而锺、王之法益微。至于诗亦然。苏、李之天成，曹、刘之自得，陶、谢之超然，盖亦至矣。而李太白、杜子美以英玮绝世之姿，凌跨百代，古今诗人尽废，然魏、晋以来高风绝尘，亦少衰矣。李、杜之后，诗人继作，虽间有远韵，而才不逮意，独韦应物、柳宗元发纤秾于简古，寄至味于澹泊，非余子可及也。③

“李太白、杜子美以英玮绝世之姿”云云，即集大成之意。在《记潘延之评予书》中，苏轼还特别拈出了颜真卿和杜甫：“尝评鲁公书与杜子

---

① 苏轼撰，孔凡礼点校．苏轼文集［M］．2096.

② 如严羽《沧浪诗话·考证》云：“《文苑英华》有太白《代寄翁参枢先辈》七言律一首，乃晚唐之下者。又有五言律三首，其一，《送客归吴》；其二，《送友生游峡中》；其三，《送袁明甫任长江》。集本皆无之，其家数在大历、贞元间，亦非太白之作。又有五言《雨后望月》一首，《对雨》一首，《望夫石》一首，《冬月归旧山》一首，皆晚唐之语。又有‘秦楼出佳丽’四句，亦不类太白，皆是后人假名也。”（严羽著，张健校笺．沧浪诗话校笺［M］．上海：上海古籍出版社，2012：716－717.）

③ 苏轼撰，孔凡礼点校．苏轼文集［M］．2214－2215。类似之说，亦见《评杨氏所藏欧蔡书》《书唐氏六家书后》《书吴道子画后》（苏轼文集［M］．2187、2206、2210）。

美诗相似，一出之后，前人皆废。”① 对“李杜”的重视，为后人论盛唐诗人群体时以老杜为尊道夫先路。

苏轼并论诗书的作法甚有影响。其门人黄庭坚（1047—1105）《李致尧乞书卷后》云：“书尾小字，惟余与永州醉僧能之。若亚栖辈见之，当羞死。”② 贬斥亚栖，与苏轼《书诸集伪谬》之说同。又《与王子飞七首》（之二）云：“诚有意于书，当远法王氏父子，近法颜、杨，乃能超俗出群。”③ 于唐五代人书法，取则颜真卿和杨凝式，认为二者可以“超俗”，与苏轼之说正相合。曾季貍（约1147年前后在世）说，“前人论诗，初不知有韦苏州、柳子厚，论字亦不知有杨凝式。二者至东坡而后发此秘，遂以韦、柳配渊明，凝式配颜鲁公，东坡真有德于三子也”④，正道出了苏轼的意义。后来叶适《徐文渊墓志铭》以徐玑诗学晚唐而书学钟、王相提并论并大加赞赏，虽然与苏轼对晚唐诗的态度不同，但其论述方式实则发源于苏轼。

计有功（约1170年前后在世）的《唐诗纪事》也通用“唐末”与“晚唐”。他广泛地直接引用孙光宪《北梦琐言》中所载唐末诗人（如陈陶、皮日休、李昌符）的说法，并指出唐末的起点是懿宗咸通（860—873）。从卷六十称陈陶为“唐末布衣”⑤ 开始，书中频繁出现“唐末”的用法，特别是自卷七十张蠙等咸通年间登第的“咸通十哲”起，将诗人冠以“唐末”的例子俯拾皆是⑥。虽然计有功并不是将所有咸通年间及第的诗人都称为“唐末”之人，但在懿宗咸通之前的玄宗大中（847—859）年间之人，皆未有称“唐末”者，而是标明其所在年号及其事迹，如卷五十三称于瓌为“大中七年进士第一人”，称王严为“大中时布衣”。⑦ 最为清楚地表明晚唐从咸通开始的是下面这段文字：

---

① 苏轼撰，孔凡礼点校．苏轼文集［M］．2189．

② 黄庭坚撰，郑永晓整理．黄庭坚全集辑校编年［M］．南昌：江西人民出版社，2011：913．

③ 黄庭坚撰，郑永晓整理．黄庭坚全集辑校编年［M］．南昌：江西人民出版社，2011：952．

④ 曾季貍．艇斋诗话［M］．丁福保，辑．292．

⑤ 计有功撰，王仲镛笺注．唐诗纪事校笺［M］．1651．

⑥ 参见计有功撰，王仲镛笺注《唐诗纪事校笺》卷六十、卷七十一．

⑦ 计有功撰，王仲镛笺注．唐诗纪事校笺［M］．1441．

> 唐诗自咸通而下，不足观矣。乱世之音怨以怒，亡国之音哀以思，气丧而语偷，声烦而调急，甚者忿目褊吻，如戟手交骂。大抵王化习俗，上下俱丧，而心声随之，不独士子之罪也，其来有源矣。司空图辈，伤时思古，退己避祸，清音泠然，如世外道人，所谓变而不失正者也。余故尽取晚唐之作，庶知律诗末伎，初若虚文，可以知治之盛衰。[1]

从“唐诗自咸通而下，不足观矣”来看，计有功显然以咸通为“唐末”“晚唐”的起点，与孙光宪看法相同。前引孙光宪关于唐末诗人的说法表明，唐末政治社会如日西下，诗歌之弊随起，故而孙氏在字里行间透露出不满。计有功引用“乱世之音怨以怒，亡国之音哀以思”的说法，是根据《毛诗序》以诗观世[2]的论诗传统，从社会政治维度对晚唐诗予以批评。此后，诗衰和世衰，成为对晚唐诗的一个严重的指控。

通用“唐末”“唐季”“晚唐”以及与之意思相同的“唐季”“季世”“叔季”之说最多的当属刘克庄。《和季弟韵二十首》第十六首云：“郊岛催唐入季唐”[3]；《贾仲颖诗》云：“岛鸣于晚唐。”[4]《曹路分赠诗次韵一首》云：“唐季三家松最胜（荆公选《唐百家诗》，曹邺一首，曹唐二首，曹松十三首》），建安七子植尤高。”[5]《李炎子诗卷》云：“士生叔季，有科举之累。以程文为本经，以诗、古文为外学，惟才高能并工。贾浪仙有诗名，入诗乃问原夫辈乞一联。”[6] 此说采自唐末五代王定保《唐摭言》[7]，惟“叔季”一词为刘克庄所加，其意与“唐季”“唐末”之意相同。《方俊甫小稿》云：“余观古诗，以六义为主，而不肯于片言只字求工。季世反是，虽退之高才，不过欲去陈言以夸末俗。后人因之，虽守诗家之句律

① 计有功撰，王仲镛笺注．唐诗纪事校笺［M］．1793.
② 毛亨传，郑玄笺，孔颖达疏．毛诗正义［M］．北京：北京大学出版社，2000：9.
③ 刘克庄撰，辛更儒笺校．刘克庄集笺校［M］．1075.
④ 刘克庄撰，辛更儒笺校．刘克庄集笺校［M］．3986.
⑤ 刘克庄撰，辛更儒笺校．刘克庄集笺校［M］．643.
⑥ 刘克庄撰，辛更儒笺校．刘克庄集笺校［M］．4549.
⑦ 王定保．唐摭言［M］．唐五代笔记小说大观．1688.

严，然去风人之情性远矣。”① 韩愈（768—825）大白居易四岁，白居易被沈括等人归为唐末，而韩愈亦被刘克庄归为唐季。如此看来，刘克庄所说的唐季、唐末，跟沈括诸人之说有相似之处。和韩、白同时代的张籍、王建，刘克庄也称为晚唐。②

刘克庄著作中，尤以《后村诗话》新集所载晚唐人为多，这既是因为新集专论唐人，也跟其中有些材料实际上来自孙光宪的《北梦琐言》有关。如新集卷四云：“（罗）隐字昭谏，新城人，唐季有诗名脍炙人口，有《江东集》十卷。其诗自光启以后、广明以前，海内乱离，乘舆播迁，艰难险阻之事，多见之于赋咏，时魏府节度使王知兴学隐为诗，自号诗卷为《偷江东集》。”③ 此说取自孙光宪《北梦琐言》卷十七，但孙氏所载好罗隐诗且自名其集为《偷江东》的人是邺王罗绍威④，而非刘克庄所记的王知兴。计有功在《唐诗纪事》中撰写罗隐事迹时，所用材料也取自孙光宪，亦谓学罗隐诗且以《偷江东》自名诗集的人是罗绍威。⑤ 刘克庄之说，当是误记。又新集卷四云：“贾岛五言有晚唐人不能道者。”⑥ “韩偓与吴融同时为词臣……唐季非复承平之旧观，而待词臣之礼犹然。”⑦ 新集卷六云：“皮、陆皆唐季词客。陆隐于甫里，皮咸通八年登第。”⑧《后村诗话》新集载录大量晚唐诗人，以至于清人王士祯批评刘克庄此集“多取中晚唐人诗，无所取裁，可删”⑨。

刘克庄还有“晚唐体”之说：“余选晚唐数家诗既尽，又遂选储光羲、崔国辅、杨衡、李端、于武陵、刘商、羊士谔七人一联半句以附益

---

① 刘克庄撰，辛更儒笺校．刘克庄集笺校［M］．4624.
② 刘克庄撰，辛更儒笺校．刘克庄集笺校［M］．4044－4045.
③ 刘克庄撰，辛更儒笺校．刘克庄集笺校［M］．7050.
④ 孙光宪．北梦琐言［M］．125.
⑤ 计有功撰，王仲镛笺注．唐诗纪事校笺［M］．1852.
⑥ 刘克庄撰，辛更儒笺校．刘克庄集笺校［M］．7035.
⑦ 刘克庄撰，辛更儒笺校．刘克庄集笺校［M］．7043．又《后村诗话》续集卷二云：“韩致光、吴融皆唐末词臣，位望通显，虽国蹙之辱，而赋咏唱和不辍。存于集者，不过流连光景之语，如感时伤事之作，绝未之见。当时公卿大臣，往往如此。”（刘克庄集笺校［M］．6887.）
⑧ 刘克庄撰，辛更儒笺校．刘克庄集笺校［M］．7088－7089.
⑨ 王士祯．居易录．影印文渊阁四库全书．第869册［M］．330.

之，此七人非晚唐体。”[①] 所谓“晚唐体”，泛指《后村诗话》新集所选晚唐数家（皮日休、陆龟蒙、许浑、杜荀鹤、司空图、韩偓、项斯、方干、秦系等人）之诗。对于这些泛指的晚唐体诗人，刘克庄称名不一，有时称“晚唐”，如谓许浑诗“病中送客难分别，梦里还家未当归”为“晚唐佳句”[②]，谓方干“其诗高妙处，在晚唐诸公之上”[③]；有时称“唐末”“唐季”，引例已见前文。

其他论者也通用“唐末”“唐季”与“晚唐”。如陈善（约 1176 年前后在世）引用欧阳修论周朴时写道：“处士周朴，有能诗名于唐末。”[④] 欧阳修称周朴为“唐之晚年”之人，陈善换称为“唐末”，可见在其观念中，两说异名而同义。又如杨万里《李推官披沙集》反对“诗至晚唐诗有不工之作者”时，举李咸用为诗工的代表，又谓李“唐末人也”，[⑤] 亦以“晚唐”和“唐末”通用。又如宋末魏庆之（约 1168 年前后在世）《诗人玉屑》卷十六“晚唐”类下有两条材料，第一条引韩驹《陵阳室中语》之说，题目是“陵阳论晚唐诗格致卑浅”，而文中则云“唐末”；第二条引杨万里《李推官披沙集》之说，题目是“诚斋论晚唐诗”，而文中亦只云“唐末”。[⑥] 刘壎（1240—1319）《隐居通议》卷十五“韩陵阳论晚唐诗”条，所引内容亦同魏庆之，或从魏氏而来。[⑦]

综合上面的考察可知，“晚唐”概念的诞生，先后经历了“唐季”“唐末”“唐之晚年”的发展过程，各个不同的说法可以通用，“晚唐”诞生之后为宋人普遍采用。“晚唐”指示的时间段并不统一，显示出其内涵仍在变化当中，但其指向唐朝政治衰败的末期则是无疑的。在这段时间内

---

① 刘克庄撰，辛更儒笺校．刘克庄集笺校［M］．7096.
② 刘克庄撰，辛更儒笺校．刘克庄集笺校［M］．6812.
③ 刘克庄撰，辛更儒笺校．刘克庄集笺校［M］．7044－7045.
④ 陈善．扪虱新话．续修四库全书．第 1122 册［M］．上海：上海古籍出版社，2002：124.
⑤ 杨万里撰，辛更儒笺校．杨万里集笺校［M］．3289.
⑥ 魏庆之．诗人玉屑［M］．358－359.
⑦ 刘壎．隐居通议［M］．北京：中华书局，1985：114. 郭绍虞也有此类用法。《宋诗话辑佚·蔡宽夫诗话》中有一则题为“晚唐诗格”，而正文则曰“唐末五代”（郭绍虞．宋诗话辑佚［M］．410－411）。《中国文学批评史》第二篇南宋金元第五目论四灵派时，引刘壎所载韩驹说法（郭绍虞．中国文学批评史［M］．天津：百花文艺出版社，1999：58）。揆其起源，乃出于刘壎。

的诗歌，有着诸如俚俗、粗鄙、绮靡无骨等多种诗病，所包含的人物既有孟郊、韩愈、贾岛、李商隐、周朴、罗隐、杜荀鹤、吴融等名著当时的诗人，也有诸多籍籍无名的作者。因其时世之衰败，其诗歌之衰飒，故诗论家对于晚唐诗歌多有不满。“晚唐”的诗学概念在宋代诞生之后，不同时代的诗论家根据其时代诗学任务的需要，运用“晚唐”这一诗学概念对作为前代文学遗产的唐诗以及后人学习晚唐诗而形成的诗风进行具有针对性的批评，使得“晚唐”的具体内容不断地发生变化，仿佛一个漂浮的能指，在不同的时代流行。这是另外一个话题了。

宋代的尚统意识与文统建构问题*

张申平　李荣菊**

【摘要】宋代作为我国古代学术和文化繁荣的高峰期，具有浓厚的重视儒学传承的正统观念，这充分表现在道统、史统与文统的关系上。宋人史学方面的正统观逐渐迁移到文学领域，以欧阳修为代表的宋代学人对宋代文统的建构作出了很大贡献。“文统”概念具有狭义和广义两种，狭义的“文统”涉及正统、统续、正宗三方面的内涵，其核心是“古文正统”理念，而指代文学传统的广义文统概念容易流于宽泛。文道关系是文统的核心话题，也是连接文统与道统的纽带。围绕文道关系，宋代文统可以分出重道、重文与文道兼重的多种类型。

【关键词】尚统　文统　道统　文道关系

一、正统论：宋代文统彰显的学术动力

有宋一代“学统四起”，除了理学的濂、洛、关、闽诸家之外，尚有王

* 本文系2021年度国家社会科学基金项目“南宋文话的话语体系及其批评理论建构研究”（项目编号：21BZW193）、2020年度重庆市社会科学规划项目“中国古代图书编辑思想研究”（项目编号：2020YBTQ127）、2021年度四川省哲学社会科学重点研究基地四川革命老区发展研究中心项目“巴渝地区古代书院及其现代价值研究”（项目编号：SLQ2021BB-06）的阶段性成果。

** 张申平，重庆科技学院人文艺术学院教授；李荣菊，重庆科技学院图书馆研究馆员。

安石荆公新学、司马光温公之学、浙东功利学派等都在学术史上占据了重要的分量。学术上的尚统意识就表现在宋代学术流变的复杂历程中。就“统”而言，宋学领域广泛存在着学统、道统、政统、文统和史统等。周裕楷曾指出，“由于北宋封建统一王朝的政治需要，不绝如缕的韩愈正统儒学重振声威，柳开发其源，穆修助其澜，石介扬其波，欧阳修汇其成。流进文学界，形成‘文统’；流进思想界，形成‘道统’；流进史学界，形成‘正统’。”① 无论是文统还是史统，都是正统论意识形态的具体表现。由于文史之间天然的密切关系，正统论的主张在二者之间的迁移是顺理成章的事情。

正统论本属于传统史学的一个重要命题，它以王朝或者政权的合法性问题为核心，关注政权更替和政统渊源等问题，并和道统、学统等发生联系。政权传承的序列、王朝纪年的编次，恰如道统、学统序列，每一个环节及其意义的推敲和界定，都寄寓着一定的话语含义。研究者认为，“正统论是宋明理学化史学理论中最为重要的一个命题”，“史法的核心是正统论，而正统论的核心是春秋思想。正统论成了史著编纂中头等要处理的原则，难怪宋明时期的正统论会这么炽热。”② 随着北宋“春秋学”的泛起，有关正统论的争鸣趋向激烈。

正统论并非和文学不相干，史学上的正统思想是很容易被迁移到文学领域中的，文学中宗经、征圣思想和正统论关系密切。北宋的“春秋学”学者们有着明确的“大一统”的尊王观念，如孙复、欧阳修等古文家概莫能外。早在欧阳修之前，种放（955—1015）的《送张生赴举序》就对春秋学的意义及其对当时文统的影响等有所揭示。种放言：“《春秋》元经，则知帝尊乎万物，谪其邪以守正……盖文武变化，皆本乎正。正者，正天子之尊者也。盖元经大意，在乎奖正王室，抑弱臣妾，亟削强乱。故日而月之，则称王正以冠其首；夷而狄之，则称王礼以黜其爵。岂非圣人立正之微旨耶？今之文求乎正者，必宗乎经；宗乎经，必尊乎天子，立国家为事，斯得其正矣。”③ 种放认为和《春秋》经之“称王正”“称王礼”的

---

① 周裕楷．苏轼黄庭坚诗歌理论之比较［J］．文学评论，1983（4）：88．

② 钱茂伟．明代史学的历程［M］．北京：社会科学文献出版社，2003：23．

③［宋］种放．送张生赴举序，曾枣庄、刘琳．全宋文（第五册）：第206卷［M］．成都：巴蜀书社，1989：558．

目的一样，为文亦要“求乎正”，宗乎经和征乎圣，文章为经国之大业，故而为文必须使其文统求正，道统端正，合乎儒家经典要旨。受到正统论的影响，欧阳修《新五代史》以《春秋》《史记》史法为榜样，以“微言大义”为原则，以儒家正统理念为准绳，梳理历史兴亡规律，实现了史统与文统的有机结合。苏轼也著有《正统论》三篇，他和章望之就正统问题切磋，认为“正统之论，起于欧阳子”。文学领域存在着尚统意识和惯例，这成为宋学的一个鲜明特点。四库馆臣很重视宋代以来文人创作的文统渊源，《四库全书总目》卷首《凡例》言：“自南宋至明，凡说经、讲学、论文，皆各立门户。大抵数名人为之主，而依草附木者，嚣然助之。”郭英德、谢思炜认为，“尊重传统，维护正统，崇尚典范，是宋代文学创作和文学研究的一贯精神，而经宋人鼓吹树立起的这些典范对此后的文学发展产生了十分深远的影响。”① 因此说，研究宋代文学必须关注文统、学统和道统之间的复杂关系。

二、文统界定及其对古文正统建构的价值

所谓“统”，《说文解字》言：“统，纪也。从糸，充声。”段玉裁注：“凡纲纪之称。”“纪，别丝也。”注曰：“别丝者，一丝必有其首，别之是为纪；众丝皆得其首，是为统。统与纪义互相足也。”② 所谓“文统”，钱仲联等主编的《中国文学大辞典》定义其为“文论术语。唐宋古文家所标榜的合于儒家道统、以明道为指归的文章传统。与六朝以来骈体文华而不实的文风相对立。”③。文统概念由唐代提出，明代更趋定型，如明代朱右曾作《文统》追溯文统谱系。赵则诚等编《中国古代文学理论词典》指出文统“即与儒家道统并行且为之服务的古文传统”④，唐代韩柳主张恢复秦汉古文传统，是为文统说的由来。

目前，关于“文统”概念，学术研究中存在着广义和狭义两种阐释方

① 郭英德，谢思炜，等．中国古典文学研究史［M］．北京：中华书局，2000：340.

② ［清］段玉裁．说文解字注［M］．郑州：中州古籍出版社，2006：645.

③ 钱仲联，等．中国文学大辞典［M］．上海：上海辞书出版社，1997：1766.

④ 赵则诚，等．中国古代文学理论词典［M］．长春：吉林文史出版社，1985：511.

式。广义的“文统”不仅包含对宋人原始文统观念的阐释，更多是站在当代人对文学理解的基础上，对包括文学传统在内的诸多文学的“统”的因素展开的研究，其中文学的样式不限于散文，也包括了诗、词、曲、赋等。广义的“文统”，就文体而言，包括了古文或者说散文，以及诗歌、辞赋等文学样式；就内容而言，包括了文学的正统、正宗和谱系，还涵盖了文学样式的因革流变规律，以及文学主张、批评观念的传承，创作思想倾向、表现方法和风格特征的沿袭，以及文学家族、师门的传承等。正如以“学案”的体例来研究宋代学术发展状况一样，也可以“文案”的形式研究宋代文学传承谱系。

若从广义的视角研究文统，就会造成文统的泛化，其不良后果必然是仿佛什么都是文统，而什么都仿佛不是文统。为避免此病，相关研究应采用狭义的“文统”概念，“文”指古文、散文，特指散体古文，不包括带有骈体色彩的辞赋、四六文等文体。狭义的阐释是基于和古人直接对话的原则，采用古人的话语表达方式，设身处地还原古代文学史的现场，对古文发展史中体现的文统思想进行研究。结合学界以往对文统研究的内容和倾向来看，狭义的“文统”概念涉及正统、统续、正宗三方面的内涵，这三者的核心是“古文正统”的观念，文统序列和文章正宗都是围绕“正统”观念生发开来的。故而，研究狭义的“文统”主要着眼古文的正统、谱系和正宗等。

其一，古文正统，是古文文统研究的核心问题，正统指一定时期的占主导地位的古文文统观念。古文正统主要涵盖主流的对古文概念的界定、对文与道关系的认识，以及在儒家文论主导下对文章思想和艺术的所谓正统抑或异端的判断等问题。古文正统论的核心话题就是文道关系论，在宋代无论是经学家、文章家和理学家，他们对文、道的内涵和二者在文道关系框架中的地位，都有着不同的理解，从而形成不同的文道观。这种文道观支撑了他们的古文正统理论，而且儒家思想体系对文道观的影响尤其显著。儒家的文学正统观常和道统联系在一起，以“道”为文学之根本。基于此，根据宋人对文道关系的看法和对“道”之内涵的理解，宋代古文文统可以分为柳开、石介等复古派经学家的“雅颂文统”和欧阳修、苏轼等革新派文学家的“风骚文统”以及程朱理学家的“道理文统”等。

其二，古文统绪，亦可谓之古文文脉，主要指涉古文传承的序列、作家流派的分门别户、风格的沿袭、文学理念的因革等诸多问题。文章统绪是文统的有力支撑，正是通过对文章统绪的梳理，才建构起文统的高楼大厦。由于宋代学统四起的缘故，学术和文学关系密切，文学统绪的传承和宋学流派的发展具有很大的关联性，因此辨析宋代古文发展统绪，必须关注它和宋代学术发展脉络之间的离合关系。对文学正宗和谱系的建构和确认，实质上是要把文学同历史、哲学分门别户的，也就是对文统与史统、道统进行分割，从更为狭窄的视角来审视纯文学；从而开始了对文学和文章内部结构和规律的研究，这也是南宋以来文章学发达的一个原因所在。

围绕着正统和正宗，就会建构起以作家、作品为代表的谱系和统绪，这就构成了古代散文发展的脉络，即文脉、文统。这些谱系既有宏观、长时段的各朝代之间的传承，如宋人对韩柳古文文统的传承，更有宋代无限丰富的微观文章谱系，根据不同的地域、学派、师门、党派、官职以及文学主张等，形成了江河水系一样既有分支又有交叉的脉络和谱系。这些谱系常常分出主流与支脉、正统与附统等。而在正统周围常常还有辅统，正如韩愈身边有韩门弟子，苏轼身边有苏门四学士、六君子一样，如果韩愈、苏轼的文章被确定为正统，那么其学生或者后学就有可能进入辅统。

其三，古文正宗，主要指关于古文文体、文法等方面的正变、因革、本色与破体等观念和问题。它关涉什么样内容和形式的文章可以视为正宗，而背离了正宗的文章就要进入别统或者邪统。应该说每一种文体的传承发展中都会有文体正变的辨析问题，也会涉及具体文法的应用和变化，而且常常是文法的变革带来了文体上的本色与破体之间的纠纷。经过不同文法和文体的竞争和发展，最终胜出的便会取代原来的所谓正宗文体，从而成为新的正宗文体和主流文章模式。一定时期占主导地位、强势的古文正宗观会影响甚至成为该时期的正统观。宋代文坛存在着古文本色与破体等围绕古文正宗地位的争辩，而何谓“文章正宗”等也就成为重要的辩论命题。考察古文正宗的主要视角是对文体和文法的流变研究，宋代以散体古文为中心产生了诸多文体交互融合现象，如以文为诗、以文为词、以文为赋、以文为四六等文体互相参合的特征明显，因此必须关注以古文为中心的文体、文法问题。就古文领域而言，以记为论、以记为策等文体灵活变化现象也比较明显。宋代古文和时文、四六三足鼎立，但又有以古文为时文的倾向。基于此，文法范围内的辨体问题也非常重要，对古文文体正变的关注促成了古文的长足健康发展。

另外，文学传统作为描述文学发展规律最常使用的概念，也会进入文统研究的视野，但为避免对古文文法研究的泛化，为体现古文文体“正宗”这一研究中心，故而一般意义上的、和古文文体关系不大的文学传统问题不作为讨论的主要对象。因为文学传统关涉的范围非常广泛，举凡风格、流派、题材、体式、母题、表现手法等，乃至于概念和范畴的使用等，都可以进入文学传统的视野。但也要认识到，对文学传统的关注，可以奠定文学研究广大而坚实的基础。很多时候，人们是在对文学传统的分析归纳、演绎推理之后，才能逐渐描述出文学发展的脉络和统续来，并进而把握人们的文学正宗理念，从而认识和建构起每一个时代的文学正统观念。

基于此，应该着眼于狭义的“文统”概念，选择从由内及外、由近及远、由主到次的三个切入点来考察宋代文统以及文统观。主要内容包括三方面：其一，古文文道论。考察宋人对“文”“道”的概念内涵、文道关系、文体文法等问题的认识及其流变，进而把握文统与道统、学统之间的离合关系，并由此导入对宋代古文正统观的深入研究。其二，古文谱系论，或可谓之统续论、文脉论。考察宋人关于文学传承序列、谱系、因革等历时问题的认识及其流变，并由此导入对于宋代古文统续观的深入研究。不仅通过《宋史》等正史和诸多杂史考察宋代文章谱系的史家论定，更要通过诸多文家的论述来揭示古文谱系的复杂性和丰富性。其三，古文文法论。唐宋古文家的文法观念、文体意识和文章之学，都是以其“文统”思想为基础的；换言之，也是古文家文统的具体表现形式之一。关于“文法”的定义，《汉语大词典》中注释的义项之一为“语法。语言的结构方式，包括词的构成和变化，词组和句子的组织”。宋元以来，人们就已经使用“句法”“文法”等含义相同或相近的名称来指代文辞肌体、文章语句的结构规律。古文研究所采用的“文法”概念并不同于现代“语法”定义，它有着更为丰富的内涵。考察宋人的古文正宗观，需要关注包括散体古文体裁、句法、章法、文辞等方面的技巧、法式、规则或惯例等诸多问题的观念及其流变，并由此导入对于宋代古文正宗观的深入研究。

上述文统内涵的三个方面之间，文道关系是研究的核心和基础，在学术高度繁荣的宋代，不同学派和身份的文人对“文”与“道”有着千差万别的理解，甚至于一个人的观点和表述也会因时因地而变化，因此必须从整体宏观把握宋代文道观及其演变过程。宋人关于文统谱系的看法、对文统顺序的排列，以及他们自己在文统中的位置和作用，是宋代文统最为直观的表现。这种谱系背后常常有着深厚的学术和文学观点的差异，而谱系排列又和道统、政统、学统等因素相关，有时候还需要从政治、哲学等层面进行阐释，可见文统谱系是和文道关系相辅相成的。具体到古文这种文体而言，它应该是一种什么样的文法和文格，它自身的变化规律如何，而哪一种文体和文法才是古文应有的样式和发展方向，这些问题的背后隐藏着何为“正宗”的问题。宋人对文章正宗的探究很多，古文正宗观的背后，依然有着文道关系的影子。当然，研究中必须关注对文道、文法的研究势必和前人已有的研究领域有交叉、重合的现象，甚至于造成文统泛化、似是而非的感觉。这是必须克服的难题。为此，必须在“统”字上做足文章，关注文道关系的变化对古文正统观，以及文法规律对古文正宗观的影响。只有这样，才能站在前人肩上获取新的研究成果。

三、道统纠缠下宋代文统对文道关系的关注

政统、道统、学统向来是政治学、哲学和学术史等研究的焦点。如牟宗三在思考如何“开出中国文化发展之途径，以充实中国文化生命之内容”时，提出“道统之肯定”“学统之开出”“政统之继续”的“三统并建”观点，认为“道统之肯定，此即肯定道德宗教之价值，护住孔孟所开辟之人生宇宙之本源。”“学统之开出，此即转出‘知性主体’以融纳希腊传统，开出学术之独立性。”“政统之继续，此即由认识政体之发展而肯定民主政治为必然。”① 蔡方鹿认为，“牟宗三建立以三统为内容的人文教

① 牟宗三. 道德的理想主义［M］. 长春：吉林出版集团，2010：32.

具有融会中西，援西学入儒，以解决传统儒学的‘开新’问题，使之与现代文化接轨的时代意义。牟宗三于三统中，以道统为立国之本、文化创造之源，可见其地位在政统、学统之上。”① 由于道统与政统之间存在的张力，古代读书人常常纠结徘徊于“道”与“君”之间。三代以后，政统与道统分离，读书人有时候会幻想“朝为儒生，暮为圣贤”，成为“帝师”，“与君王共治天下”。如宋代程颐“以师道自居，侍上讲，色甚庄，以讽谏，上畏之”。程颐自以为“吾以布衣为上师傅，其敢不自重?”② 程颐何以如此迂腐，这是因为他自以为占据了道统的高地，拥有了知识和真理，但遗憾的是他很快就被赶出宫廷。有时候道统又会成为儒生借以制衡君权的杠杆。宋代熙宁、元丰之间，西京河南府洛阳居住着许多政治失势、离职致仕的士大夫，包括了富弼、司马光、程颢、王拱辰、吕希哲等，还有很多幕僚如欧阳修、梅尧臣等，再加上一些流寓文人和本土学者书生，自觉形成了一个文化共同体。他们频繁举行的雅集、结社活动使得洛阳一时成为相对于京城开封的政治文化中心。

目前，研究者认为，“中国学术史有四统之说，即道统、史统、文统、政统（治统）。四统之中，道统、史统、文统相互交融，形成了文道、经史、文史三重关系。道统具有统治性力量，力图统领文、史，但同时也形成了文道分离、经史分离的反向趋势，文、史逐渐脱离道统的控制，走向独立。”③ 宋代是一个特别重视统续的时代，举凡政统、道统、学统、文统，乃至于史统、艺统等，都可以找到它们各自的发展脉络和规律。尤其是包括理学在内的宋学各派都有着自己的学统，学统的分野也影响了宋人的文学观念和创作。当前，在宋代文学研究中，很有必要回归传统，用中国式的学术理路，针对“学统四起”的宋学发展局面，探究宋代文统与学统、政统，尤其是道统之间的互动关系。

相比较于文统，道统的观念产生更早，而且文与道的关系一直是古代文论领域中重要的论题，文道关系是文统与道统的连接点，因此古人的文

---

① 蔡方鹿．中华道统思想发展史［M］．成都：四川人民出版社，2003：538.

② ［宋］程颢，程颐．二程集［M］．北京：中华书局，1981：423.

③ 张德建．“欧学”与明初台阁文学［J］．天津师范大学学报（社会科学版），2008（1）：65.

统观与道统观也是分不开的。很多时候，文统和道统相提并论，或者二者混为一谈或者二者彼此被对立起来。撕裂文统和道统二者关系的现象是常有的，如《明儒学案》记载明代管志道“言孔子任文统，不任道统”。[①]对此，钱谦益也指出：“世咸谓孔子以删述接千古帝王之道统，公独阐其终身任文统不任道统。”[②] 从文与道的密切关系来看，历代文统观仿佛是道统观的衍生产品，论道胜过论文。道统明晰，文统隐约。论文者更强调儒家思想在文学中的权威和支配地位，重视文学的复古明道精神。但就文统而言，亦有其独立的发展脉络。视角的不同带来理论的创新，关注文统就把握住了文学的内在发展规律。文统所包含的一系列文学艺术的理念、规范、程式和谱系以及形成这些文统的历史文化传统和文学背景，都值得深入探究。

相对于道统，文统研究有着一些制约因素。道统之“道”是确定的，那就是儒家之道。虽然历代道统中的代表人物因为描述者的观点不同而会有差异，但道统自身的含义是确定的，那就是儒家之道的传承统续。“文统”的研究，首先面对的就是何谓“文”的问题，但本质上是文与道的问题。而这个“道”究竟是道统的“道”，还是文学自身的“道”？那么，在文统中传承的可以称之为“统”的事物，究竟该如何界定？这就是难点之所在。纵观古代文论发展历程，从最初的“诗言志”到“诗缘情”的表述，再到经国大业、不朽盛事的重托，再到风雅兴寄、“随物赋形”的抒发，以及载道明道、“性情之正”的认可，中国古代文学发展历程中的确是存在着一种虽变动不居，但不绝如缕的统续。但通常难以采用考察道统的方法来审视文统，因为文学之江河是蜿蜒曲折的，历代对“文”的认识也常和“道”纠缠在一起，观念的变化也是一波三折的。其实在宋代的司马光就认识到道统和文统的区别，如其《答陈祕校充书》言：“足下书所称引估计‘传道’者，自孔子及孟、荀、扬、王、韩、孙、柳、张、贾，才十人耳。若语其文，则荀、扬以上，不专为文。若语其道，则恐王

---

① ［清］黄宗羲．黄宗羲全集：第7册［M］．杭州：浙江古籍出版社，2012：827.

② ［清］钱谦益．朝列大夫管公行状，牧斋初学集：第59卷［M］．上海：上海古籍出版社，1985：1261.

(王通)、韩以下，未得与孔子并称也。若论学，古之人则又不尽此十人者也。”① 但和道统思想在中国古代思想史中地位变化相呼应，历代人物对文统的认识也是变化不定的。因此，文统研究需要一个多维的坐标系，随着时间、空间的变化，对文统概念要和具体的历史条件和文学发展状况相结合。

如果从今天纯文学的视角，以审美的眼光来看待文统，会比较认可类似于苏轼这种纯粹的文统，因为这种文统和道统保持了一定的距离，甚至有时候还有排斥道统的倾向。诸如明清的“性灵”说、“童心”说等观点，都很是贴合我们今天的文学和文艺学理论对文学本质的认识，而儒家的道统说，似乎是羁绊文学发展的腐朽绳索，早就应该被扫除的。但是，如果回归历史，回到古代，文学作为一种更高的飘浮在空中的上层建筑，它是不可能不弘扬一个时代的“主旋律”的，这个“主旋律”在儒家礼制占主导地位的稳定的古代社会中，自然要被文学、文章所重视的；甚至在大多数时候，儒家道统会成为推动文学趋向雅正，走上健康发展道路的积极动力。唐宋以后的文统观，多强调文学对儒家伦理道德承载作用，甚至于把儒家思想视为文学的生命。古代文统观因为对于正统、统续的强调，故而重视文学的复古精神，注重文学传统的源流和因革。因此说，文统中会包含丰富的文学艺术规范和文章组织程式，以及这些规范和程式形成的过程，还有相关的理论批评和创作实践。所有这些文统因素，既是文学自身的约束和规范，也是其发展、变化的依据和动力。

一般而言，根据文道关系、文统谱系、文统观念等区别，宋代文统分出雅颂文统、风骚文统和道理文统三种基本类型。雅颂和道理两种文统重道，风骚文统重文。另外也要看到，在道统之外，学统对文学的影响更为直接，因为学术渊源和观念，为学途径和方式会直接表现在文学上，文学自身也是学术的题内应有之义。如苏轼和朱熹两人学术传承状况有很大的差异，蜀学传承之萧条和缺乏书院对三苏学统的传承有关，苏轼重文学而文学才华离不开先天禀赋；而朱熹重道学，其丰富的书院传道经历对程朱道学学统的传播起到巨大促进作用。纵观文学史可以看到，古代文统有着

① ［宋］司马光．答陈祕校充书，司马温公文集：第9卷［M］．北京：中华书局，1985：231.

“百家争鸣”的发展特点，社会政治、时代风尚、文化教育等因素的制约和影响以及作家和文学自身的独特性和丰富性，均会促使文统的发展具有复杂性和曲折性。这也给文统研究带了难度，但知其难为而为之，这也恰是文学世界探究的魅力之所在。

乐之境界与宋代尚意书风生成

周子牛*

【摘要】欧阳修“学书为乐”是宋代“尚意”书法的理论指引，在崇古的指导思想之下，蔡襄、苏轼以及范成大都有着各自的理解与探索。文治背景下，众多学识厚实的书者精心探索，共同营造出尚意书风的新景致。“乐之境界”的营造对“尚意”书风的生成影响较大。从《兰亭序》之“意”的内蓄，到《祭侄文稿》“意”之率真，直至以《黄州寒食诗帖》为代表的宋代“尚意”书风的生成与传承，宋代众多书家从“崇古”中反思，在实践开拓，从“无意于佳”到“腕下之意谁人识”，不经意中的率真表达与情感宣泄，共同营造出成熟而完美的“尚意”书法风致。

【关键词】宋代　乐之境界　尚意书风

引　言

书法衍进至宋代，“尚意”书风走向了繁盛，欧阳修倡导的“学书为乐”是个重要的理论铺垫。其曾言：“有暇即学书，非以求艺之精，直胜劳心于他事尔。以此知不寓心于物者，直所谓至人也。寓于有益者，君子

* 周子牛，中国散文学会理事，中国画学会理事，中国文艺评论家协会会员，中国书法家协会会员，中国国家画院特约研究员，东南大学校友经济产业园双创导师。

也；寓于伐性汨情而为害者，愚惑之人也。学书不能不劳，独不害情性也。要得静中之乐，惟此耳。”①

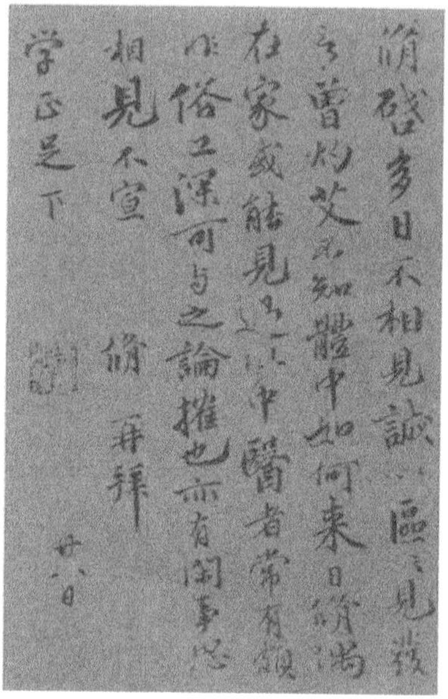

图1　欧阳修书法：《灼艾帖》②

众所周知，在中国封建社会的发展历程中，“武治”是常态，而宋代却较为个色，崇尚“文治武功”，“文治”则是宋代封建统治的重要标志。在此背景下，文人的地位获得极大提升，即使是武官也有着附庸风雅式的儒雅旨趣。由此，表现在书法的传承与拓展进程中，唐代书法“尚法”之风逐渐褪色，“尚意”书风迅速赢得尊严，走上了历史舞台，成为中国书法史上一道独特的风景。如果从历史的渊源看，书法尚意之“意”历史悠久，魏晋时期的行草早有表现，“二王”之王羲之、王献之父子已经进行艰辛的探索，尤其王羲之《兰亭序》中的情、乐、意之内蓄业已相当丰满了，只是在后续的历史发展中，时断时续，直至宋代“文治”时代的开启，文人墨客在“复古”思潮中更加清晰地领略了其精美的风韵，并逐渐

① ［北宋］欧阳修．笔说·学书静中至乐说，中国古代书法理论解读［M］．上海：人民美术出版社，2021：21－22.

② 曹宝麟．中国书法史·宋辽卷［M］．南京：江苏教育出版社，2009：53.

发扬光大。熊秉明先生谈及王羲之及其《兰亭序》的书法影响时直言不讳地说："有严肃，也有飘逸；有对比，也有和谐；有情感，也有理智；有法则，也有自由"，"各种倾向的书法家，古典的，烂漫的，唯美的，伦理的"，"都把他当作伟大的典范，每个书家都可以在其中汲取他所需要的东西"。① 然而，如果就宋代"尚意"书风的兴盛而言，欧阳修无疑是一位重要的推手。虽然在宋代乃至中国的书法史上，欧阳修并不是以"书法"名世，然而其杰出的文学修为及地位由此产生的对书法的冲击力是巨大的。他对历代书画家及传世作品的梳理和反思之后，体现于《集古录》中的书法思想，尽管时有零碎，却是相当的经典，其凝聚而成的"学书为乐"为宋代"尚意"书风的营造尤为珍贵。他在评价苏东坡的书法创作时感言："苏子美尝言：明窗净几，笔砚纸墨，皆极精良，亦自是人生一乐。然能得此乐者甚稀，其不为外物移其好者，又特稀也。余晚知此趣，恨字体不工，不能到古人佳处，若以为了，则自是有余。"② 其实，这也是他本人书法实践的深刻体会后的提炼。

一、复古与崇王

从理论的视角看，欧阳修之《集古录》反思的不仅仅是书法"尚意"，也并非从书法开启"意"思考。欧阳修是宋代"尊古、复古"的先锋，在追思艺术历史的脉络之时，"书画同源"也给予了他诸多启示，绘画写意，书法尚意，携手营造出宋代"艺术尚意"新时代，或许是无心插柳柳成荫了。欧阳修在文人画的鉴赏之时曾有诗赞曰："古画画意不画形，梅诗咏物无隐情。忘情得意知者寡，不若见诗如见画。"诗画一体，"意"是桥梁和纽带，由此启发，书法之"意"相较于诗画有过之而无不及，于是"书法也应寓意乐心。欧阳修的重意之说，大开了宋代艺术尚意的先声。"③"寓意乐心"，"乐"的境界在书法实践中自然生成，欧阳修从此将

---

① 熊秉明．中国书法理论体系［M］．香港：商务印书馆，1984：44.

② ［北宋］欧阳修．试笔·学书为乐，中国古代书法理论解读［M］．上海：人民美术出版社，2021：21.

③ 金学智．中国书法美学［M］．南京：江苏文艺出版社，1994：543.

宋代书法“尚意”的帷幕彻底掀开了。

在欧阳修崇古的引领之下，宋代文人墨客可谓前呼后拥，掀起了“学书为乐”“寓意乐心”的新风潮，书法表现中的“遣兴”“抒情”之类的反思此起彼伏。然而，深入探索实践，人们幡然醒悟，无论“乐之境界”还是“寓意乐心”，“二王”及其书法精神与思想都是不可回避的，由此以《兰亭序》及其相关传世书作为核心的“二王”书法传承成为宋代书法传承中崇古的重要衣钵。“真正使书法成为一门完全意义上的独立的自觉艺术，是王羲之、王献之为代表的一大批魏晋以及后来的南北朝时期的杰出书法家、书论家。正是他们的努力，才使书法成为文人士大夫抒情遣兴的工具。”①

在崇古的反思中，宋代书家还敏锐地发现，从“乐之境界”的营造到“尚意”书风的生成，唐代草书的实践与表现尤为值得关注。唐代书法是个“尚法”的时代，草书为了表“意”，从“法”过度，曲折而艰辛，虽有所成就还是难以避免夭折的厄运。于是，宋代的书法家开始另辟蹊径，将“行草”作为抒情达意的主要载体，由此愈加自信，也就更能驾轻就熟了。“宋人选择行草作为表现的载体进而走向尚‘意’，也是书法越来越自觉的表现。”② 如此自觉自省之后，被誉为天下第一行书王羲之《兰亭序》热度再次升温，不仅碑帖众多，对其研究的理论著述也呈现出空前的高度，南宋桑世昌的《兰亭考》和俞松的《兰亭续考》将两宋及历代能够收集的相关论述详尽地进行了载录和解析，尤其是对宋代学者、书法家对关于《兰亭序》之题跋和考辨清晰地辑录其中，可谓包罗万象，详尽缜密。充分彰显《兰亭序》及“二王”书法在宋代的显赫和所发挥的“尚意”书风的引领功效。也据此为中国书法理论作出了划时代的贡献。“宋代书家的广闻博识，在中国书法史上堪称罕见。正是凭着这一强大的文化优势，宋代书法理论得以超越堂皇气派的唐人，而形成独立、完善的学科体系。”③

① 姜寿田．中国书法批评史［M］．杭州：中国美术学院出版社，1997：34－35.
② 陈振濂．书法学［M］．南京：江苏教育出版社，1992：331.
③ 姜寿田．中国书法批评史［M］．杭州：中国美术学院出版社，1997：156.

二、“乐其心”对尚意书法的引领

在欧阳修的崇古、复古理念引领之下，蔡襄体悟至深，将“乐之境界”做出了自我的书法表达，于是“乐其心”贯穿了他的书法探索中，在书体上，主要以行书表现。如今传世的蔡襄书法墨迹，行书占据主体，大都以自撰诗词呈现，手札的形式居多，漫不经意，信手挥洒，文人的情怀淋漓尽致宣泄，无意于佳的心境之内，情感饱满，又诗意丰腴，由此，蔡襄成为北宋中期尚意书法的代表性实践者，后世书界将其与苏东坡、黄庭坚、米芾合称“宋四家”，实乃名副其实。“喜怒哀乐，各有分数。喜即气和而字舒，怒则气粗而字险，哀则气郁而字敛，乐则气平而字丽。情有重轻，而字之敛舒亦有浅深，变化无穷。”① 稍微遗憾的是，相较于其他三家，蔡襄的书法成就或许要弱一些，排名也是最后，但这并不影响蔡

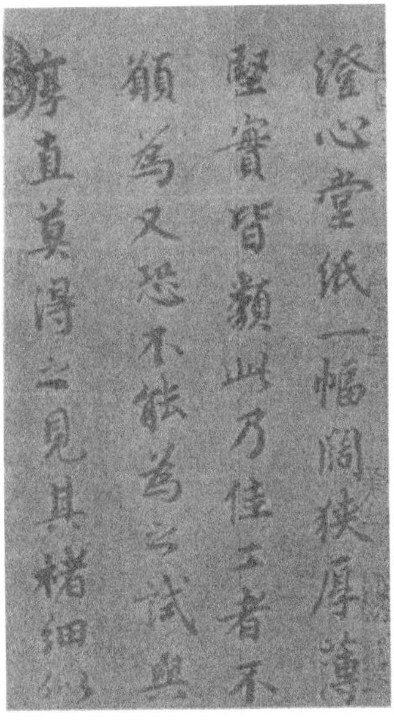

图 2　蔡襄书法：《澄心堂纸帖》（局部）②

① ［元］陈绎曾．翰林要诀，中国古代书法理论解读［M］．上海：人民美术出版社，2021：24.
② 曹宝麟．中国书法史 · 宋辽卷［M］．南京：江苏教育出版社，2009：68.

襄在宋代尚意书风营造中的独特贡献。同时，他的行书的尚意又是宋代“二王”书法传承的优秀实践者，这与他反思《兰亭序》之“乐之心”的文人情趣有着莫大的关联。人心、人情方可表“意”，如此，“意”的书法呈现也是蔡襄“心之迹”的外化表达。“夫书者，心之迹也。故有诸于中而行诸外，得于心而应于手。”①

反观宋代书坛，“尚意”书风的代表书家众多，苏轼却是无可替代的一位。苏轼与欧阳修渊源深厚，有着师徒名分，又先后占据宋代文坛的核心地位。因而，苏轼对欧阳修思想的整体把握十分精深，并由此发扬光大，大有青出于蓝之誉。在“尚意”书法的实践与表达中，同样呈现出长江后浪推前浪的气概。苏轼传世的《黄州寒食诗帖》有天下“第三行书”美誉，也是宋代尚意书风的最佳代表作。这一“稿草”之作，苏轼无乐而乐，被贬黄州后，将内心的忧郁之情恣性挥洒，诗文交臻，心性交融，文人“尚意”的书法风致可谓登峰造极，也为宋代书法“尚意”添加了浓墨

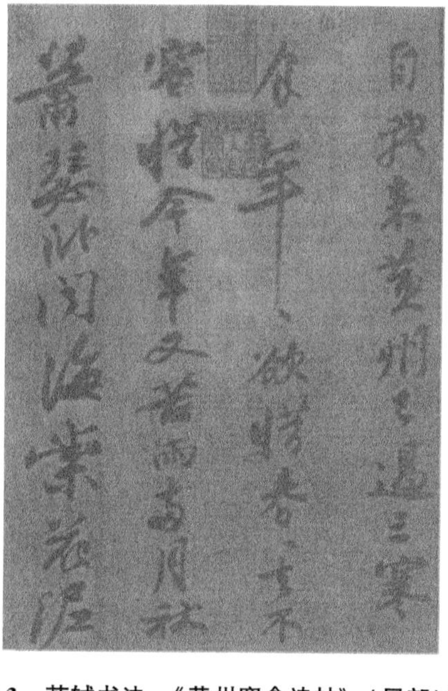

图3　苏轼书法：《黄州寒食诗帖》（局部）②

---

① ［元］盛熙明．法书考，中国古代书法理论解读［M］．上海：人民美术出版社，2021：25.

② 曹宝麟．中国书法史·宋辽卷［M］．南京：江苏教育出版社，2009：108.

重彩的一页。“《黄州寒食诗帖》是苏轼书法中最为精彩、最为杰出的一件作品。它的不同凡响之处，在于它是出世与入世、‘尚法’和‘尚意’撞击下迸发的石火电光，稍纵即逝且不可能重现。”①

苏轼书法“尚意”的营造，亮眼众多，至为可贵的有三点。

第一是精神。在中国文化史上，“贬官”文化是一道独特的风景。如果说这风景中，谁最亮丽，苏轼至少排在前三位。苏轼的政治生涯是在“贬”中，晚年更惨，没有一次被“贬”后获得重用，直至被“贬死”。然而在文艺的人生，苏轼又是在“贬”中赢得的生机的。他那誉称“中国第三行书”的《黄州寒食诗帖》就是一贬又贬后被贬至湖北黄州的书法杰作。如此落魄的政治人生，苏轼依旧坚守“书必有神、气、骨、肉、血，五者阙一，不为成书也。”如此的豪迈，中国书法史上是鲜有的。

第二是学识。作为唐宋八大家之一，苏轼才华自然无可非议。“退笔如山未足珍，读书万卷始通神”，以道驭技，于书法的实践中，厚实的学识融合坚韧的精神禀赋，书法的探索“心上”功夫得以神化：“学书时，临摹可得形似。大要多取古书细看，令入神，乃到妙处。惟用心不杂，乃是入神要格。”苏轼一生传世了大量的书迹，与其文、其诗、其赋一同灿烂辉映，将其自我的“尚意”书法神韵推向了巅峰，在宋代成为绝响。

第三是心境。文艺上的丰收与政治上的落魄，矛盾交织，复杂的心境之下，于书法之中，依旧“欢”“乐”，“言有尽而意无穷者，天下之至言也”。无言的表达，韵味悠长，既丰富了书法的底蕴，又为“尚意”书风赢得了新的风华。

如此看，宋代“尚意”书风，“乐之境界”的引领既是时代的美质，又是众多“言有尽而意无穷者”的书法实践者的心境外化，宋代之外，无可比拟。

三、尚意的理论基础与宋代书法表现

从书法表现上看，从东晋王羲之之《兰亭序》到唐颜真卿之《祭侄

① 曹宝麟．中国书法史·宋辽卷［M］．南京：江苏教育出版社，2009：109．

文稿》直至北宋苏轼之《黄州寒食诗帖》，“意”的内蓄渐次生成乃至两宋巅峰。这一书法演进过程中，尽管对“意笔”有着不同的理解，后世解读也呈现仁者见仁智者见智之说，但总体上看，《兰亭序》之“意”是一重要书法实践引导，在此基础上的理论反思也有了本源。“《兰亭叙草》，王右军平生得意书也。反复观之，略无一字一笔不可入意。”①

就“尚意”书法理论与实践而言，宋四家中，苏轼是最为显著的。早年的苏轼就深刻体悟到“吾虽不善书，晓书莫如我”。中年之后，即使在文坛上声名显赫，对书法的体悟依旧十分个性而内敛，“吾书虽不甚佳，然自出新意，不践古人，是一块也！”在求“意”的书法实践，营造“乐之境界”，苏轼既有体系化的理论思考，更有实践层面的艰辛探索。当然，无论如何“尚意”，苏轼都不曾忘却对老师欧阳修教诲的尊崇：“欧阳文忠公书，自是学者所共仪刑，庶几如见其人者。正使不工，犹当传宝，况

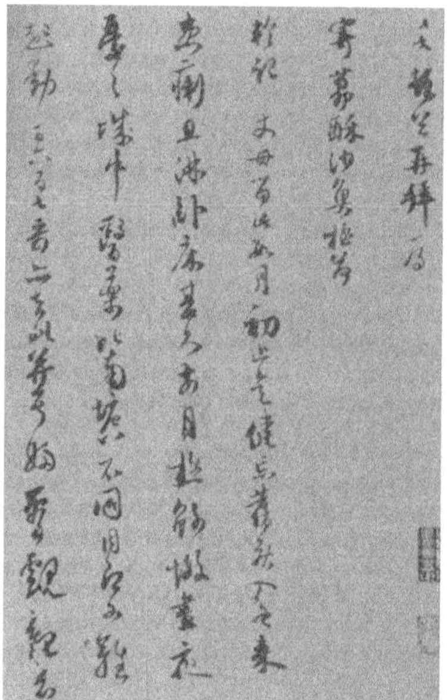

图4　范成大书法：《荔酥沙鱼帖》（局部）②

① ［宋］黄庭坚．类编增广黄先生大全文集（卷四十三），〈兰亭序〉研究史料集［M］．上海：上海书画出版社，2013：14．

② 曹宝麟．中国书法史·宋辽卷［M］．南京：江苏教育出版社，2009：299．

其精勤敏妙，自成一家乎?"① 其实，无论是"意"的理解还是表达，苏轼与欧阳修都有层次上的差异，否则后世的书坛也就不会将欧阳修排除于宋四家之外了。客观地说，"宋四家"主要北宋的"尚意"书家，南宋"尚意"书风延续也有诸多靓丽风景，可谓北宋书法传承的有序推进。

南宋书法中兴四大家中，范成大较为个例，"喜写草书、行书，又喜赋诗，人亦多喜之。"② 他的官宦生涯中，与苏轼类似，在书法表现上，对其"尚意"书风也最为痴迷。可喜的是，范成大与北宋"尚意"书法的继承融合了宋四家中多人的禀赋，其中于苏轼、米芾相对集萃。作为南宋知名的诗人，诗意与书意的融合是其"乐之境界"中最为完满的。尽管其书法中创新的成分并不多，"变体""恬淡""退笔"等均是服务于心境之乐的营造，然而时至晚年，"劲健可观"行草，"尚意"意趣更臻可爱可贵。由此，将两宋"尚意"书法连缀成线，于自然的抒情达意之中，抒发出腕中之意趣，"宝章蘊九泉，摹本范百世。白鹅满波间，谁识腕中意。"③

范成大的存在对南宋尚意具有特定的意义。

1. 在"帖学"争辩中主导了北宋"尚意"书风的史学价值

两宋的历史进程中，南宋相较于北宋，整体的萎靡是客观存在的。南宋之初，战乱频礽，大量的传世书法真迹毁于战乱，书法研习、传承的基本条件散失了很多。此时的书坛"尚意"的表现只能是北宋的书法实践的苟延残喘，艰辛的生活境遇之中，何"乐"之有，因而"意"的书法表达郁闷远多于快乐，如此的书法"尚意"是不纯粹的。范成大生活的南宋中期，社会境遇已大有好转，但其个人人生境遇却坎坷曲折。个人与家国的类似性使然，促成他书法道路的个性化选择，不仅其诗有着清晰的印证，诗书的融合更是隐含厚重的真情。于是，尽管当时帖学兴盛，范成大依然坚守对北宋四家尚意书法的追寻，直至终老，由此立定了一种崭新的南宋尚意书法精神。

---

① ［宋］苏轼．苏轼文集（卷六十九），中国书法史·宋辽卷［M］．南京：江苏教育出版社，2009：58－59.

② 韩淲．涧泉日记（卷中）［M］．上海：上海古籍出版社，1993.

③ ［宋］范成大．范石湖集（卷二十一），观褉帖有感三绝（之二）［M］．上海：上海古籍出版社，1981.

2. 对书学理论的考量，实践重于思考

南宋的文坛上，陆游、杨万里、范成大、尤袤被誉为“中兴四大家”；南宋的书体上，陆游、范成大、朱熹、张孝祥则被称为“中兴四大家”。由此可见，范成大与陆游都具有双料美誉，而就书法综合成就看，范成大又明显高于陆游。遗憾的是，范成大书论甚少，以诗代论是常态，唯一的传世书论还是他人代为抄录，南宋桑世昌《兰亭考》有载曰：“学书须是收昔人真迹佳妙者，可以详视其先后笔势、轻重往复之法。若只看碑本，则惟得字画，全不见其笔法神气，终难精进。又学时不在旋看字本，逐画临仿，但贵行住坐卧常谛玩，经目著心。久之，自然有悟入处。信意运笔，不觉得其精微，斯为善学。”轻言务实，以实践为重是其书法探索中的本真表达，这在动乱不堪的南宋或许有其更多的考量，但就书法“尚意”的表达来看，并没有影响其在两宋“尚意”书法实践与营造中应有的地位与尊严。

3. 诗书一体的表达上，“情”“乐”“意”互为支撑又融合一体

范成大不到70岁的人生中，有相当长的是为官或者是为官而忙碌的，因而其早期、中期的书法是官余之“乐”或者说为官而“抒情”。这样的岁月中，作为“复古”主流意识引导下的“二王”书法对其影响是深厚的，情感的积淀也较为厚重。于是行草书诸多美质与其诗歌禀赋一同生辉。不幸又万幸的是，范成大的官途如同苏东坡，一路下滑，以致赋闲终老。“闲”中乐境，“信意运笔”则是范成大的“乐”中之“乐”。对于书法，“乐”又“斯为善学”，恣意挥洒成了常态，由此其众多的书法呈现中，无论是对宋四家“尚意”书法的继承，还是自我开拓乃至创新，“情”“乐”“意”互为杂糅，生成了其书法新境。

4.“尚意”余味还有更为值得敬仰的传承风范

就南宋的书法看，书帖、墨迹尽管琳琅满目，却各有千秋，犹如“二王”书法的真性，“羲、献以书自名，而笔法相去甚远。父子之间，不同如此，然皆有足喜也。”① 范成大的可贵在于对北宋诸多书家进行了精心

① ［宋］欧阳修．六一题跋（卷十），中国书法史·宋辽卷［M］．南京：江苏教育出版社，2009：59.

研习，无论是欧阳修、苏轼师门，还是米芾父子，乃至蔡襄、蔡京书迹，每一时期、各种风向以至于在“尚意”旨趣上的个性化差异，范成大都有自己的体悟与实践。尽管后世的书界对南宋“尚意”书风式微多有微词，然而范成大的努力和付出至少止住了急剧向下的态势，为南宋书法乃至整个宋代“尚意”书风赢得了鲜有的尊严。试想，如果缺失了范成大，“尚意”的两宋不知最后会是怎样的尴尬场景收场。

结　语

综上所述，“乐之境界”的营造对“尚意”书风的生成影响较大。从《兰亭序》之“意”的内蓄，到《祭侄文稿》“意”之率真，直至以《黄州寒食诗帖》为代表的宋代“尚意”书风的生成与传承，宋代众多书家中，从“崇古”中反思，在实践开拓，从“无意于佳”到“腕下之意谁人识”，不经意中的率真表达与情感宣泄，共同营造出成熟而完美的“尚意”书法风致。

会通、互鉴与寻美

许　政*

【摘要】《中国古代史书叙事的风格——从班荀二体到范袁二家》一书立足于中国传统学术的话语体系，探讨了中国古代史书叙事的风格，总结了中国古代史学叙事理论反思的主要路径。该书贯彻了古代学者郑樵提出的“会通之义”，借中西互鉴与文史交流深挖史书叙事的中国风格，在叙事实践展开和叙事理论反思互动的视域下揭示中国史学的审美追求，对于中国叙事研究的本土理论建设具有突出的方法论启示。

【关键词】 史书叙事　中国风格　话语体系　叙事学

在中国古代史学上，“叙事”有怎样的内涵？这是一个分量很重的大问题，因为它实际上涉及史学家历史撰述中的许多问题。如：怎样看待叙事中的“事”？史书叙事怎样写人？叙事与明理是什么关系？叙事如何显示史学之美？史学家在史书叙事的诸多问题上应持怎样的态度，发挥怎样的积极作用？这些问题，都是史学家从事历史撰述中回避不了的大问题，可见史书“叙事”内涵之丰富，“叙事”问题之重要。近见朱露川著《中国古代史书叙事的风格——从班荀二体到范袁二家》（北京：社会科学文献出版社，2022），非但没有回避上述问题，而且在这些问题的思考与发掘方面，发前人之所未发，提出了许多新的见解，把“叙事”的丰富内涵一一解释出来，读来颇有方法论上的启示。

* 许政，北京航空航天大学人文社会科学学院（公共管理学院）博士后。

一、会通，基于对中国史学发展史的深刻理解

提起古老而又悠久的中国史学，我们常会想到浩如烟海这个词汇。确实，在中国学术几千年的发展史上，无数学人前赴后继，造就了一批经典的史学名著，开创了丰富多彩的叙事艺术。如何从繁重的史学典籍中寻找出恰当的文本，从而为研究中国史学的叙事问题提供合适的分析资源，这是一个仁者见仁的问题。就该书作者在“后记”中讲到的治学历程来看，其叙事研究的出发点是“遵循理论认识与史学遗产研究密切结合的路径，从中国古代史学上最重要的三种撰述形态即编年体、纪传体、纪事本末体的史书家族中，各选择有代表性的著作，进行整体阅读和‘叙事’视角的分析。”① 很明显，这是基于对中国史学发展史的深刻理解而制定的一项具体的研究计划。

为了参与“叙事”的讨论，彰显中国古代史书叙事的特点和风格，作者决定围绕班固《汉书》、荀悦《汉纪》、袁宏《后汉纪》、范晔《后汉书》展开综合式研究。稍熟悉中国学术史的人应该知道，作者所选择的这四部著作，在史学发展史上因其撰述形态而被称为“两汉书”（《汉书》《后汉书》）和“两汉纪”（《汉纪》《后汉纪》）。该书副标题却一改学术史上的习惯称法，转以“班荀二体”和“范袁二家”为题，这是依据四部书的叙述内容予以分类。当然，该书研究对象的选择，更有中国传统史学遗产提供的学理依据，即唐人刘知幾《史通》中的“二体”论。作者显然借用了《史通·二体》和《古今正史》两篇提出的命题，将“班荀二体”和“范袁二家”作为切入中国古代史学叙事问题的典范，但其借用是有充分依据的。在第二章中，作者基于对汉唐间史学发展史的判断，将皇朝史如何成为中国古代史学的主干、“汉书学”在唐代的发展和演进、李贤注《后汉书》与刘知幾的阅读史、唐人有关编年纪传皆可为“史之正用”的认识等一系列问题串联成一条线索，钩玄铺陈，向读者道明该书

① 朱露川．中国古代史书叙事的风格——从班荀二体到范袁二家［M］．北京：社会科学文献出版社，2022：334.

在研究对象上的考量。

作者对中国传统史学脉络的深入理解，又表现在对于史书叙事形态之辩证发展规律的长时段考察。该书的主体部分，是通过对作为皇朝史典范的“班荀二体”和“范袁二家”进行个案与整体相结合的研究，总结它们在叙事的格局、叙事的主线、对于历史人物的呈现、叙事主体的观念彰显、史书叙事对“美”的追求等方面的特点和经验，并在此基础上揭示研究对象在叙事格局上“正—反—合”的辩证发展轨迹。作者认为，在“班荀二体”和“范袁二家”的影响下，“编年、纪传两种形式的皇朝史成为中国史学上最重要的叙事格局”①。不过，作者对中国古代史书叙事形态的探索并未就此结束，而是在“附录”部分着重探讨了纪事本末体史书如何借助“因事命篇”的格局开创了中国古代史书叙事的新阶段。

乍看起来，以编年、纪传为主要探讨对象的一部论著，却在收尾处转向对纪事本末的探讨，似显突兀。实际上，这正反映出探讨中国古代史学的叙事问题，必须以关于中国史学发展史的知识积累为立足点。作者这样解释编年、纪传“二体”和纪事本末体的关联性：“尽管中唐以后人们不断呼唤史体的创新，但在“叙事”形态上，“二体”交替主导的情况，一直到南宋袁枢《通鉴纪事本末》的出现，才被正式打破。《通鉴纪事本末》取材于《资治通鉴》，在记事断限上与班、荀、袁、范四家著述有所重叠，由该书所确立的以事件为中心的撰述形态，推动了中国古代史书叙事在南宋以后走向新的阶段。”② 如此，从“班荀二体”的形成到“范袁二家”的发展，经历了三个多世纪的历程；从“二体”开创皇朝史的典范，到刘知幾《史通》将其作为一个命题提出，又经历了近三个世纪的历程；从唐人论史书体裁到袁枢《通鉴纪事本末》的问世，历经四个半世纪之久；自《通鉴纪事本末》面世到历代纪事本末撰成以及新的史部典籍格局在清代的确立，中国传统史学又走过了六个多世纪的历程。如果算上首章从先秦典籍出发考察“叙事”概念的演进，那么，该书的考察范围基本概括了中

① 朱露川．中国古代史书叙事的风格——从班荀二体到范袁二家［M］．北京：社会科学文献出版社，2022：6.

② 朱露川．中国古代史书叙事的风格——从班荀二体到范袁二家［M］．北京：社会科学文献出版社，2022：6.

国传统史学的首尾。书中对类叙法的考察也是如此，从类叙法的思想渊源到类叙法在《汉书》中的正式产生，再到历代史家运用、开拓这种方法以及清人对类叙法进行方法论的提炼，也跨越了1700余年的历程。这种长时段视野的考察，在一部以博士论文为基础修订而成的著作中是少见的，可见作者用力之勤、治学之专，及其宏观把握中国史学发展脉络的魄力之所在。

作者曾在一篇文章中探讨史学评论的原则和方法，指出“史学批评要以史学史为基础”。作为一部基于评论经典著作而探讨史书叙事之中国风格的论著，该书极好地发挥了宋代史家郑樵提出的“会通之义”，积极贯彻了史学评论不脱离史学发展史的原则。

二、互鉴，在交流中认识中国叙事传统

70余年前，钱锺书先生在《谈艺录》序言中谈到文艺学原理的普遍性：“东海西海，心理攸同；南学北学，道术未裂。”① 叙事研究诚同此理，这反映在《中国古代史书叙事的风格》一书的研究方法上，是时时把中国叙事研究带入世界背景，以史学理论与文学理论对话，在中西互鉴和文史交流中实现对中国史书叙事风格的深刻认识。作者这样表明该书在这方面的努力：“对于中西史学和叙事学研究领域与该书研究内容相近或有相关的概念、理论，笔者在研究中有所关注，并尝试将其作为一种参照以加深关于中国古代史书叙事特点和本质的认识。”② 让我们看看作者是如何进行这番“尝试”的。

首先，从西方叙事学领域引入“叙事性”概念，剖析中国史学文本内部结构的叙事特征。“叙事性”是20世纪西方叙事学的核心概念之一，主要是探讨那些使“叙事文本”明显区别于“非叙述世界”的特征，这在该书的论述中多有运用。例如第四章着重考察皇朝史书写历史人物的方法，一项重要的收获即通过分析《汉纪》《后汉纪》如何在编年体史书中

① 钱锺书．谈艺录［M］．北京：商务印书馆，2010：3．

② 朱露川．中国古代史书叙事的风格——从班荀二体到范袁二家［M］．北京：社会科学文献出版社，2022：275．

“增加人物形象的分量”，指出“类编纂法”的引入促使编年体史书“不再是对历史简单的‘记注’”，真正成了“叙事性突出的历史著作”①。第五章讨论“汉承尧运”之权威化与班固著史宗旨，是该书极为出彩的篇章。作者指出在关于刘汉政权正统性的问题上，自西汉中后期到东汉初年的百年之间形成了有一条从“汉为尧后”到“汉承尧运”再到“汉属火德”的理论建构历程，这一历程始于刘向、刘歆对“五德终始说”的改造，经王莽篡汉和两汉间有识之士的讨论，最后由《汉书》作者之笔集中记述，因此，《汉书》为这一理论建构历程做了“总结性的工作”。对于这项“总结性的工作”，书中主要结合《汉书·律历志》展开了论证，作者指出，《汉书》此举向“志”这种体裁注入了鲜明的叙事性，“使其承担起‘述序事理’的功能”②。应该承认，作者对“叙事性”概念的借用，有利于更新传统历史编纂学研究的视角，对《汉纪》《后汉纪》写人物而表现出的叙事性的讨论可以进一步引发读者思考西方史学中的“编年史”（Annals）和中国史学中的“编年体史书”的本质差别，而对《汉书·律历志》叙事性的讨论，则激发人们在面对中国史学的叙事文本时，不能忽视“书志”这一体裁所蕴含的叙事经验。

对于西方史学与中国史学上能够交流互鉴的成分，作者也有所关注，如书中第六章借助“班荀范袁”阐释了《史通·叙事》审美理论的形成路径，以及中国古代史书叙事的审美基调。在该章结语部分，作者联系起西方思想家琉善在公元2世纪所写的《论撰史》，并指出该篇在有关史书内容的真实之美和文字表述的简洁之美“与刘知幾所论颇有几分相通之处”，“这一相距五个多世纪的‘隔空对话’表明，孕育于不同文明体系之下的史学传统，可以通过历史记载之真实性与艺术性的结合，建立起一座沟通的桥梁，从而启迪今人更好地认识史学的本质”③，这里打开了一

① 朱露川．中国古代史书叙事的风格——从班荀二体到范袁二家［M］．北京：社会科学文献出版社，2022：165.

② 朱露川．中国古代史书叙事的风格——从班荀二体到范袁二家［M］．北京：社会科学文献出版社，2022：176.

③ 朱露川．中国古代史书叙事的风格——从班荀二体到范袁二家［M］．北京：社会科学文献出版社，2022：269.

条中西史学互鉴可行的路径。

在积极吸收相关学科理论成果的同时，作者也尝试以中国叙事传统与相关学科领域进行对话，这种对话因其具备深入解读中国史学经典文本的基础，往往得以切中要害，不发空论。例如在关于人物书写的问题上，作者虽借用西方理论论证了编年体史书的叙事性，但也指出小说叙事和史书叙事在有关人物要素的功能表现上应当泾渭分明：文学叙事的人物观是“功能性”的，人物服务于故事情节；史书叙事则“重在揭示人在历史中的主体作用”①。这是借如何处理“人物”这一叙事要素来说明文史叙事在本质上的区别。书中对读者中心主义所作的批判更寓深意，作者认为互文性理论虽然与中国史学上有关十数形态辩证发展的认识不谋而合，但“过于强调读者在阅读、理解、阐释文本过程中的中心位置，而忽视作者本人在作品生产过程中的关键作用”，而基于该书第五章关于史书叙事主体如何“用意”的探讨，作者判断互文性理论“终究与中国古代史书叙事的传统和理论探讨难以契合”。② 因此，这是在充分理解中国传统学术语境中“意”的内涵及其具体运用的前提下，对读者中心论展开的一次深刻反思。

上述几个例子鲜明地体现出该书作者自觉、主动地吸收相关学科领域理论成果的努力，同时依据对中国史学文本和传统的具体分析，适当地作出判断，举凡有关读者中心论、情节类型学、叙事干预理论、互文性理论的借用和讨论，都给人以启示。对于中西史学叙事理论和文史学科叙事研究的交流与比较，诚如作者所说，“将是一项长远的课题”，我们欣喜地看到《中国古代史书叙事的风格》一书已经朝这个方向迈出了艰难的第一步。从交流互鉴的视野出发，该书细致入微地彰显了中国史学的叙事传统，为中国叙事学的研究提供了宝贵的本土资源。

三、寻美，历史研究工作的应有之义

史学作为一种意识形态活动，当有着审美层面的自觉追求。近年，我

① 朱露川．中国古代史书叙事的风格——从班荀二体到范袁二家［M］．北京：社会科学文献出版社，2022：276.

② 朱露川．中国古代史书叙事的风格——从班荀二体到范袁二家［M］．北京：社会科学文献出版社，2022：274.

们看到知名学者路新生先生在相关领域发表了诸多新论，引发了广泛关注。《中国古代史书叙事的风格》一书探讨叙事问题，自应涉及史学审美表现等问题，作者对此有着清晰的认识，于该书第六章专门探讨皇朝史叙事的审美追求。

作者首先从《史通·叙事》篇提出的审美理论出发，向读者介绍了中国史学注重文字表述的审美自觉。这里，作者对刘知幾史学审美理论进行分层次的讨论，即由泛泛之“史”的审美标准到“国史之美”的具体要求，是为该书发掘中国古代叙事理论遗产的一个重要收获。作者认为，刘知幾史学审美理论是他对唐以前历代历史著作综合考察后提出的理论问题，而“班荀范袁”作为刘知幾所标举的叙事典范，“自然是他提出史书叙事审美原则的重要依凭”。因此，该章着意于呈现《汉书》的雅正之风、《后汉书》追求“其词不流”的理念、《汉纪》婉转犀利的笔锋以及《后汉纪》善于移情的风采，作者特别强调要在“叙事实践之开展与叙事理论之形成相互作用的视域下”考察史书叙事审美问题，基于这种视角，作者指出“班荀范袁”四家著作“代表了汉唐之际史书叙事之‘美’的高度，推动了后世史书叙事之‘文约事丰’‘论辩多美’等史学审美原则的建立”①，这与全书从刘知幾提出的命题出发而确立研究对象的主旨再次呼应。

作者对史书叙事审美品格的探索还有更广泛的意义，即把史书叙事的审美表现同史学家及其著作所能收获的评价联系起来——“史学家能否成功地将他所获得的史识呈现给世人，从而使其撰述成果产生良好的阅读效果，往往受到文字表述能力的影响。因此，在很多时候，史学家在语言文字上的造诣，会影响一部史书在叙事成就上的高度，以至被时人和后人用来衡量作者在史学发展史上的地位。”② 相信作者对于这段论述有所体悟，在总结史学寻美传统的同时，也积极地踏上了这条寻美之路。

面对《中国古代史书叙事的风格》一书，读者很难不被其间跳动的文字和细腻的文风所打动——

① 朱露川．中国古代史书叙事的风格——从班荀二体到范袁二家［M］．北京：社会科学文献出版社，2022：226.

② 朱露川．中国古代史书叙事的风格——从班荀二体到范袁二家［M］．北京：社会科学文献出版社，2022：226.

书中写《汉书》如何建构起“宣汉”的叙事线索：

尽管汉武帝晚年对他穷兵黩武所造成的统治危机作出了及时的挽救，铺垫了后来的“昭宣中兴”。但是，“亡秦之失”所造成的人心厌汉仍未褪散，于是才有眭弘以“汉承尧运”催促刘氏皇帝下台，更有了刘歆改造后的“五德相生”学说与王莽的成功代汉。然而，盗窃号位的王莽和被扶上位的刘玄都没能给百姓带来太平盛世，于是，人们在两汉之际的动乱中开始思慕汉的威德、渴求回归汉的统治。

写《汉纪》如何承载荀悦政治上的终生遗憾：

荀悦出身曹府，但他撰写的《汉纪》不仅不曲美曹氏，且还能够批判这股势力的根基，势益孤而能守本心，使人们愈加能够理解何孟春、王鏊、黄省曾等人阅其书而悲其所遭的情感流露……《汉纪》应汉献帝的现实诉求而问世，遗憾的是，它终究未能在献帝与荀悦这一双悲情君臣的有生之年帮助汉室走向“复兴”。

写《后汉纪》何以将“名教”作为叙事议论的标尺：

《后汉纪》不是一部东晋史，自然不会直接涉及东晋的人物和史事。但袁宏毕竟是东晋人，他眼观现实世界中的桓氏，又怎会不联想起那百余年前的曹氏呢？因此，他与东晋那些正直、忠君的史家孙盛和习凿齿一样，都会表现出对王道的大力推尊和对逆臣的强烈批判。

写《后汉书》为何每每透露出对“不得志”之人物遭际的愤愤不平：

“耻作文士”的范晔通过他的阅读、他的研究、他的整理，进而到他的思考、他的叙事、他的评论，成长为一位卓越的史学家，也实现了从阅读者到叙述者身份的转变。

以上四段皆出自该书第五章“述序事理：史家主体意识的积极彰显”，我们从这些论述中，可以看到作者努力地从史学家本人的表达出发，探讨史学家如何“用意”，从而带领读者“走向他们的精神世界”。这是作者对章学诚“论古必恕”方法论的贯彻。同时，这些段落，文笔优美、议论风生，兼顾理论探讨和历史知识普及，示范了史学史书写走向社会大众的路径，值得人们一读再读！

近半个多世纪以来学术界关于“叙事”的论著甚多，成为学术“热点”之一，开阔了人们的眼界，但是讲外国学者论“叙事”者多，讲中国史学关于“叙事”传统及成就者少。在这样的历史条件和学术气候下，该书作者积极地面对这一重要的研究课题，其所论著多有方法论上的启示。从该书卷末所附作者近年发表有关史书叙事的文章目录来看，作者在中国史学叙事领域的探索已有一定的积累。这是工夫的投入，也是功力的锤炼。但学无止境，该书仍然留下了一些有待解决的问题，譬如书中有意识地采用“史书叙事”概念而放弃当前流行的“历史叙事”概念，其用意何在？皇朝史固然可以作为切入古代史学叙事研究的门径，但与其他经典作品（如《史记》《资治通鉴》云云）的联系或区别表现在什么方面？等等。为了更好地总结中国叙事的传统和理论，有必要对这些问题作出进一步的探索。

专题研讨：新文科教育探索

新文科背景下案例教学的探索与创新

——以《政府公共关系》课程为例*

贾哲敏**

【摘要】 作为一种常见而重要的教学方法，案例教学在新文科建设的背景下仍有广阔的应用空间。本文首先回顾了案例教学所面临的诸种挑战，提出了可能的创新要点。《政府公共关系》课程一直致力于进行案例教学探索，初步形成了包括5项教学要素、4个基本模块、8项教学流程的教学改革方案设计。其中，“多轮次互动式研讨分析”进一步强化了案例分析研讨的关键地位，有助于提升教学效果。此外，采用前沿案例、教师的引导推进作用、结构化、精细化写作及案例库的建设，也使得该课程所使用的案例教学方法具有创新价值。

【关键词】 新文科　案例教学　分析研讨　案例库

案例教学缘起于临床医学领域，后来被广泛应用在法学、经济学、管理学等学科的教学中。舒尔曼将案例教学定义为：“利用案例作为教学媒介的一种教学方法①。”学生在熟知案例材料的基础上，在教师的指导下开展多元化的研习与讨论，如头脑风暴、焦点式讨论、主题辩论等，撰写

* 本文系教育部首批新文科研究与改革实践项目“基于智能信息技术的IAMOK跨学科融合教学模式创新与实践”（项目编号：2021180002）的阶段性成果。

** 贾哲敏，北京航空航天大学人文社会科学学院（公共管理学院）副教授。

① Shulman. J. H. *Teacher-written cases with commentaries: A teacher-researcher collaboration* [C]. Case Methods in Teacher Education. NY: Teacher College, Columbia University, 1992: 131 – 152.

案例分析报告并进行交流。在较为流行的沉浸式案例教学中，更是鼓励学生积极参与，自主进行案例角色扮演，模拟关键环节，并尝试作为决策者分析、策划方案①。案例教学旨在全面提高学生分析问题和解决问题的能力，培养批判性思维，促进知识的“内化”，缩小教学情境与实际生活情境之间的差距②，因此深受师生喜爱。近年来，信息技术革命为我国新文科建设提供了重要契机。互联网、新媒体、大数据、人工智能等新技术、新应用推动了教育的发展和社会环境的变化，也为大学课堂中持续进行的教学改革赋能。作为一种常见且重要的教学方法，案例教学仍在经历着突破和改变。本文以《政府公共关系》课程为例，介绍在新文科背景下应用案例教学的一种探索，并加以反思。

一、新文科背景下案例教学面临的挑战

首先，案例教学面临着师生角色转变的挑战。互联网时代，学生所处的信息环境和教学环境已发生了很大的变化。学生获取信息、知识和资源的渠道与方式变得异常丰富。无论是教师讲授的知识点，还是案例材料，学生都可以快速通过网络媒体、数据库、知识百科获得，且及时性强、准确度高。教师不再是案例资料的垄断者，而是与学生同处在网络之中，同是网络信息的获取者和利用者。学生也不再是教学任务的被动执行者，而是主动学习者、案例组织者、资料搜索和供给者。这使得教师的权威地位有所下降，也对教师开展案例教学提出了更高的要求。

其次，案例教学面临着案例的更新迭代。当代学生作为互联网原住民，普遍使用微博、抖音、B站、小红书等流行媒介，难免受到网络娱乐化倾向的影响③，但同时又关心时政，对社会事件、社会问题普遍敏感，热衷于参加公共生活。传统案例教学所采用的经典案例容易与年轻学生的

① 欧阳桃花．试论工商管理学科的案例研究方法［J］．南开管理评论，2004（02）：100－105.
② 周序，刘周灵润．如何认识案例教学？——关于“案例教学法”提法的思考［J］．中国教育学刊，2020（04）：74－78
③ 孟天广，宁晶．互联网“去政治化”的政治后果——基于广义倾向值匹配的实证研究［J］．探索，2018（03）：63－76.

生活经验脱钩，亟待更新。而关注度高、新近发生的案例又可能存在“反转”，或缺乏深度，尚无定型。可见案例教学中的“案例”正在经历把关和重构过程。既要保有经典属性，能够体现案例教学的关键问题和教学目的，又要具有前沿性和时代感，兼顾学生的偏好，反映时代关怀。

再次，案例教学面临来自学生需求的挑战。现实的情况是，学生已不再满足于“案例讨论 + 小组报告”这种一般性的案例教学模式，而是期待在课堂上展示更为充分的自主性，与团队开展高质量的合作，获得教师更为有效的引领，与社会真实需求联动，在“持续探索、互补共进”中学习。此外，以往的案例教学主要强调“案例分析”环节，对“案例写作”和“案例策划”重视不足。而学生恰恰需要通过写作和策划，进一步深入思考，实现学习思维从分析向研究的转化。同时也能提高学术写作能力，将课堂知识和社会实践有效衔接起来。

最后是新教学技术推广应用的挑战。近年来，各大学纷纷利用信息技术构建起各类课程平台、资源平台和共享平台，试图打破学科和知识的壁垒，动员师生参与到数字课堂、智慧课堂中。大数据、语音识别、机器学习、可视化等技术也为数字化教学提供了多种新的选择。受到师生媒介习惯、教学惯性、技术适用性不足等因素的影响，这些新教学技术的优势与案例教学的需求尚未充分对接，利用不足。因此，如何在案例教学中融入新技术元素，是未来阶段教改探索的重要议题。

二、新文科背景下案例教学的创新要点

应对新文科背景下案例教学所面临的挑战，本文认为案例教学应在原有理念和方法的基础上，着重在“加强案例研讨环节、加强过程的动态化、教学技术多元化、加强社会资源支持”等方面探索创新路径，倡导一种更为综合全面、体现个性化、具有时代感的案例教学。

早在 1910 年，科普兰（Copeland D）博士就在哈佛工商学院推广使用讨论法开展教学①。后来案例讨论、群组讨论、师生研讨被视作案例教

① 郑金洲．案例教学：教师专业发展的新途径［J］．教育理论与实践，2002（07）：36－47.

学的关键任务①。目前，案例研讨环节仍然亟待加强，提倡沉浸式研讨、多轮次研讨。沉浸式研讨致力于营造让学生深度参与案例的情景和过程②，进而以学生为中心展开全景式讨论。多轮次研讨则期待师生根据案例的特征和属性，从破题到分析进行多次、多角度的研习和讨论，从而达到充分理解案例，解剖案例的目的。

案例教学的创新还应当进一步加强过程的动态化。整个案例教学的实施不是静态的“布置题目—认领资料—讨论分析—汇报展示”的单向过程，而是动态进行的。学生、教师、案例、教学活动始终处于一个发展变化的过程之中，充分互动，共同建构案例“故事”、调整案例问题、提炼案例观点与框架，执行写作并策划文案，等等。经过反复、动态的资料对比、内容完善、结构改进和写作提升，实现案例教学各个环节的“饱和”。若在某个环节呈现“未饱和”的状态，可以随时回到该环节进行动态调整。

此外，教师可以根据课程特色和要求，探索新教学技术在案例教学中的多层次应用。例如，课程所使用的案例并非仅仅停留在“书面”与“文本”，而是可以搜集更多图像的、立体的、媒介化、数据化的案例引入课堂。通过使用语音识别、大数据、数据库等工具，学生能够提高搜索资料的速度和效率，提升案例分析的深度和广度。案例呈现和展示也可通过视频、影像等媒介进行，丰富教学成果，方便传播。

最后，好的案例教学不应仅仅局限于课堂，而应向社会伸出广泛的触角，吸引各类社会资源的支持，共同拓宽案例教学的视界。如邀请案例相关者、决策者、学术嘉宾共同参与教学，带给学生更为直观的分析，启迪思路；或开展实地调研，带领学生进入案例发生现场，帮助学生了解社会的真实运转；或利用学术出版或传播资源及时反馈教学成果，激发学生的学习兴趣等。

---

① 邓理峰，张志安．公共传播案例教学的理念、方法与知识更新［J］．全球传媒学刊，2020（03）：186－198.

② 陈喆，范静波．公共管理沉浸式案例教学模式探索［J］．辽宁行政学院学报，2022（03）：87－91.

三、《政府公共关系》课程开展案例教学的探索与设计

《政府公共关系》是公共管理专业本科三年级所开设的实务类课程，实践性较强，适合采用案例教学。在新文科建设的背景和要求下，教师在数论授课中持续进行着案例教学的探索，积极调整，不断完善，具体课程设计方案介绍如下。

1. 教学要素

学生：学生始终是案例教学的中心，本课程的组织理念也以学生为主体。学生主要以小组的形式参与课程，分工合作，完成学习任务。选课学生已初步具有必要的理论知识，拥有较好的组织能力和团队协调能力，参与意愿较高，能够完成案例教学各个环节的要求，乐于发挥创造力，激发学习潜能。

教师：教师是案例教学的引导者，也是重要的参与者。以学生为中心并非要将教师边缘化，而是更强调教师对案例教学全过程进行动态指导、观察和参与的综合性作用。除去遴选案例、提供分析工具、引导和评价以外，教师还会作为案例讨论的一分子，与学生一同界定案例的问题情境，寻求解释路径，在充分互动中组织课程。

媒介：课堂重视采纳新媒介工具辅助案例教学，因此“媒介”成为一个独立而重要的教学要素。课程加大与新媒介有关的案例所占的比重，重视媒介的功能和作用，并增加以短视频、微博、直播等新媒介为主要发生场景的案例数量。此外，课程综合使用数字图书馆，期刊数据库、知乎百科、微信公众号、线上课程联盟等作为教学资源媒介，也鼓励学生在案例展示中运用多元化的媒介载体，制作富有创意的多媒体作品。

案例库：除利用已有的数据库、案例库资料之外，本课程已尝试自建案例库，在教学中必不可少。在一定程度上，案例教学的起点是结合自建案例库选择有价值的公关案例，终点则是学生在教师指导下自主完成一份高质量的案例分析或案例策划，经过进一步的优化，收录于案例库中。这

一过程体现了学生学习、师生共塑的成果，为课程提供了宝贵资料，也成为课程不断改进的动力之一。

资源：在开展案例教学的过程中，教师也在不断尝试寻求来自学校、社会的资源支持。包括师生与政府公关部门、新闻中心的从业者开展访谈交流；向有关部门反馈案例分析结果或策划成果；适时参访；等等。课程也积极寻求学术支持和出版支持，使得案例教学更加专业化、体系化。

2. 教学模块

在明确教学要素的基础上，《政府公共关系》课程的案例教学设计共分为四个模块：案例遴选、多轮次互动式研讨分析、精细化案例写作及报告、课程案例库的建设与利用，如图1所示。

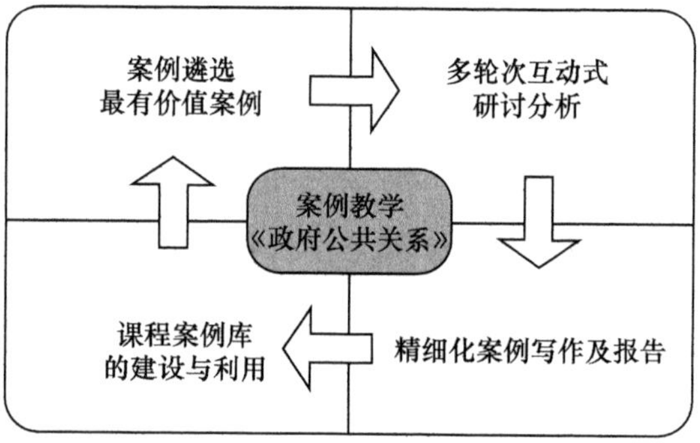

图1 《政府公共关系》开展案例教学的四个主要模块

（1）案例遴选

案例遴选的目的是通过师生共同参与的方式，确定在课程中使用的主要案例。根据课程特点，限定案例主要发生在新媒体时代，遴选出既具有前沿性、时代感，又具有开放性和建构性，能够通过分析得以经典化的案例，同时尊重青年一代的兴趣和思考，并将思政元素融入其中。例如："7.23动车事故"开启政府社交媒体舆情公关时代、"天津港爆炸事故"促进了政府危机信息发布制度的全面改进、"中国航天日海报"案例标志着政府尝试运用创意传播构建政府与公众关系的新空间、"中央政法委政务新媒体"代表了现阶段政府综合利用新媒体进行公关的现状和效果等。课程也对新冠疫情中的政府公关案例进行了专题梳理，讨论经验与策略。

（2）多轮次互动式研讨分析

为了切实加强案例研讨环节，课程设计了“多轮次互动式研讨分析”模块，包括理论解析、协商讨论、引导推进、认知提升四个环节（图2）。

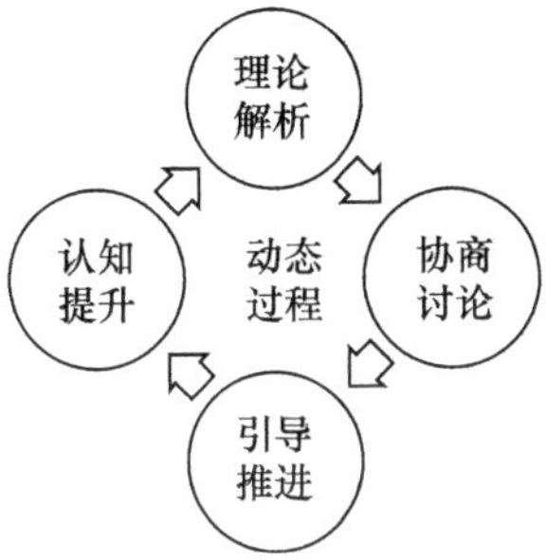

图2 “多轮次互动式研讨分析”模块示意图

在理论解析环节中，教师向学生提供与案例有关的知识点和可利用的理论工具，倡导学生基于概念和理论展开分析，从而帮助学生界定问题、打开思路、梳理逻辑，逐渐建立起条理的分析过程。本课程经常使用议程设置、框架理论、仪式互动链、信任理论、数字治理理论、“事实—价值”模型等理论工具，亦支持学生通过数据库、网上资源寻求帮助，将新的视角和跨学科理论融入其中。

协商讨论则充分渗透在教学的各个环节。在教师引导下，学生会分组对案例进行多轮次讨论，充分解构案例内容，多角度提出看法，明确如何利用理论，实施“头脑风暴”。从形式上看，既包括学生组内开展的开放式讨论，也包括教师与每个小组学生进行的引导式讨论，还包括课堂上进行的即兴讨论、小组间联合讨论等。讨论采用线上或线下的方式，目的在于不断拓宽思路，相互启迪，从而形成一个明确的切入点和适用的分析路径。

进行多次协商讨论，案例教学也同步进入引导推进环节。在教师的帮助下，学生对案例的理解正在层层深入，从最初的感性认识，进入到批判性思考和理性分析的状态。这个阶段仍然会进行多次师生研讨，但重点以专题 panel 的形式进行，聚焦案例分析中的重点难点，以点带面，深度讨论。教师作为引导推进环节的“推手”，主要目标是指导学生逐步建构起有效的分析框架，不断提升分析深度，并使之结构化。

最后一个环节是认知提升。学生经历多轮次协商讨论，并经过教师不断进行引导推进之后，已熟知案例脉络，明确案例情境，并掌握一种或几种理论工具，形成了较为合理的分析框架，能够提供具有针对性的解决方案，即将顺利进入案例分析的收尾阶段。在此过程中，学生的认知能力和分析能力都得到了锻炼和提升。

（3）精细化案例写作及报告

学生参与编撰、修订教学案例一直是案例教学实施过程中的薄弱环节，因此被许多学者倡议①。课程专门设计了案例写作模块，将完成一份高质量的案例写作（或策划）作为课程评价指标，并通过“精细化”的指导使学生写作的案例具有一定程度的可用性。在完成案例研讨之后，学生将进行案例写作。这意味着学生将对一个案例的理解与分析正式书面化，也是学生主动进行知识生产的过程。完成案例写作后，课程将举行案例成果的展示会和报告会，并根据学生的完成情况展开交流和评价。此模块旨在提高学生的学术写作、应用写作能力和表达能力，并衡量案例教学的整体效果。

（4）课程案例库的建设与利用

在开设多轮课程之后，选课学生所完成的案例分析、案例策划作品已构成自建“政府公关”案例库，主要包括三类资源：一是课程中使用的案例信息和资料，包括原始案例文档、图片、影像、数据、文献、访谈等；二是学生在期末完成的具有“案例研究”水准的精细化案例写作文本或完整的策划方案；三是学生用以呈现案例过程、展示分析结论所创制的多媒体产品，如PPT、短视频、Vlog、直播、宣传片、剧本等。案例库向选课学生开放，用于促进课程内部的交流与共享，作为课程资源充分积累并持续发挥作用。

---

① 邓理峰，张志安．公共传播案例教学的理念、方法与知识更新［J］．全球传媒学刊，2020（03）：186－198．

3. 教学流程与实施

图3总结了《政府公共关系》推行案例教学的流程和实施方法，共8个步骤，涵盖上述4个模块的教学内容。

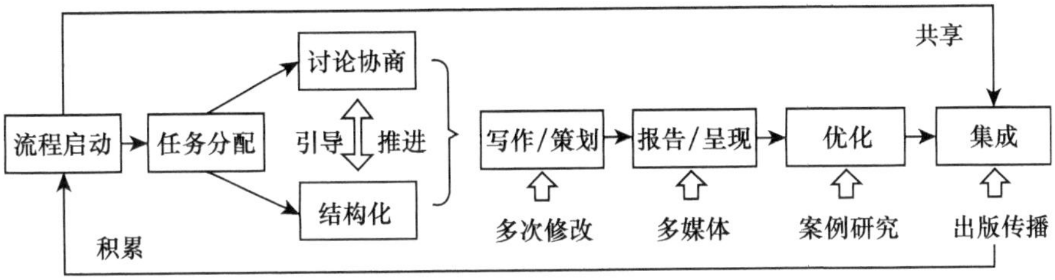

图3 《政府公共关系》案例教学流程与实施

(1) 流程启动

在上课之初，教师向学生说明本学期案例教学的构成、目标、内容及考核方式，提供范例并解答学生的疑问。接下来，教师会邀请学生共同确定课程中使用的案例。然后开放自建案例库，明确案例遴选标准，提供部分案例列表，允许并鼓励学生自主选择案例，但需与教师讨论后确定。学生需从流程启动的一开始，就积极搜索资料、保持活跃的头脑，主动参与课程的每个环节。

(2) 任务分配

强调学生的自组织性，进行案例分析/策划的任务分配。学生自主确定团队成员，选出负责人，敲定题目并建立微信群或邮件群，并与教师确认。随后，在教师的指导和督促下，学生团队进一步分解任务，明确分工和合作方式，确定子任务的责任人，根据进度要求制定工作时间表。

(3) 讨论协商

实际上，在流程启动之时，讨论协商就已经开始，并贯穿教学流程的始末。小组成员之间的讨论、教师与小组成员之间的讨论随时随地展开。除课堂上按照教学计划进行的案例讨论外，还包括通过微信群、电子邮件、面访等方式展开的即兴讨论和观点交流，也包括对每个小组开放一次预约的深度闭门讨论。越到案例教学进行的后期，师生之间的讨论交流就越深入、越精彩。在课程结束时，每个小组会至少进行 5—7 次正式的讨论协商，以及数次非正式、临时性的讨论交流。

（4）结构化

学生总结前序开放式讨论和协商的成果，整合资料、线索、思考、观点，进一步系统化、条理化，从而进入理性化、逻辑化的分析过程。每组一次的闭门讨论非常重要，学生在教师的引导推进下，明确应该利用何种概念或理论，在怎样的层面上对案例的哪些要点、哪些层面、哪些情境展开分析，从而形成一个适用性强、结构化的分析框架。

（5）写作/策划

结构化步骤完成后，学生将着手写作案例分析报告或策划方案。一般而言，学生小组将合作完成三稿写作。基本流程是：学生提供初稿，教师进行反馈，主要提供结构、方法、主旨、内容方面的修改意见；学生根据意见写作第二稿，教师再进行反馈，并与学生展开讨论，解答学生写作中的疑虑，提供综合性写作指导和建议；学生根据意见写作第三稿，并修改至定稿，作为期末作业提交。

（6）报告/呈现

在案例教学重头戏“期末案例分析报告会/展示会”中，学生将分组介绍所完成的案例成果。学生会制作电子海报并主要使用 PPT 辅助演讲，但教师鼓励学生打破常规，利用新媒体、新技术、新平台进行个性化的展示。学生普遍非常重视报告/呈现环节，会精心设计展示方案，颇具创造力。有小组曾在微博平台开设账号模拟某部运营政务微博，解决相应的公关问题；也有小组由学生扮演政府官员，在抖音模拟一场精彩的政府直播；还有小组创制剧本、拍摄短视频、制作 Vlog，使得案例分析的问题情境和核心结论变得形象生动，令人耳目一新。此外，教师与学生都会为所有小组的案例作业提供点评。课堂上也会留出充足的时间供大家提问、交流、互动，讲述感言心得，相互学习。在条件允许的情况下，课堂也会尝试邀请嘉宾参与展示活动并提供点评和建议，发挥社会资源的支持作用。

（7）优化

报告会/展示会之后，便进入优化环节，也是本学期所使用的案例进入自建案例库之前的准备。教师会和学生一同提升案例分析文本的完稿质量，关键是推动“案例分析”向“案例研究”转化。还将统一格式，加入必要的背景介绍、数据、注释、参考文献，并精炼语言表达。对于案例策划，也会依照行业内常见的策划案标准，调整内容并修改细节。通常一份案例成果会经过一次或几次优化，以达到规范、完整、质高的要求。

（8）集成

经过优化后的案例便会定稿，添加进课程案例库中，供师生使用。下一轮选课的学生亦可在案例库中获得灵感。教师会向业内寻求出版机会，并尝试利用语音识别、可视化等工具，探索多媒体案例产品，并推动案例库的再传播、再利用。

四、反思与总结

综上所述，作为一种传统而常新的教学方法，在新文科建设这一潮流的驱动下，案例教学仍有很大的发展和改进空间。本文介绍了一种基于专业实务课程的尝试性探索，总结起来，文中所实施的案例教学，主要在如下方面具有创新价值。

其一，强化了“案例研讨”的关键地位，通过师生“多轮次互动式研讨分析”层层推进，进一步突出了案例教学中学生自主学习的主体性地位，全面提升了学生的综合能力，同时也丰富了教师的角色，从整体上改进了案例教学的实施效果。

其二，在案例教学中坚持回应并专注于讨论前沿、生动、富有时代感的案例。立足于新媒介、新技术发展的社会背景，积极尝试并鼓励学生利用新媒介、新技术突破传统案例教学的分析方式和展示方式，充分发挥创造力。

其三，在案例教学中强调“深度”与“结构化”。这使得学生所完成的案例分析不会流于浅表，而是具有一定的理论性，框架清晰，逻辑完整，观点明确。这得益于案例教学中教师发挥的引导推进作用，某种程度上也促进了案例教学与案例研究的互动，亦为教师的学术研究提供了有价值的个案。

其四，采用精细化案例写作的方式提高学生的学术写作能力，并通过案例库的建设，追求教学过程中师生的知识积累与再生产，逐步形成滋养课程的涓涓细流，保持活力。

与此同时，在课堂上推行案例教学的过程中，也发现一些难点。例如：学生的学习能力存在差异，实施同样的案例教学流程也难以保证学生获得同样的学习效果，案例教学的质量控制相对较难。虽然案例教学已尽可能地提倡参与合作，也通过流程设计要求每位学生参与其中，但学生小组中仍然存在搭便车、参与不积极、合作困难等问题，影响学生的积极性及教师评价的公平性。教师受到自身研究方向和知识的局限，并非擅长每一个案例领域①，那么对于案例分析的引导推进也会受到不同程度的影响。因此教师需要持续提升自己的教研水平，才能不断满足教学需要。除此之外，案例教学还存在学生讨论无法深入、时间成本较高、课业负担较重、社会资源支持不足等问题，留待未来加以改进。

① 王青梅，赵革．国内外案例教学法研究综述［J］．宁波大学学报（教育科学版），2009（03）：7－11.

面向留学生的通识课程设计探索

——以《世界文明中的科学与技术》课程为例*

和鸿鹏**

【摘要】在来华留学生持续增长和建设世界一流高校的背景下，面向留学生的通识课程改革探索具有现实迫切性。文章以北京航空航天大学《世界文明中的科学与技术》课程为改革探索的“试验田”，尝试将国内本科生通识课程改革为适合留学生的通识课。为了达到教改目标，一方面分析了通识教育的趋势，确定了“全球化视角与通识、国情结合”的改革思路；另一方面对照留学生培养目标，设计了同中取异、异中求同和反转课堂的具体改革举措。最后，对建设面向留学生的通识课程，提出了三点思考与建议。

【关键词】留学生　教学改革　通识课程　高等教育国际化

随着中国科技实力、综合国力的迅速增长，来华留学成为海外学生追求国际化高等教育的重要目的地，我国的留学生教育事业也进入新的发展阶段。1949 年以后，我国积极履行国际援助义务，接纳了大量亚、非、拉等第三世界国家的留学生，之后，来华留学生教育经历了一段缓慢复苏与低速增长的时期。直到 20 世纪 90 年代之后，国际上形成了对我国有利

* 本文系教育部首批新文科研究与改革实践项目“基于智能信息技术的 IAMOK 跨学科融合教学模式创新与实践”（项目编号：2021100002）、2022 年度北京航空航天大学教学改革项目的阶段性成果。

** 和鸿鹏，北京航空航天大学人文与社会科学高等研究院助理教授。

的氛围，中国与世界的文化、教育交流不断加深，来华留学生也进入快速发展时期。进入21世纪，中国加入WTO，加速融入全球经济，推进了中国高度教育的国际化，来华留学生显著增长①。目前中国已成为亚洲最大的留学目的地，根据教育部网站可查数据，2018年共有来自196个国家和地区的近50万名各类外国留学人员，其中亚洲学生总数占59.95%；非洲学生占16.57%；欧洲学生占14.96%②。这些数字的背后反映了中国高等教育办学质量的不断提高，对国际学生的吸引力显著加强。在此背景下，《教育部2022年工作要点》提出“推进高水平教育对外开放”，强调要“打造更具国际竞争力的留学教育”③。对于国内一流高校来说，探索如何培养高质量的国际学生，提升国际化教育能力和国际声誉，具有现实迫切性。“通专结合”是现代高等教育的重要共识，建设世界一流高校，必须要有一流的国际化通识课程。本文以北京航空航天大学的《世界文明中的科学与技术》课程设计改革为例，探索符合留学生培养目标的通识课程设计，以期从实践角度提供可供借鉴的经验。

一、教改的基本情况

（一）教改背景

北京航空航天大学（以下简称“北航”）是一所以航空航天为特色的一流理工类高校，“以建设扎根中国大地的世界一流大学为发展愿景目标”④，学科优势与特色突出。北航国际学院吸引了诸多国家的留学生学习和深造，自2000年以来，国际学生数量显著增长，学历生人数增长10倍以上（图1），这些学生主要来自非洲、亚洲和欧洲，三者占留学生总

① 程家福，黄美旭．略论来华留学生教育历史分期问题［J］．中国高教研究，2008（12）：19-22.

② 中华人民共和国教育部．2018年来华留学统计［EB/OL］．［2022-08-13］．http：//jsj.moe.gov.cn/news/2/1277.shtml.

③ 中华人民共和国教育部．教育部2022年工作要点［EB/OL］．［2022-02-08］．http：//www.moe.gov.cn/jyb_xwfb/gzdt_gzdt/202202/t20220208_597666.html.

④ 北京航空航天大学．今日北航［EB/OL］．［2022-08-03］．https：//www.buaa.edu.cn/bhgk/jrbh.htm.

数的80%以上（图2）。面向建设世界一流大学的目标与迅速增长的留学生规模，北航既要保持学科教育的特色与优势，也要探索针对国际学生的通识课程，培养兼备人文素养与科学素养的高素质国际化人才。

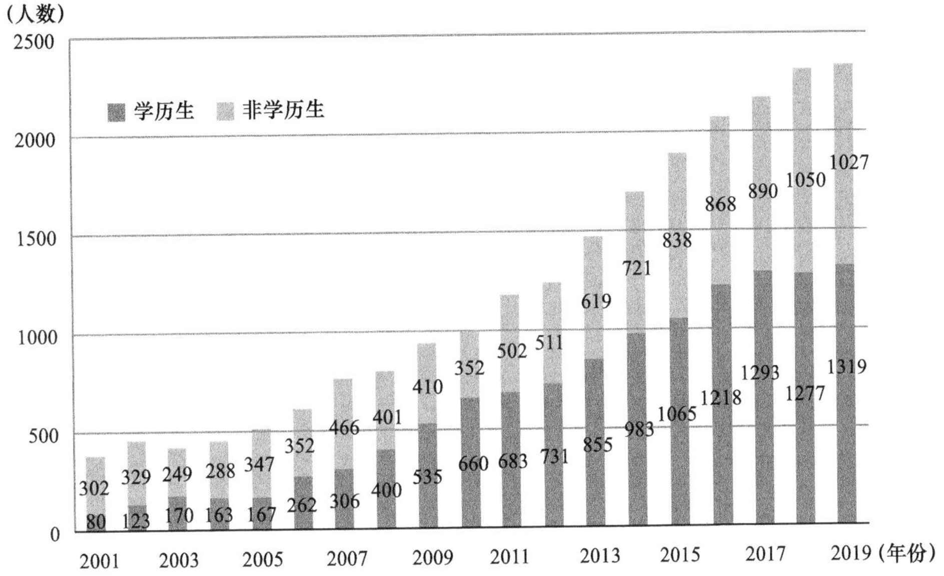

图1　北航在校留学生规模增长示意图（2020年10月数据）①

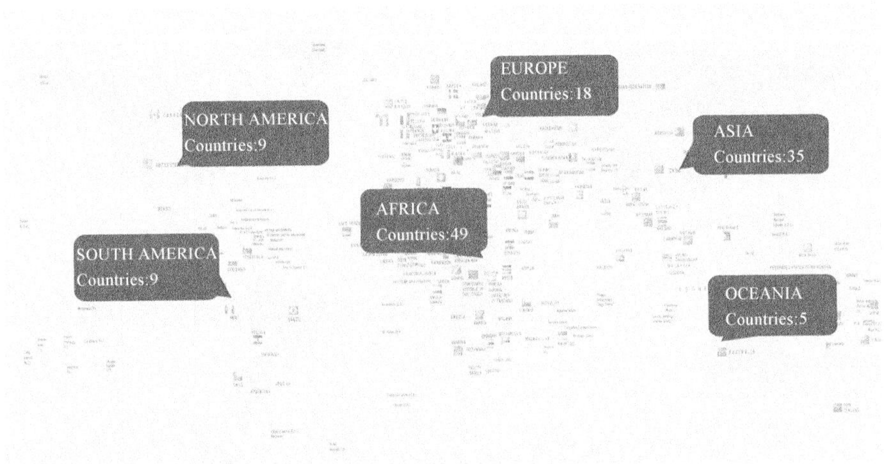

图2　北航在校留学生国别分布（2020年10月数据）

① 北京航空航天大学国际学院．年度报告与统计［EB/OL］．［2022－07－25］．https://is.buaa.edu.cn/gybh/ndbgytj.htm.

（二）课程概况

《世界文明中的科学与技术》是北航本科生的核心通识课，以世界科学技术活动中心的变迁为线索，着重介绍自古希腊以来世界史上各科学技术活动中心的兴起和衰落的过程，旨在让学生了解世界科技文明的主要发展进程。课程大致以时间为线索，讲授世界科学技术的发展历程，主要包括：公元前6—前1世纪古希腊，公元前1—公元6世纪古罗马，6—11世纪阿拉伯帝国，11—15世纪伊比利亚半岛，15—16世纪意大利，16—17世纪英格兰，17—18世纪法兰西，18—19世纪德意志，19—20世纪美国和当代中国。课程目标包括：第一，了解世界科技活动中心的形成、发展与转移过程，领悟科学技术的发展对大国崛起和人类哲学思想文化发展所产生的影响，提升学生的历史素养；第二，掌握重要的科学理论、技术发明产生的社会背景、思想来源、主要内容和历史影响，提升学生的科学素养；第三，理解科技的革新者打破旧认知，得出今天看来理所当然的结论，曾经是多么困难，掌握人类在知识探索中试错哲学的实践过程；第四，提升学生自主学习、思考问题及表达观点的能力，对科技与社会、政策、伦理关系等方面有更深入的认知。目前北航尚未开设面向留学生的此类通识课，如何重新设计课程，使之适应通识教育的趋势和满足留学生的培养需求，是本研究着力解决的问题。

（三）关键问题

为了实现上述目标，本课改要解决两个关键问题。

第一，要在通识教育趋势中找准课程方向。以通识课程育人是世界一流高校的共识，美国哈佛大学、中国复旦大学都是中外一流大学中通识教育探索的佼佼者，它们对通识课程的实践和理解，反映了通识教育重要的发展趋势，本课改将对标世界一流高校的通识课程，把培养具备国际化视野、综合能力突出、能应对未来复杂社会的人才作为目标，要在分析通识教育发展趋势的基础上，确定课程改革思路。

第二，结合留学生培养要求下探索改革思路。国情教育是留学生培养的重要目标，在通识课程中融入国情知识，是留学生通识课程改革的方向。目前课程内容只有2课时介绍中国当代科技发展，对中国科技发展的相关内容讲授不足。课程还需适应留学生的语言能力与多文化背景，不能照搬国内通识课程，课程设计应促进跨文化交流。

二、通识教育的趋势分析

（一）哈佛大学通识课程改革经验

1945年，哈佛大学开始全面实施通识教育——以《自由社会中的通识教育》报告为标志，取代了19世纪以来培养绅士的教育理想，提出通识教育旨在“帮助学生理解生活在一个自由民主社会的义务和特权”。1979年，由于社会变革与发展，哈佛大学意识到要进行教育改革以适应时代发展，强调了“用教师认为大学教育不可或缺的几个领域来引导学生掌握获取知识的主要方法”，重点传授历史、科学、社会分析等七个学科思维方式①。

2006年，哈佛大学反思了过去的通识教育理念，认为通识教育不应受限于学科，于是2007年的通识教育课程方案，对为什么要开设通识课程给出了新的解释：大学生在未来将面对一个新的、不完全理解的复杂环境，大学教育找到适合自己的人生道路，以履行好他们的责任。哈佛通识教育的作用是“以一种明确的方式将学生在哈佛学到的东西与哈佛以外的生活联系起来，并帮助他们理解和理解世界的复杂性以及他们在其中的角色。”② 但是由于改革仓促，这次改革之后，60%的通识课程实际上仍然来自之前的学科方法课。2016年，哈佛再次进行通识教育课程改革，其主要工作是在2007年通识课程理念的指导下重新设计课程模块和课程，

---

① 谢鑫，王世岳，张红霞．哈佛大学通识教育课程实施：历史、现状与启示［J］．高等教育研究，2021，42（03）：100－109.

② Harvard University. *Faculty of Arts and Science. Report of the Task Force on General Education* ［EB/OL］．［2022－08－02］．https：//projects. iq. harvard. edu/files/gened/files/genedtaskforcereport. pdf? m＝1448033208.

目前哈佛大学的通识课程由四个模块构成。

（1）美学与文化课程，促进对跨历史和地理区域的各种艺术和创造性努力和传统的批判性参与，帮助学生理解自己和他人都是艺术和文化的参与者和产物。（2）伦理与公民课程，考察了个人、社区和社会在探索美德、正义、公平、包容和更大意义的善时所面临的困境。（3）历史、社会、个人课程，探索在历史和现代背景中，个人与更大的社会、经济和政治结构之间的动态关系。（4）社会中的科学与技术（STS）课程，在其社会和历史背景下探索科学技术思想和实践，为评估其前景和危险提供基础。STS 课程让学生理解科学实践，而不仅仅是研究科学发现①。

（二）复旦大学通识课程改革经验

复旦大学的通识教育始于 2005 年，以复旦学院的成立为标志，采取大学新生入学后按照专业进入复旦学院学习，一年后再进入专业院系，其通识教育理念为“在高等教育阶段面向全体学生进行的基础性的人文和科学知识的传授、个性品质的训练、公民意识的陶冶”以及“共需的一些实际能力的培养”②。2006 年，复旦大学根据其通识教育的理念，将通识教育核心课程分为 6 大核心模块结构：文史经典与文化传承、哲学智慧与批判性思维、文明对话与世界视野、科技进步与科学精神、生态环境与生命关怀、艺术创造与审美体验③。为了进一步推进和完善通识教育核心课程的建设，复旦大学于 2012 年成立通识教育课程体系建设工作小组并重组模块建设专家小组，开始新一轮的通识课程改革。2014 年，复旦大学在《进一步提高本科人才培养质量若干意见》中明确指出“将通识教育理念贯穿人才培养全过程中，培养学生的健全人格和可持续发展的能力。”在统一的通识教育理念的指导要求下，复旦大学建成 7 大模块 50 个课程单

---

① Harvard University. *What are the College's Gen Ed requirements*?［EB/OL］.［2022－07－28］. https：//gened. fas. harvard. edu/frequently-asked-questions.

② 复旦学院与通识教育［J］. 复旦学报（社会科学版），2011（01）：143.

③ 复旦大学通识教育中心．复旦大学通识教育发展历程［EB/OL］.［2022－08－02］. http：//gecc. fudan. edu. cn/content. aspx？info_lb＝27&flag＝1.

元的通识教育核心课程体系①，这7个模块主要如下。

（1）文史经典与文化传承，对于中国文化传统有切实的认识和理解，培养学生人文情怀，体认中国文化和智慧传统等。（2）哲学智慧与批评性思维，领略东西方的智慧传统，形成反思和批判精神，形成思想独立、学术自由和天下为怀的知识分子品格等。（3）文明对话与世界视野，实现对人类文明的丰富性和多样性的理解，探索不同文明彼此沟通、相互体认的可能途径，养成在不同视角之间的转换能力、学术思考能力和提问能力等。（4）社会研究与当代中国，运用科学、理性、批判和比较分析的能力，和使用社会科学的视角去审视中国和世界的能力等。（5）科技进步与科学精神，增长学生的基础科学素养，塑造理性批判、数理逻辑、科学探索和求实创新的精神。（6）生态环境与生命关怀，深入理解生命的意义，了解自然与生命的发展规律，树立保护生态、敬畏生命的价值观和道德观等。（7）艺术创作与审美体验，增强感性鉴审能力、知识的交汇融通能力、综合创造与表达能力等②。

（三）通识教育的趋势与教改思路

梳理哈佛大学和复旦大学的通识课程改革经验后发现，通识教育的趋势有如下特点。

注重培养多元文化意识和跨文化沟通能力。多元文化意识有利于帮助国际学生形成文明互鉴的观念，避免受到民族中心主义、刻板印象、文化偏见等的干扰；如果孤立地介绍某一种文化，没有跨文化的比较，不联系学习者自身文化，就很难引导学生真正理解文化特征。

通识课程既要具备学科基础，也要超越学科局限。通识课要有知识的深度和专业度，在课程内容的呈现方式上要做到深入浅出，哈佛大学曾探索以学科为基础来设计通识课程，体现出学科积淀对通识课的重要性。通识课程不能只是表面知识的介绍，要让学生理解获得知识的方法、思维。

---

① 胡彩．哈佛大学与复旦大学通识教育课程的比较与分析［J］．科教文汇（上旬刊），2018（04）：34－37．

② 复旦大学通识教育中心．模块课程［EB/OL］．［2022－08－02］．http：//gecc. fudan. edu. cn/pictrue. aspx？ flag＝3&info_lb＝3．

通识课程应以帮助学生适应未来社会为核心进行设计。通识课程的核心是帮助学生理解人与社会、人与自然的互动，前者指向人文与社科知识，后者指向自然科学与技术、工程。哈佛大学 STS 课程是两者的交叉，从人文社会角度来理解科学技术，而复旦大学设计了专门的科学模块与多个人文社会模块。

2018 年教育部发布《来华留学生高等教育质量规范（试行）》将国际学生的人才培养目标概况为：学科专业水平、对中国的认识和理解、语言能力、跨文化和全球胜任力。面向留学生的通识课对实现“中国的认识和理解、语言能力、跨文化和全球胜任力”三个目标有重要作用。参照教育部提出的培养目标，结合通识教育的趋势，本课程改革将遵循两个思路。

其一，站在全球角度来解读科技发展。已有的教科书多从西方文明角度来审视世界科技发展，课程要去“西方化”，突出不同地区、民族对科技发展的共同贡献。与哈佛大学 STS 课程相似，课程将侧重从历史、社会、文化等角度来审视全球科学技术及其成就，突出科学技术的地方性特征，解释不同区域文明中科技发展路径的差异。

其二，以通识与国情结合为特色，设计课程内容。中国正在走向世界舞台的中心，理解中国是国际学生应对未来世界的重要方面，课程将通过科技发展折射出中国的经济、文化、社会发展情况，引导学生形成全面、正确、积极的中国观，思考中国、本国与世界在科技方面的关系。

三、课程内容与课程形式的改革举措

本文基于“全球视角”与“通识与国情结合”的教改思路，对《世界文明中的科学与技术》课程内容与形式设计做了出全面调整，具体改革措施可总结为：同中取异、异中求同①和反转课堂。

① 北航科学技术哲学专业的叶山岭副教授在 2022 年 6 月 23 日教学交流会议中，将其在哲学教学中的特色总结为：同中取异和异中求同。本文借鉴了这一说法。

（一）同中取异：中外发展比较

人类为了生活和生产需求都在探索知识，导致不同地区科学技术的发展在人类文明史中有许多相似的境况，如为了解决疾病问题而形成的医学知识，为了历法、耕种的需要而形成的天文学知识，为了丈量土地、管理国家而形成的几何学知识等。通过个体经验与反思得到知识，不同地区的人曾产生了类似的知识观点，如古代中国将金、木、水、火、土的五行学说作为理解事物属性的基本认知框架，而在古希腊恩培多克勒提出的土、水、火、气四元素说被亚里士多德接受后，成为现代科学革命之前西方理解世界的基本理论。

通过“同中取异”的方法，可以引导学生思考中外科技发展路径与社会文化的差异。下面以毕达哥拉斯定律与勾股定律的比较为例。勾股定律出自《周髀算经》中的一段对话：“故折矩以为广勾三，股修四，径隅五”，指出了边长为3、4、5的三角形构成直角三角形。这一规律在巴比伦、印度、古希腊等地区都曾被发现，中国最早利用此规律来解决生活生产的决实际问题，而这一定理的证明则最早由古希腊的毕达哥拉斯完成，中国直到三国时期才有吴国人赵爽采用“出入相补原理”给出证明①。这一例子说明，古希腊自然哲学家对抽象概念的追求，对数本身规律的信仰不仅导致毕达哥拉斯定律的出现，更成了科学思想的萌芽；而古代中国（包括其他古文明区域）的科学（如果可以称之为科学的话）发展有强烈的实用主义色彩，缺少对经验知识进行抽象化思想的传统。进一步说明，科学技术知识的形成有深刻的社会文化背景，这也是当代对STS研究的重要理论成果，能够帮助学生更好地理解科学技术的本质。

（二）异中求同：中外相互影响

由于各国科技发展的禀赋不同，“异”是本色，但也不能忽略不同地

---

① 周红艳，成良斌. 论古代科学发现优先权的确立原则与判定标准——以勾股定理与毕达哥拉斯定理的发现为例［J］. 自然辩证法研究，2010，26（01）：98－103.

区科技成就的内在联系。科学中心的兴衰史也是一部知识的转移史，知识传播深刻地影响科学技术发展，如阿拉伯数字来自印度，经阿拉伯人传到欧洲。《枪炮、病菌与钢铁：人类社会的命运》的作者贾雷德·戴蒙德将知识、技术转移看作塑造世界文明格局的决定性因素之一。阿拉伯地区在大翻译运动中成为世界科学知识的高地，欧洲在文艺复兴后崛起为世界科学中心，虽然两者发生在不同地区和历史时期，但都受到中国造纸术西传的影响，中国造纸术先引入阿拉伯半岛，后进入欧洲，这使得书籍不再是高不可攀的奢侈品，客观上促进了阿拉伯地区与欧洲科学技术的发展。

通过“同中求通”的方法，帮助学生理解各国科技发展的密切联系。下面以牛痘接种技术与人痘接种技术的传播来解释这种联系。中国的人痘接种术是古代预防天花的重要成就，起源于晚明时期，一直在民间口传心授，其原理是将天花病人身上的痘痂晒干磨粉后，接种给未得天花人群。人痘术推广之后，中国天花患者的死亡率明显降低。整个18世纪，人痘接种术是世界上最先进的预防天花方法。而后这一方法传到阿拉伯地区，后又传到土耳其，1721年英国驻土耳其公使夫人将这种方法带回英国，之后人痘接种法又从英国传到欧洲大陆。18世纪的最后几年，英国医生爱德华·琴纳发现了另一类人畜共染的病毒——牛痘，可以预防天花，由于牛痘对牛和人都没有严重危害，最终牛痘代替人痘成为更安全的预防天花的手段。19世纪初经过传教士的传播，牛痘接种流传到中国并得到普及。人痘与牛痘虽然是不同的方法，但是其背后反映了预防医学思维和人类面对的共同挑战。通过这个案例，将向学生说明，科学技术的转移与传播是应对人类共同挑战的有效方式。留学生是知识传播活动的重要载体，需树立知识传播意识。

（三）反转课堂：跨文化的交流

反转课堂的设计是为了鼓励留学充分表达与交流，从知识接受者转变为知识的传播者，这种转变对实现培养目标有三重意义：首先，为留学汉提供了表达汉语的机会，对留学生来说汉语能力是一个长期的习得过程，依靠持续的“输入—输出”，反转课题以讨论为主要形式，留学生既可以表达自己的观点，也需要仔细聆听他人的观点；其次，实现跨文化的交流，一直以来世界科学史以西方视角为主导，聚焦欧美发达国家的科技发展历程，存在对第三世界的科技发展忽视的状况，反转课堂让来自不同国家和地区的留学生可以交流各国的科技发展问题，在知识传播的同时，也实现了文化交流的目标，对教师而言也是了解各国科技发展概况的机会，有利于教学反哺科研；最后，引导学生思考本国的科技发展问题，形成科技战略思维，实现知识的应用与迁移。

反转课堂的设计思路：(1) 以“任务”带动行动，教师在课前提出讨论主题，要求学生查阅资料，在课上介绍本国的科技发展历史与现状，分析问题与对策；(2) 以“问题”带动思考，在课堂中鼓励学生之间相互提问，教师也作为提问者的角色促进学生对问题深入思考；(3) 以“交流”促进理解，留学生在跨文化的交流与碰撞中，可以从不同角度看待科学、技术与社会，更深入地理解科学技术及其发展问题。

四、建设留学生通识课程的思考与建议

第一，以通识课程国际化，推动一流大学国际化。面对不断增长的来华留学生，国内一流大学留学生加强通识建设有两个思路：一是为留学生增设专门的通识课；二是要将已有通史课程做适当调整，以使课程符合国际学生培养目标。后者的优势在于中外学生在同一个通识教育框架下，符合大学国际化教育的总趋势，同时为课程的国际化也奠定基础。本文探讨的课程改革设计就是在后一种思路进行的探索。

第二，国情与通识深度融合，建设留学生通识课程。国情教育是提升来华留学了解中国的重要方式，也是培养知华、友华、爱华国际友人的宝贵机会，有必要在国际与通识融合的理念下，帮助留学生正确理解中国国情，把真实、全面的中国传播到世界其他地区。中国作为崛起的大国，理解中国国情，是把握世界发展格局、适应未来国际社会发展的重要方面，从这一点来讲，国情教育与通识教育是内在统一的。

第三，围绕留学生文化背景，创新教学思路方法。留学生具有多元文化与知识背景，留学生之间的课堂交流是一种跨文化理解能力的通识教育实践机会，通识课程要充分利用这种优势，设计不同形式的交流和讨论，在差异文化的体认中，形成尊重不同文明与文化的理念，培养普适性的人文关怀，树立人类命运共同体意识。

媒介融合背景下普法教育创新及对传媒教育的启示*

杨 扬 成梦琳**

【摘要】随着互联网的发展和数字经济席卷全球，新闻传媒渐趋商业化和市场化，其推动着新闻理念、传播方式和内容形态逐步走向娱乐化的演进趋势。为此传媒机构开始从严肃的新闻内容中挖掘娱乐信息和价值，在形式上更强调故事性和戏剧性、冲突感和悬念感，如在法治宣传教育领域，近年来出现了普法短视频、网红达人、剧本杀等，都是信息娱乐化在此领域的典型体现。面对公共传播所呈现出的事业化和商业化的冲突，新闻教育一方面要“守正”，增强学生的使命感和责任感，引导学生自觉担当起新形势下新闻传媒工作的责任担当；另一方面也要鼓励“创新”，引导学生关注社会现实和媒体融合的进展，鼓励他们成长为全媒型、专家型人才。

【关键词】信息娱乐化　普法教育　传媒教育　教学改革

媒介融合时代下，信息的呈现形态更加复杂和多元，各类媒介内容相互嵌入与互渗，同时信息企业的联合与分工壁垒不断被打破，更多新兴的

* 本文系教育部首批新文科研究与改革实践项目“基于智能信息技术的 IAMOK 跨学科融合教学模式创新与实践”（项目编号：2021100002）、2022 年度北京航空航天大学教学改革项目的阶段性成果。

** 杨扬，北京航空航天大学人文与社会科学高等研究院助理教授；成梦琳，北京航空航天大学公共管理学院硕士研究生。

技术要素出现在包装、发布和推广环节，更明显一个趋势和变化是：信息内容开始呈现娱乐化和情绪化的趋势。信息娱乐化现象是当下传媒业发展的重要变革，其在新闻传播领域体现为报道内容越来越镶嵌入娱乐化的叙事技巧与素材，为此名人趣事、日常事件及带煽情性、刺激性的犯罪新闻、暴力新闻、灾害事件、体育新闻、花边新闻等软性内容开始成为新闻的重点，且媒体竭力从严肃的政治、经济变动中挖掘其娱乐价值。① 以法治宣传教育为例，随着移动互联时代的到来和发展，开展法治宣传教育工作的阵地已经逐步从电视、报纸、广播等传统媒介转向了微博、微信、短视频、B 站等新的移动社交平台，促进单向式传播向互动式、服务式、场景式传播转变，使普法更接地气，更为群众喜闻乐见，以此强化受众的参与感、体验感和获得感。

新闻的消费方式以及公众对信息的需求都在发生巨大的变化，为此新闻教育正在根据时代的变化做出调整与革新，一方面要对媒体实践中出现的新概念和新业态有所警觉，引导学生主动适应媒介环境的变化，指导学生在动态的、智能化的和交互式的新媒体环境中寻得谋生之道；另一方面更要让学生熟悉传媒理论的框架和方法，注重学生创造能力和批判思维的培养，引导学生对媒介与社会之间的关系做出更深层次的分析，从而强化报道的深度、增添内容的厚度，大大提升新闻的传播力、影响力和公信力。

一、信息娱乐化现象的形成、特征及影响

移动互联网时代，新闻实践与新闻理论都在发生深刻的变革，信息娱乐化就是其中的一个典型体现。信息娱乐化（infortament）是信息（information）和娱乐（entertainment）两个字的组合，强调的是用户在娱乐的同时也能获得有用的信息内容②，其最早起源于平面媒体时代的“新闻小报化”（Tabloidization），在电子媒体兴盛的电视新闻中亦有体现，并一直

---

① 吴飞，沈荟．现代传媒、后现代生活与新闻娱乐化［J］．浙江大学学报（人文社会科学版）．2002，（05）：77－82．

② Thussu, D. K. Live TV and bloodless deaths: war, infotainment and 24/7 news. in: Thussu, D. K. and Freedman, D. (ed.) *War and the media: reporting conflict 24/7 London*, UK Sage. 2003: 117－132.

延伸至今天的移动互联网时代。

“小报文化”指的是新闻在制作中关注软性新闻的价值、重视版面的符号表现。学者王泰俐认为，“小报文化”标志的是“异于传统新闻价值的新闻主题”，以及“向图像式的小报符征倾斜”的新闻形式①。“小报文化”延伸至电视文化后，新闻主题也开始发生转移和变迁，由提供信息的硬性议题转向提供娱乐的软性议题，呈现的新闻内容多借用娱乐节目的文类和模式，强调新闻的娱乐风格、叙事技术以及视觉画面等。而在互联网技术高度发达的今天，观众对于娱乐与感官享受的需求越来越高，新闻媒体也在提供相应的媒介内容，特别是将犯罪、明星八卦、消费新闻、健康新闻等主题的内容包装成为传媒信息。这类新闻强调视觉和戏剧效果，优点在于能够寓教于乐，缺点是会让娱乐和新闻的界线变得模糊不清。

目前新闻业整体呈现出了“泛娱乐化”倾向，从提供信息转向提供娱乐，新闻主题也从硬性话题转向软性娱乐的主题，其体现在实践层面就是媒体为迎合公众的喜好而选取具有吸引力的故事题材，通过数据可视化、图片、视频、游戏等方式对新闻内容进行解说，从而凸显其戏剧效果，刺激公众的感官体验，或是在标题文案、图片设计以及 Logo 设计上下文章，让观众加强印象，吸引注意力。学者周慧仪将“信息娱乐化”分为了内在信息娱乐化和外在信息娱乐化，前者指新闻主题和报道角度以情绪为导向，关注新闻的戏剧性；后者则为视觉包装为导向，包含动画、影像、声音等多重文本元素②。在内外双重趋势的影响下，严肃新闻开始大量以耸动式、情感化的方式报道，并在形式上配以动画、配乐、视频等新鲜形式来增加受众的情绪感受，这一现象不仅影响了受众对社会的认知，同时亦影响着媒体间的竞争和整个媒体发展的生态环境。

新闻业的娱乐化转向产生了正负两个方面的效应。其积极意义在于，新闻泛化能够增加新闻报道的趣味性和吸引力，增加用户的情感涉入程度，让媒体得以更好地面向普罗大众传递新知与资讯；同时题材和事件被

① 王泰俐．电视新闻感官主义［M］．台北：台湾五南图书出版股份有限公司，2015：5.

② 周慧仪．电视新闻中的地球村——台湾电视国际新闻的信息娱乐化［D］．台北：台湾政治大学新闻研究所，2008.

娱乐化处理后，可吸引用户开始关心和思考相关话题，强化民众对议题的讨论能力。但另一方面这种现象会造成新闻事件的焦点被模糊，无法引导民众增加对社会公共事件的关心和参与，严重影响了公共舆论空间的有序发展，如《1818 黄金眼》节目中维权民生新闻，常常演变成与颜值、容貌等话题有关的舆论讨论。值得一提的是，媚俗化的娱乐传媒还会让新闻事件失去人文精神，或被认为是降低了新闻的专业和道德。有学者认为，人在传媒看来，重要的往往不是他们存在的社会价值或是他们的行为与处境所引起的人们的社会反思，而是他们能为传媒带来什么“猛料”以资炒作①，为此新闻业的娱乐化转向正在让传媒业失去应有的社会良知以及对人应有的尊重。

二、信息娱乐化现象的业态呈现：以普法教育为例

传统普法模式主要利用报刊、广播、电视以及开展法律咨询、图片展览、知识竞赛、文艺汇演、编写教材等形式进行法治宣传教育②，随着互联网技术的飞速发展，传统时代信息产销的深层结构和实践机制发生了颠覆性变革，以公众多元化信息需求为导向的内容生产模式开始形成，具有数字化、交互性、个性化、超时空性等特点的新媒体普法模式开始成为网上宣传和舆论引导的重要阵地。

（一）微信公众号：“图文音视”全方位呈现

传统信息传播时代，普法新闻主要以图文、视频、音频等单一形式出现在报刊、电视、广播等新闻媒介中，而微信公众平台的出现为普法新闻打造了一个集文字、图片、音视频为一体的“高配版”传播阵地，加之动态图片、表情包等元素的“准入”，也使普法新闻不再局限于某种单独形

① 郑根成．传媒娱乐化的伦理反思［J］．湖南师范大学社会科学学报．2006（2）：47－51．

② 魏志荣，李先涛．“大普法”格局下法制宣传教育创新研究——基于网络法治热点事件的分析［J］．四川行政学院学报．2018（4）：57－61．

式，而是以多元化、娱乐化向受众传递，形成一种新型表达形态。

在2021年春节假期期间，北京房山法院微信公众号连续六天推出原创普法栏目剧“不会演剧场”连载作品，围绕复工复产、疫情防控等重点公共话题，通过每天一个小故事，针对限制民事行为能力人的年龄标准及能力限制、女职工“三期”权益保护、小微企业复工复产、网络个人信息保护、疫情防控相关法律等内容进行宣传释法。相较于传统普法文章文字多、专业性强，影响受众阅读体验的弊端，“不会演剧场”以图片连载的形式呈现，由法院工作人员自编、自导、自演、自制，将真人演绎与卡通元素结合在一起，表演夸张风趣、语言诙谐幽默，让普法信息“活”起来的同时，在轻松活泼的语境中输出了法律知识①。

（二）短视频：柔化视角提升亲和力

目前，普法短视频成功分流了法治新闻信息在新媒体领域的流向，为法治宣传工作拓宽了途径②。基于天然的贴近性与亲民性属性，短视频利于将晦涩枯燥的专业内容以生动形象的方式简化给公众，使“硬”知识得到“软”传播，满足公众对法律信息生动需求，同时亦有力地推动了司法宣传工作创新发展。“四平警事”抖音号创造了普法情景短剧、实拍短视频、监控短视频、Vlog短视频等众多类型丰富的短视频，恰当融入幽默搞笑元素，满足了不同用户的诉求③。

随着短视频从民间文娱平台进入到公共传播领域，众多主流媒体和政务部门也纷纷跟进，开启了法治教育的新样态。“孝警阿特”短视频账号通过随警作战的拍摄模式进行录制，以第一人称镜头展现真实一线的出警日常，打造了群众喜闻乐见的“孝警”网红形象，这不仅打破了群众对警察不苟言笑的刻板印象，亦使法治宣传更加贴近群众、贴近生活④。

---

① 李卓谦.“不会演剧场”将法律知识“演出来”北京房山区法院探索普法新形势［N］. 民主与法制时报.2021-03-04（07）.

② 王芳. 短视频在法治宣传中的应用分析——以“梨视频”应用为例［J］. 法制与社会，2021（04）：155-157.

③ 潘佳慧，宁海林. 论“四平警事”抖音号的传播力［J］. 新闻论坛，2020（1）：39-41.

④ 王嘉政，程琳玲，齐金岩. 警务短视频在公安宣传工作中的传播分析——以“孝警阿特”为个案［J］. 新闻研究导刊，2021，12（06）：95-96.

目前，漫画、动画等新兴文化样态也在法治文化传播中发挥着作用，采用了年轻人更愿意接受的方式来创作，不仅能激发用户的内心共鸣和文化认同，还能实现法治文化的多元化传播。有学者认为，自媒体动漫语境中的法治阐释，可以通过漫画的形式柔化公权力的刻板印象，塑造亲民的政务文化，并需要坚持民本视角，远离高台教化①。目前在普法实践领域，最高人民法院人民日报社联合策划了水墨动画《民法典版成语新说》，以民法典为切入点，将妇孺皆知的成语故事赋予全新的法律视角，题材新颖，通俗易懂，更能与青年一代产生共情，建构起传统与青春的交互，达到提升青年法治意识和法治观念的目的。

（三）网红达人："专业+风格"打造特定契合度

移动互联网的发展催生了各具特色的网络红人，在法律垂直领域，普法达人罗翔是一位佼佼者，其在短视频平台哔哩哔哩（以下简称 B 站）粉丝数量达2000余万，是B站2021年百大UP主、2020年度最高人气UP主。罗翔的走红得益于他能够以用户喜闻乐见的方式传播有趣有用的内容，加之粉丝基础与受众下沉、猎奇心理与知识内容的认可、叙事风格的趣味性、B站社区助力等，从而造就罗翔从B站渐渐"出圈"②。

集专业性、娱乐性、贴近性、深刻性等特征于一体，科普网红的"出圈"也为法律垂直领域的网红达人提供了有益借鉴。中国人民大学证据学研究所所长何家弘在入驻B站后的短短几个月，以视频说案的形式普及证据法学的"何家弘说案"积累了16万粉丝和超过百万的播放量。何家弘个人普法栏目受到网友欢迎的原因在于他具有深厚的法学功底、亲和而不失个性的姿态，以及创作犯罪悬疑小说的文学积累、详尽严谨的职业特色和鲜明的个人风格等③。

互联网赋予网红达人高流量的同时，也不可避免地会带来一些负面影

① 牛旻，田育霖．论"自媒体动漫"语境中的社会主义核心价值观阐释策略——以"法治"为例［J］．传播与版权，2017（02）：132－134．

② 潘阳雨．青年文化社区普法短视频传播策略研究——基于罗翔B站爆红的启示［J］．卫星电视与宽带多媒体，2020（07）：186－187．

③ 陈和秋．何家弘：B站普法新达人［N］．民主与法制时报，2021－07－14（004）．

响。2021 年 9 月，“反诈警官老陈”通过与众多主播直播连麦的方式宣传反诈，迅速登上热搜，创造单日涨粉 181 万记录的同时，也使国家反诈 APP 下载量持续居高。然而过高的流量也将老陈推向风口浪尖，使他遭受网络暴力的困扰。为了不给工作单位带来舆情风险，2022 年 4 月老陈正式从单位辞职。“反诈警官老陈”从“出圈”爆火到遭受网暴再到辞去职务的经历，也为司法机关对普法网络达人的培养及规范管理带来启示。公职人员应以何种方式、在哪些特定限制下以及怎样的方式开展网络普法工作，或许应成为在其“出圈”前就需要厘清的问题。

（四）剧本杀：沉浸式普法新样态

基于在青年群体中的高热衷度，剧本杀的形式也被文化传媒业拓展到红色文化、科技科普、历史教育、艺术熏陶等众多领域；在普法层面，运用剧本杀开展普法宣传教育则打开了沉浸式、娱乐化普法的新样态。2021 年 10 月 22 日，最高人民检察院微信公众号推送文章《他深夜离奇死亡，迷雾重重，你能找出真相吗?》，以长漫画剧本杀的形式开启了最高检新媒体剧本杀模拟内测。在此条推文中，受众被邀请扮演一位检察法医，回到案发现场，与死者进行对话并参与检察公开听证会，找出悬而未决的案件真相。这部最高检的剧本杀“开局”之作，获得 5.4 万阅读量，1255 个点赞量，以及共青团中央微信公众号“青春北京”的转载。网友对这一以剧本杀形式开展普法工作创意内容给予了肯定，认为作品有互动、有深度，形式有趣，既能娱乐又能普法。

最高检“剧本杀 + 普法”的成功，或可归纳为以下几方面因素。第一，故事真实。最高检模拟剧本杀内容改编自真实的控告申诉案例，具有说服力的同时更能使受众站在案件当事人的视角感知司法温度。第二，文案独特。作品文字简明扼要内容环环相扣，核心要旨是介绍公开听证工作机制却并未就工作说工作，而是设置悬念层层推进，直到受众以为揭开了一桩冤假错案才话锋一转将工作机制巧妙铺陈。这既使漫画剧本杀内容引人入胜通俗易懂，又提升了检察工作的公众认知度。第三，制作精良。在内容制作方面，剧情故事通过漫画一镜到底，漫画中人物表情动作丰富细腻，不同景别切换自然。在微信制作方面，运用 SVG 技术实现与漫画中人物“对话”的功能，建立起与受众的互动仪式。同时，将音频元素插入微信中，通过 BGM 为受众营造更具情景感的阅读氛围。高水平的漫画与内容制作不仅提升了受众的代入感，也成了作品成功“吸粉”的有效助益。

在合作开展“剧本杀 + 普法”工作中，海淀区反诈中心、海淀派出所也进行了有益实践，针对“90 后”“00 后”群体更容易被骗的情况，他们与中国人民大学共同创作了剧本杀《王炸》，通过沉浸式剧本杀来实现反诈知识的普及。以剧本杀的形式宣传反诈知识，避免了传统说教式普法教育在年轻群体中带来的排斥感，更加契合年轻人喜闻乐见的方式。“剧本杀 + 普法”的模式，拓展了法治教育的情景营造空间，创新了普法信息内容的传递形式，在今后的普法工作中不失为一个较好的路径选择。

三、信息娱乐化现象下传媒教育的守正与创新

面对新兴媒介技术的挑战和冲击，当下新闻产制在求新求快之余，越来越追求娱乐性质，就连严肃的普法新闻也开始呈现信息娱乐化的发展趋势，为了追求流量价值而改变报道形式和内容，虽然争取到了部分用户的关注，但是由于部分内容媚俗取巧，也因此引来了各方的争议。面对信息娱乐化现状，当前新闻教育要守住新闻理想与服务国家需要之正，提高新闻舆论的传播力、说服力、公信力，承担起聚民心、育新人、兴文化的使命任务；同时也要引导学生学习传播手段的创新，强化互联网思维和一体化发展理念，不断增强新闻内容的吸引力、亲和力、影响力。

（一）教育的理念创新：知识封装时代的“开启”和“拆解”

王汉洋曾用“封装集合”形容这个时代的便利性，以及其所带来的困境，并认为封装本质上就是现代性之一，且当下幸福的现代化生活，很大程度上就是建立在一个又一个的封装之上①。学者希瓦·维迪亚那桑（Si-

---

① 王汉洋．一个被封装的未来．[EB/OL]（2022－03－16）．https：//m. huxiu. com/article/509483. html

va Vaidhyanathan）认为，技术设计是个“黑盒子”，消费者和公民沉醉于技术带来的简洁界面、准确的结果和极大的便利中，但他们却鲜有机会了解技术的工作原理[①]。目前公众所接受的新闻信息在很大程度上处于封装技术的裹挟之下，从搜索引擎到信息流推荐，传媒平台基于算法每天向用户推送大量的个性化内容，但由于算法像“黑洞”一般无法令用户窥视到内在的运作逻辑，加之当前互联网提供的议论空间极为有限，因此用户虽然被大量低质量的信息源消耗了时间和精力，但依然无法通过新闻内容更好地了解世界的运作模式，以及更好地思考自己的生活。而大学的新闻学教育非常有必要将传媒业和信息技术的“封装过程”进行拆解，引导学生了解信息传播的组织形态、运作方式和底层逻辑，特别是让学生思考和洞察网红达人、短视频、剧本杀等新兴文化现象背后的商业模式和消费策略，层层剖析媒介生态系统变迁和文化权力变革的全过程，让学生通过研究新兴传媒实践来理解与思考社会结构转型的复杂性。

同时，新闻传播学的课程要注意创新、创意和批判性思维的培养，特别是要推动研究者与实务者的身份重叠，促进学术研究和新闻业务不断融合。除了传统与新兴的新闻技艺的传授外，新闻教育还要进一步培养学生的复合专业力，特别是对于法学、经济学、政治学的敏感认知与宏观视野以及形成跨域整合的文化批判能力，这是当前新闻教育急需重视的一个方向。早年间，传媒教育学者曾从“知识观”出发，讨论了知识与传媒教育的关联，并认为大学传播教育未来应以领域程序性知识与情境知识为核心内容，务求提供“问题导向”与“情境应变”的知识，训练学生具备分析环境，探索问题的能力[②]，具体在课程设置方面要提供可以反映时代转型和环境变迁的分析类课程，向学生提供“从做中学”的传播策略，通过新闻实践与学理剖析的融合，引导学生最大程度地理解、感知并描绘世界的复杂性，并努力抵达能够映射事实本质的意义世界。

总之，当今的新闻教育要帮助学生审视权力的运作逻辑和参与内涵，

---

① 希瓦·维迪亚那桑．谷歌化的反思［M］．苏健，译．杭州：浙江人民出版社，2014：59．

② 钟蔚文，臧国仁，陈百龄．传播教育应该教些什么？几个极端的想法［M］．政大新闻教育六十周年庆论文集，1996，1－38．

引领学生思考记者的角色，并以客观公正的手法再现社会真实事件，促进未来的新闻工作者要在客观伦理的规范下采访与写作，将各个阶层、各个族群的声音都纳入报道中，分析每一个群体的利害得失，找到问题的最优解。

（二）新闻伦理的坚守：以公共利益为最大权重

时至今日，新闻学的典范正在发生变化，信息传媒机构开始从新闻事件中提取适合公共表达的宏观概念和微观视角，并将之转化为娱乐产业的一部分；为此推动着信息内容被娱乐资讯所替代，公共利益让位给个人兴趣，理性判断屈尊于感觉主义，传统新闻价值的标准正在消解。面对纷繁复杂的舆论场，高校新闻教育要引导学生保持政治定力，坚守新闻伦理，坚持杜绝为了扩大新闻报道的影响力而采取有违新闻客观性的做法。

今天信息受众的口味在发生新的变化，公众更偏好趣味性的新闻内容，媒体为了获取流量和点击率会不择手段，将娱乐融入新闻之中，降低不同层次用户使用信息的门槛。初入职场的新闻从业人员面对信息娱乐化的生态，往往在实践中难以把握好新闻报道的“尺度”，为此高校要始终将“社会公共利益”的价值追求贯穿在新闻教育之中，引导学生以更高的道德标准来处理新闻议题，并在新闻实践中牢牢坚守职业规范、专业伦理和法律法规意识。以本研究为例，并非所有法治新闻都适合以软新闻的方式向公众呈现。例如，在人民法院对重大案件进行审理宣判的报道中，新闻媒体普遍保持了传统新闻报道的客观、公正原则，通过如实陈述事实传递司法的权威。对于严肃的法治新闻内容，普法类微信公众号仍应保持其公益与公共属性，避免因过分迎合受众娱乐化信息需求而过分渲染情绪、传递失实案情、突破法治新闻的边界或搅浑舆论场。

当下，新闻产制模式也在发生巨变，传统的新闻模式采取自上而下的新闻生产机制，坚持精英主义立场，而在自媒体当道的今天，公民开始成为公共事务的报道者和发声者，为此舆论场开始形成完全不同的话语形态，推动着“参与式新闻”（participatory journalism）的形成。但随之而来的负面影响是，普通人越来越生活在碎片化的媒体环境中，假新闻和另类事实大行其道，为此媒体人承担着更为重要的责任。面对“后真相社会”，赫克托·麦克唐纳（Hector MacDonald）认为，更具代表性、更加全面的真相是对抗误导性真相的最佳武器，为此需要找到最可靠的数据判断哪些真相最真实，同时需要回避证实性偏差并保持自律开放的心态①。当下，新闻教育要引导学生对技术、信息和消费者惰性产生反思，引导未来的新闻机构成员在报道中坚守更高的诚信和道德标准，要维护事实真相和新闻诚信，摒弃意见和事实的模棱两可②。

就本研究而言，目前随着 VR、AR、H5、AI 主播等更多智能技术的广泛应用，泛娱乐化的普法新闻生产方式越来越被普法责任主体及受众所接受和使用，然而过度追求娱乐化而忽略其中隐藏的“风险”并非明智之举。例如，某检察院曾发布的一则宣传视频，就因存在有抬高自己而贬低他人的误导性而被迫下架。可见，娱乐化的普法新闻生产模式是一把“双刃剑”，新闻媒体、普法主体在开展普法宣传中，既要充分发挥娱乐化普法新闻产出的独特优势，更要注重传播过程中的监督与管理，把握娱乐化普法新闻生产的“度”与“效”。

（三）教育的技术创新：培养更具复合力的新闻专业人才

斯蒂芬·斯托克韦尔（Stephen Stockwell）认为，信息娱乐化的内容通常位于传统新闻报道和娱乐影视文本（如电影、电视剧、综艺节目等）之间，原本传统新闻和娱乐文本本身具有弱连结的关系，在信息娱乐化的趋势下，两者的界限日益变得模糊和融合③。事实上，技术迭代推动着媒体格局演变发展，加速了媒体商业化的浪潮，新闻内容的产制方式、叙事形态、产业结构，以及记者、媒体和受众之间关系等，都在不断发生颠覆性的变化。为此在传媒教育的课程上，应该兼顾呈现科技迭代、实务操

---

① 赫克托·麦克唐纳．后真相时代：当真相被利用、操纵，我们该如何看、如何听、如何思考［M］．刘清山，译．北京：民主与建设出版社，2019：321.

② Austin Eagen. Postmodern Journalism［EB/OL］（2015 - 11 - 10）. https：//www. liberty. edu/champion/2015/11/postmodern - journalism/

③ Stephen Stockwell. Reconsidering the Fourth Estate：The functions of infotainment［A］. APSA Conference-Refereed Papers，2004：8

作、理论知识、创新能力等诸多面向的教学内容，同时在教学方法上，要从批判性的反思与审视转向以制作为主的参与式教学，设计出兼顾理论又不偏废实务的课程，帮助学生基于课程建立起记者角色认同，这才是未来新闻传播教育发展的重要课程。

在媒介融合不断发展的当下，新闻的表达方式与传播形态正在发展重大改变。首先，新闻教育要顺应科技推陈出新的脚步，将新闻教育的内容快速整合、革新与完善，进一步培养具备多技能的人才，培养学生对新科技的敏感度。事实上，学生只有对传媒科技有更深入的了解和认知，才能走在科技变化的前列。其次，学生要了解不同的传播模式、理论和效果，并以统计和计算机为基础进行数据分析，从而对传播现象作出科学解释。如当前数据新闻人才培养已形成共识，在课程体系上融入数据处理、网页抓取技术、可视化技术等方面的课程内容，与业界的互通互融中推动数字新闻教育紧跟时代前沿，满足社会发展的新需要。

戴维·白金汉（David Buckingham）在《媒体教育：素养、学习与现代文化》一书中质疑当前的传媒教育是否能够满足媒体产业的真实诉求，是否真的可以帮学生找到合适的工作，白金汉甚至得出了悲观的结论，认为当前的传媒教育仅仅被视为是一种“职前”课程（pre-vocational）[①]。事实上，新闻教育不应仅仅是新闻业务的习得，同时也应该包括培养学生基于信息整合力对复杂问题做全面而深入的分析，以及在新闻传播活动中坚守责任伦理并助力公众实现传播权、知情权和表达权等。这些理念落实在当前大学的新闻传播教育中，除了要让学生具备基本的实践技能外，还要让学生了解社会的发展动向，有意识地培养学生的抽象思维，同时更要将新闻专业主义、新闻伦理原则和道德义务等纳入新闻教育活动中，引导未来的新闻从业者在实践中建构公共精神、追求社会价值。

---

① Buckingham, D. *Media Education: Literacy, Learning and Contemporary Culture* [M]. Cambridge: Polity Press, 2003: 98 - 99

国外应急教育研究进展与趋势*

——基于 Web of Science 数据库的知识图谱分析

张肖阳　王亚卓**

【摘要】应急教育对于保障人民生命财产安全、增强社会发展耐挫力、提升国家现代化应急治理能力具有重要意义。理清近年来国外应急教育发展脉络并探明前沿领域的研究热点和研究方向，能为应急教育工作的开展提供科学依据。借助 CiteSpace 文献分析软件和 Python 程序，从发文数量、发文国家、摘要关键词聚类、研究热点突现四个方面对 2003—2022 年 Web of Science 收录的 23 篇应急教育研究领域核心期刊文献进行知识图谱分析，分析了国外应急教育研究的发展历程、研究热点和研究方向。结果表明：2003—2022 年国外应急教育研究主题为：难民、教育、环境和技术四个方向，研究趋势平稳增长。

【关键词】国外应急教育研究　Web of Science 数据库　知识图谱分析

一、应急教育的意义及现状

20 世纪 90 年代，应急教育的概念出现。1992 年，联合国秘书长提供

---

* 本文系教育部首批新文科研究与改革实践项目“基于智能信息技术的 IAMOK 跨学科融合教学模式创新与实践”（项目编号：2021180002）、国家社科基金青年项目“城市政治生态学理论和前沿问题研究”（项目编号：19CZZ008）的阶段性成果。

** 张肖阳，北京航空航天大学人文社会科学学院（公共管理学院）助理教授；王亚卓，北京航空航天大学人文社会科学学院（公共管理学院）硕士研究生。

的文件《安全协议》形成了“新人道主义干预理念”。1994年，联合国的182号文件规定了国际冲突的干预和恢复重建等方面的内容。这两份文件为应急教育概念的生成提供了法律基础。应急教育，从广义上讲，指的是在儿童由于发生复杂的紧急情况或自然灾害而无法进入国家和社区教育系统时所进行的教育，在社会无法利用其原有教育资源时，应急教育就产生了。① 难民署还划分出了应急教育的三个阶段：首先是准备阶段，社区成员被动员起来启动游戏和体育活动；其次是非正式教育阶段，教授基本的识字、算术和生活技能；最后一个阶段重新引入师生都熟悉的课程。由于突发和紧急情况复杂多变，应急教育的内涵也随之变得丰富。应急教育既包括在紧急情况下对无法接受常规教育人群进行教育干预，同时也包含在自然灾害和武装冲突等突发情况发生之后的恢复阶段的教育工作。关于应急教育的定义和阶段还存在争议，比如，关于紧急情况发生后的重建和教育计划的重构是否也应被理解为应急教育的一部分？然而，目前各研究机构对应急教育的认识尚未达成统一。

应急教育（education in emergencies，简称EIE）这一概念最早起源于国际社会应对自然灾害、人道主义灾难等多重危境挑战的现实教育需要，特别是在第二次世界大战后，由霸权主义、恐怖主义、民族矛盾等引起的战争与暴力事件陆续造成数以万计的难民流离失所，长期阻碍着社会稳定发展、民众正常生活、儿童接受教育。② 联合国难民救济和工程处和联合国难民事务高级专员公署成为最早负责国际应急教育相关工作的国际组织，在联合国授权下协调世界各地由武装冲突或自然灾害所引发的难民危机与其所引发的应急教育需求。自此以后，一些国际组织开始成为应急教育的发起者和实施者。应急教育最初主要是国际组织对国际难民、流浪儿童、艾滋病孤儿等弱势群体在紧急情况下受到不良影响时采取的教育措施。目前，联合国与国际组织对应急教育的定义是在突发情况下而采取的教育、学习援助和其他相关的干预措施。

---

① Kagawa F. Emergency education: A critical review of the field [J]. *Comparative education*, 2005, 41(4): 487-503.

② 刘骥，谢金辰．国际应急教育体系与治理［J］．全球教育展望，2021，50（10）：47-60.

对我国而言，应急教育通常是指应急安全教育，主要指安全自救和防灾应急。我国非常重视对社会安全事件、突发公共卫生事件、事故灾害以及自然灾害在内的公共安全突发事件的应对。就目前而言，我国应急教育的主要内容是提高个体的生存能力，提高人们的自救互救能力。应急管理教育是在特定的教育目标的指导下对学生进行系统而完整地提高其应急管理认知和实践技能的教学培养过程。我国学者对于国外应急管理教育有着研究，早期有胥彦等学者在2009年对国外突发公共卫生事件应急培训策略的研究，提出了以下建议：建设应急教育培训体系、提高应急培训质量、增加应急培训方式多样化、保障应急培训经费、开展绩效评估、培养公众危机意识、全力普及卫生应急知识、加强应急培训网络的覆盖率。① 随着新冠疫情引发的重大突发公共卫生事件对世界各国正常秩序造成的巨大冲击，我国学者越来越重视国外应急教育案例与治理经验，在文献研究中，应急教育常用“education in emergencies”来表达，因此，本文在Web of Science中采取了与“emergency”相关的表达式来检索文献。②

近年来，“5·12”汶川地震、“11·22”中石化东黄输油管道泄漏爆炸特别重大事故、天津港“8·12”瑞海公司危险品仓库特别重大火灾爆炸事故、2019年新型冠状病毒肺炎疫情、江苏响水天嘉宜化工有限公司“3·21”特别重大爆炸事故以及河南郑州“7·20”特大暴雨灾害等突发事件对我国造成很大影响。2018年3月中华人民共和国应急管理部的成立、“一案三制”的不断发展和完善、“全灾种、大应急”应急管理体系的形成，以上政策举措均反映出突发事件的应急管理已经上升到国家战略的层面。应急专业人才队伍的建设是应急救援力量的核心，其建设离不开专业人才及各种类型的专业人才。美国北得克萨斯州大学于1983年设置美国首个应急管理本科专业，形成以面向公众、服务国家安全等功能为出发点的国土安全、应急管理等本硕博学科体系，在研究生应急教育方面具备丰富的教学经验。美国具备比较完备的应急管理教育培训体系，大到应

---

① 胥彦，吴群红，林婷，尚积伟．国外突发公共卫生事件应急培训策略选择及对我国的借鉴［J］．中国卫生经济，2009，28（05）：36－39.

② 刘骥，谢金辰．国际应急教育体系与治理［J］．全球教育展望，2021，50（10）：47－60.

急管理学科体系（学士—硕士—博士学位培养体系），小到各级应急管理人员和公众的培训演练，其应急平台的教育培训特别重视实战演练和关键技术培训。因此，为更好地培养应急管理专业高层次人才，学习国外先进经验，理清近年来国外应急教育发展脉络并探明前沿领域的研究热点和研究方向，能为应急教育工作的开展提供科学依据，为我国应急管理学科发展提出建议，以期促进完善我国应急管理教育体系，为提升我国应急管理教育研究能力提供参考。

二、数据来源与研究方法

（一）数据来源

研究文献样本来源于美国科学情报所研发的 Web of Science（WoS）核心合集数据库，它收录了 12000 多种世界权威的、高影响力的学术期刊，囊括了世界各学科领域内优秀的科技期刊，内容涵盖自然科学、工程技术、生物医学、社会科学、艺术与人文等领域，最早回溯至 1900 年。本文以 WoS 核心合集数据库为基础，以“主题 =（‘emergency education’ or ‘emergency management education’ or ‘education in emergency’）”进行文献检索，语种选择“英语”，由于应急管理教育涉及的方面比较广泛，本文重点关注在面对自然灾害、事件灾难、突发公共卫生事件和突发公共安全事件等类型下采取的应急管理教育，剔除了急救医疗方面的文献，同时为保证分析的准确性和客观性，剔除了回忆录论文、社论材料、期刊会议征稿、卷首语、书评等不相关文献，只保留了论文（Article）和综述论文（Review）两种类型，最后得到 23 篇文献，时间跨度为“2003—2022 年”。

（二）研究方法

CiteSpace 软件是由德雷塞尔大学计算与情报学院教授陈超美应用 Java 语言开发的信息可视化软件，通过对特定领域文献进行计量，可探寻出该领域演化的关键路径及知识转折点，并通过可视化图谱直观呈现，增强人们对这些抽象信息的认知。操作步骤为：将获取的文献以全记录格式导出，包含作者、研究机构、题名、发表年份、关键词、摘要、期刊、卷次及起止页码，命名为“download-＊. txt”格式，参数设置为“时间分区（Time Slicing）：2003—2022 年”，每一年为一个时间切片，节点类型（Node Types）分别选取国家（country）、关键词（Keyword）等，修剪选项（Pruning）：关键路径（Pathfinder）、修剪图形（Pruning Sliced Networks）。

由于 CiteSpace 无法处理摘要关键词聚类，本文同时利用 Python 程序包筛选出摘要中的关键词构建文本网络，并利用 Leiden 算法探索出词汇聚类的社区结构①。Leiden 算法是一种高质量的多极社区探测算法（Multilevel Algorithm），能够实现高速探测出网络中所有节点的局部最优分配。

三、数据分析

借助 CiteSpace 文献分析软件从发文数量分析、发文国家分析、关键词聚类、研究热点突现四个方面对 2003—2022 年 WoS 收录的 23 篇应急教育研究领域核心期刊文献进行知识图谱分析，分析了我国应急管理教育研究的发展历程、研究热点和研究方向。

（一）发文数量分析

发文数量能够从侧面反映研究领域的学术热度，一般来说，某领域的研究热度与发文数量呈正相关的关系。2003—2022 年 WoS 收录的应急教育研究领域的发文数量统计结果见图 1。从整体上看，国外应急教育领域的发文数量较少，在 2004 年、2006 年、2007 年、2009 年和 2013 年甚至一篇相关领域的文献都没有，说明应急教育领域的热度还不够高。但自 2014 年后，应急教育领域的发文数量基本保持稳定，说明学者对应急教

① Traag, V. A. , Waltman, L. , & van Eck, N. J. (2019). From Louvain to Leiden: guaranteeing well-connected communities [J]. *Scientific reports*, 2019, 9 (1): 5233.

育领域的研究热度正在上升。在一定程度上是由于学者们越来越认识到应急教育的重要性，更重要的是由于实践的需要，新冠疫情的出现使得应急教育越来越重要。

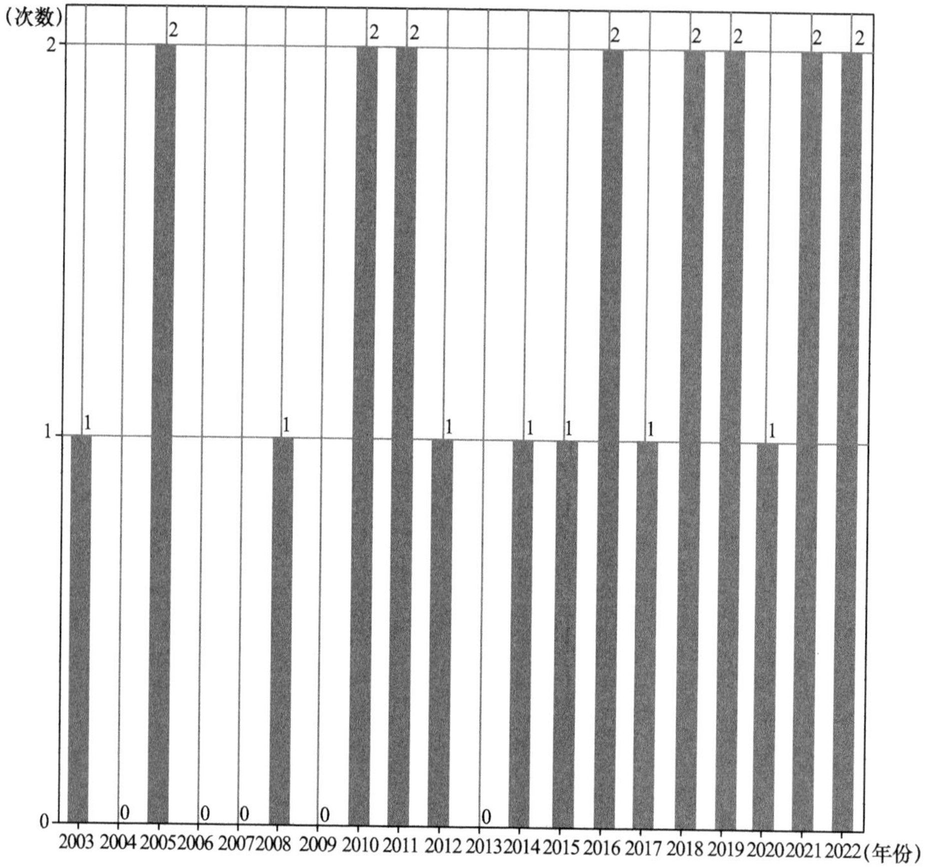

图 1　2003—2022 年应急教育研究领域的发文数量统计图

（二）发文国家分析

发文国家图谱能够体现出一个国家对该领域的研究热度，一般而言，一个国家在该领域的文献数量越多，越可以体现出这个国家对该领域的重视程度。2003—2022 年 WoS 收录的应急教育研究领域的发文国家统计结果见图 2。可见，在应急教育领域发文数量最多的国家是美国，经统计，美国在该领域的发文数量为9篇，说明美国对应急管理教育领域研究的重视程度较高，研究热度较高，成果也最丰富；其次是英国和澳大利亚，经统计发文数量为3篇；其他国家的发文数量为2篇，甚至1篇，这说明在应急教育领域，各个国家还有待继续深入研究。

图2　2003—2022年应急教育研究领域的发文国家统计图

（三）关键词和摘要聚类分析

对关键词和摘要进行聚类分析，对把握研究领域现阶段研究方向具有重要的意义。在23个不重复文献中，至少在3个文献中出现过的词汇数量为108，连边数量为483（见图3）。本文将23篇应急管理教育领域的研究文献的摘要进行聚类，共识别出四个聚类方向，分别是以难民为主题的应急管理教育、以环境为主题的应急管理教育、以技术方法为主题的应急管理教育、以教育为主题的应急管理教育（见表1），具体分析如下。

表1　2003—2022年应急教育研究领域的四个主题摘要关键词统计表

分类	代表词汇（至少出现于三篇文献摘要）
难民	health, child, refugee, factor, intervention, family, community, level, country, target, base, period, experience, risk, respond, educational, effectiveness, propose, dynamic, aim, associate, displace, challenge, context, establish, youth, reserve, temporary, age, receive, elsevier, background, article, circumstance, specific, camp
环境	exist, complex, access, examine, environment, potential, online, conflict, learn
技术方法	increase, design, purpose, identify, motivation, literature, assess, student, response, model, explore, program, instructional, implementation, disaster, knowledge, future, reduce, contribute, fall, change, management, develop, affect, methodology
教育	educational, complete, youth, reserve, analyse, temporary, age, examine, formal, receive, datum, initiative, elsevier, background, article, circumstance, conflict, field, specific, science, quality, emergency, education

1. 以难民（refugee）为主题的应急管理教育，主要是对难民等弱势群体进行的应急教育，研究者的研究集中在对难民群体进行应急教育的必要性上。1996年在安曼举行的会议上，强调了“在危机和过渡情况下提供基础教育”的重要性，明确教育在冲突管理和干预上的重要作用，并且建议在冲突期间建立安全区、开发教育系统以满足受创伤和流离失所人群的需求等。① 在全球化深入发展的背景下，对具有强制移民背景的难民进行应急教育是必需的，这将被视为衡量应急教育的一个标准。对难民危机采取适当的教育政策可以减少污名化、孤立、社区内部紧张局势、边缘化甚至激进化的风险。有学者从社会心理角度提出为流离失所的青少年提供应急教育的益处，包括丰富社会支持来源、提供有意义的活动、提升对未来的希望以及为年轻人创造一个有时间与他人联系的空间等。② 并且有学

① Kagawa F. Emergency education: A critical review of the field [J]. *Comparative education*, 2005, 41 (4): 487-503.

② Betancourt T S. Stressors, supports and the social ecology of displacement: Psychosocial dimensions of an emergency education program for Chechen adolescents displaced in Ingushetia, Russia [J]. *Culture, medicine and psychiatry*, 2005, 29 (3): 309-340.

者提出在高收入国家，儿童心理健康服务机构需要与所有与难民儿童接触的机构合作，建立共同护理途径，并将以创伤为重点的干预措施与家庭和社区方法相结合；在专家资源稀少的低收入和中等收入国家，应旨在最大化恢复和提高现有能力。还有学者研究了维也纳的一种新的教育结构，在难民住宿中建立临时教室，这种现场教育可以被视为适合到达奥地利的大量儿童和青年的合适过渡解决方案，为儿童、父母甚至学校之外的青年和幼儿园提供了多种需求，也得到了维也纳大学学生的高度支持。①

2. 以环境（environment）为主题的应急管理教育，研究者的研究不多，主要是研究公共卫生事件中工作人员应急准备方案的有效性。2003年的SARS危机为中国培养公共卫生人员有效应对突发公共卫生事件提供了新的紧迫性，有研究者通过问卷调查与访谈评估，认为应急准备培训提高了工作人员的知识水平、态度和行为水平，这说明在发生公共卫生事件等紧急情况下，应急培训战略在提高应急准备能力方面是有效和可行的。②

3. 以技术方法（methodology）为主题的应急管理教育，研究者的研究集中在在线教育在应急管理教育中的潜在作用、数字技术在应急教育上的应用、建立应急教育国际标准、增强社区参与等方法。有研究者以地震为例，研究了应急状态下的教育。地震破坏了面对面的教学，拒绝学生和工作人员进入学校，影响了正常的学校和教育服务，在这种情况下，信息和通信技术可以提供支持，将传统教育转变为在线学习环境，为地震后提供连续教育服务发挥关键作用。在数字技术的应用上，自疫情暴发以来，教师使用数字技术进行教学的动机和能力发生了变化，通过研究发现教师使用数字技术进行教学的熟练程度有所提高，对使用技术准备课程、课堂教学、评估和提供反馈以及与学生和家庭沟通的信心随着教师提高数字技能和使用数字技术进行教学的动机而增加。③ 也有研究者提出在应急教育

---

① Proyer M, Biewer G, Kreuter L, et al. Instating settings of emergency education in Vienna: Temporary schooling of pupils with forced migration backgrounds [J]. *International Journal of Inclusive Education*, 2021, 25 (2): 131 – 146.

② Wang C, Wei S, Xiang H, et al. Evaluating the effectiveness of an emergency preparedness training programme for public health staff in China [J]. *Public health*, 2008, 122 (5): 471 – 477.

③ Beardsley M, Albó L, Aragón P, et al. Emergency education effects on teacher abilities and motivation to use digital technologies [J]. *British Journal of Educational Technology*, 2021, 52 (4): 1455 – 1477.

中创建最低标准的重要性，建立国际标准和应急教育专业人员的组织可能有助于提供长期利益，是由于教育作为一种人权的制度化和解决社会问题的方法的合理化。① 还有研究者指出了在应急教育中，持续的社区参与是一个必要条件，并且讨论了社区参与的实际方法以及将其应用于应急教育中。②

4. 以教育（education）为主题的应急管理教育，研究者的研究集中在应急管理本科学习课程经验的介绍。在本科课程学习上，有研究者对西伊利诺伊大学（WIU）的应急管理本科理学学士学位项目的发展和实施进行了案例研究，旨在为应急管理教育的知识体系作出贡献。该大学的应急管理课程由一系列课程组成，包括一个开始课程、三个核心课程、一个包含写作课和选修课的中间课程序列、一个作为顶峰实习的结业课程。③ 在课程方面，课程的开始部分着重将学生带入应急管理专业的入门课程，致力于向学生介绍跨学科的概念和紧急管理原则；核心课程重在讲授紧急管理的四个阶段，为缓解、恢复、准备、响应阶段提供扎实的教学基础；中间课程序列允许学生探索应急管理的各个方面，利用跨学科的社会科学方法批判性地分析该领域的问题；结业课程为学生提供实习机会，学生将与应急管理人员一起工作至少360小时，为学生提供宝贵的工作准备经验，为从事工作做更好地准备。该学校的应急管理课程作为已开发的最新大学级课程之一，正在为培养应急管理领域的研究生奠定基础，并且在维护公共安全目标上发挥作用，可以为我国应急管理教育教学工作提供借鉴。也有研究者提出在应急管理课程中实施多样性案例研究以及提升学生对文化能力的理解，将文化能力融入应急管理学术项目能够让学术识别偏见、刻板印象和先入为主的观念，通过实施多样化案例研究探索文化能力技能在

---

① Bromley P, Andina M. Standardizing chaos: a neo-institutional analysis of the INEE Minimum Standards for Education in Emergencies, Chronic Crises and Early Reconstruction [J]. *Compare*, 2010, 40 (5): 575 - 588.

② Coombes A, Ponta O. Building community engagement and teacher support in education: qualitative findings from process evaluations in two exceptional settings [J]. *Journal of Development Effectiveness*, 2022: 1 - 18.

③ Rozdilsky J L, Bezold M P, Johnson J, et al. Reflections on the development of an undergraduate emergency management program: The experiences of Western Illinois University [J]. *Journal of Homeland Security and Emergency Management*, 2011, 8 (2).

高等教育中是缺乏的。[①] 还有研究者以灾难中急救护理人员的生活经历为例进行研究，试图确定制定应急准备课程教育所需的主题，以增强他们对灾害的反应能力。[②]

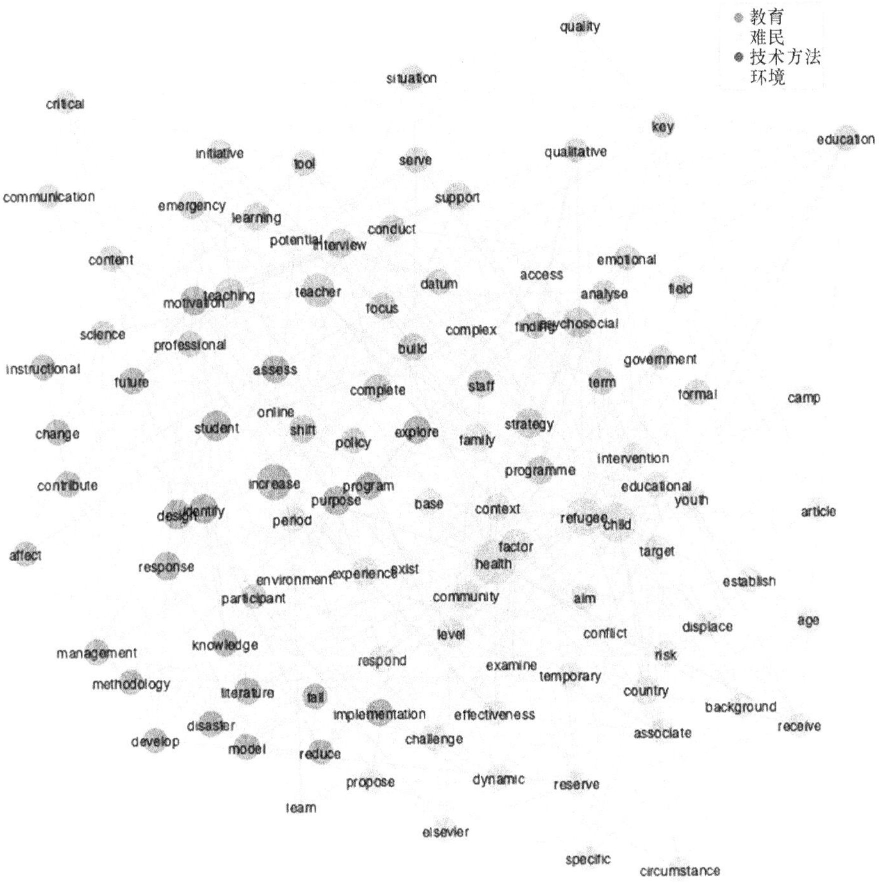

图 3　2003—2022 年应急教育研究领域的摘要关键词聚类统计图

① Knox C C, Haupt B. Incorporating cultural competency skills in emergency management education [J]. *Disaster Prevention and Management*, 2015.

② Shipman S J, Stanton M P, Tomlinson S, et al. Qualitative analysis of the lived experience of first-time nurse responders in disaster [J]. *The Journal of Continuing Education in Nursing*, 2016, 47 (2): 61 - 71.

（四）关键词突现分析

对某一学科或领域研究前沿的识别与追踪能够为研究者提供学科研究的最新演化动态，同时预测研究领域的发展趋势，探明该领域在下一步需要重点探索的问题。学术界普遍认为：某一关键词汇在某一时间阶段突然的变化，代表某一研究领域的转变方向，其中关键词突现性的数值越高，表示该关键词在该时间段内出现的频次变化率越高。本文运用 CiteSpace 软件对 2003—2022 年我国应急管理教育领域研究文献的关键词进行突现检索，得到 2003—2022 年我国应急教育领域研究文献所有关键词的突现时间及突现强度分布，整理出 20 个关键词（见图 4）。通过对关键词的分析，可对我国应急教育近年来的研究热点总结，并对未来的研究方向预

Top 20 Keywords with the Strongest Citation Bursts

Keywords	Year	Strength	Begin	End
developing country	2003	0.68	**2003**	2003
post-conflict education development	2003	0.68	**2003**	2003
reconstruction	2003	0.68	**2003**	2003
symptom	2003	1.1	**2005**	2012
children	2003	1.1	**2005**	2012
exposure	2003	0.73	**2005**	2012
nurse	2003	0.66	**2008**	2008
public health emergency	2003	0.66	**2008**	2008
emergency preparedness	2003	0.66	**2008**	2008
emergency response	2003	0.66	**2008**	2008
emergency training	2003	0.66	**2008**	2008
emergency management	2003	0.89	**2011**	2015
emergency numbness	2003	0.67	**2014**	2014
rational response	2003	0.67	**2014**	2014
emergency awareness	2003	0.67	**2014**	2014
north korea	2003	0.67	**2014**	2014
preparedness	2003	0.69	**2016**	2016
student	2003	1.04	**2017**	2018
non-formal education	2003	0.67	**2017**	2017
syrian refugee	2003	0.67	**2017**	2017

图 4　关键词突现分析

测。通过对关键词突现图进行分析，可以大致划分为两个阶段：首先是2003—2008年阶段，这阶段主要研究发展中国家的情况，由儿童（chilidren）、护士（nurse）等词可以看出对儿童等弱势群体的关注，由应急准备（emergency response）、应急培训（emergncy training）等词也可以看出研究者对应急教育的关注程度正在提升；其次是2009—2018年阶段，由学生（student）、非正式学习（non-formal）等词可以看出研究者正在关注应急教育的新的教育结构形式。

四、结论与展望

通过用CiteSpace分析国外应急管理教育领域的文献，发现主要研究领域集中以下问题。第一，关注弱势群体的教育，比如妇女儿童、难民等群体。据报道，拥有庞大难民人口的学校无法为所有儿童提供适当的教育，维也纳当地学校管理局决定在难民住宿中建立临时教师。临时的教育机构可以为孩子、父母，甚至是幼儿园和年轻人的多样化提供多种需求。现场教育可以被视为适合到达奥地利的大量儿童和青年的合适过渡解决方案。第二，关注紧急情况对于教师教育的影响。比如，教师认为自从大流行以来，使用数字技术进行教学的频率增加了他们通过使用技术准备课程、课程教学、评估反馈、家校沟通等方面的熟练程度，并且增加了在实践中使用数学技术的动力；也有关注大流行对医疗教育方面的影响，学生大部分报告说，大流行增强了他们成为护士的愿望，并且影响了社会心理健康，对在线学习的适应以及对临床经验的挑战也随之增多；第三，国外应急管理教育研究大多较为重视模型和技术的使用，使用定量研究方法，也会使用访谈、调查、问卷等多种方法。

通过分析国外应急管理教育领域的文献，发现以下突出问题。首先，研究内容比较零散，研究系统性不够。应急管理教育是一项复杂的系统工程，需要做好学科规划布局，汇聚不同学科背景的优秀科研人员组成跨学科研究团队，从不同视角开展跨学科交叉综合研究，从而构建科学合理的学科结构。其次，研究范围过于宽泛，研究深度不够。现有的应急管理教育，从不同学科、多个视角展开，研究范围包括医疗急救方面、教育方面等，非常庞杂。未来，应该在国家治理体系和治理能力现代化的背景下，重点研究构建“基础宽、学科全、视野广、能力强”的应急管理人才培养体系，实现培养高素质应急管理实践与应用型人才。这就要求学术界搭建应急管理教育研究的总体架构，注重研究分支的开拓，从而使中国应急管理教育研究形成广泛、系统的研究脉络和知识体系。最后，研究方法侧重定性，定量研究不足。科学的研究必须基于科学的方法。研究方法的独特性和适用性是判断一个学科成熟与否的重要标尺，缺乏规范的、严谨的研究方法，已成为制约我国公共管理学术研究质量的提升和学科进一步发展的瓶颈。“明晰学科边界，引入多样化的研究方法，形成规范的研究范式，加强理论建构，拓展或深化相关主题领域研究，促进知识增长，就成为目前公共管理学科发展必须着手解决的关键问题。”研究表明，应急管理研究领域也存在类似的问题。我国关于应急管理教育研究的还很少，还需借鉴国外研究经验。今后，该研究领域需要将多个学科的前沿定量研究方法引入，加强理论和实证研究，做到定性和定量研究相结合，研究方法的深入性和规范性相结合，才能使应急管理教育研究结果更加规范化和科学化。

专题研讨：科技人文与反思

虚实共生：ACG 文化衍生虚拟数字人的传播困境与破局之法*

张　军　秦健佩　黄中彦**

【摘要】在元宇宙的背景下，随着科学技术的进步，ACG 文化衍生虚拟数字人不断继承传统，创新突破。如今，虚拟数字人在形象人设塑造、UGC 作品创作与传播互动方式创新等方面都获得了较大的提升，逐渐走进大众的视野。然而，在现实世界与虚拟空间的双重场域影响下，目前虚拟人面临着依赖与分隔的双重传播困境。一方面，虚拟人对现实世界中的真人具有较强的依赖性，缺乏自身独立性；另一方面，虚拟与现实传播环境的分隔和 ACG 文化自身的文化壁垒使得虚拟人的传播产生了较强的割裂感。独立与联动是虚拟人突破传播困境的关键。通过塑造虚拟人的独立人格、“破圈”联动和打通线上线下传播路径有助于推动 ACG 文化衍生虚拟数字人被大众所了解和接受，继而创新更多的文创产品，满足人们日益增长的文化需要。

【关键词】虚拟人　场域　ACG　传播　共生

近年来，虚拟数字人作为元宇宙重要的组成部分不断创新和发展。清

* 本文系广州社科规划项目“广州建设具有创新引领力的文化创意产业中心研究”（项目编号：2022GZGJ52）的阶段性成果。

** 张军，华南师范大学文化产业法制研究中心主任，研究员；秦健佩，华南师范大学城市文化学院网络与新媒体专业学生；黄中彦，华南师范大学城市文化学院网络与新媒体专业学生。

华大学发布的虚拟学生“华智冰”吸引了大众关注，而乐华集团推出的虚拟女团“A-SOUL”则收获了大批网友的喜爱，虚拟数字人正逐渐走进大众的视野。依托于新兴技术的ACG文化衍生虚拟数字人在文化和经济方面都存在着巨大的潜在价值。作为新生载体，ACG文化虚拟人可以通过动作、语音、神态等方式生动形象地传播文化信息，比起真人其人设形象更加稳定，不容易“塌房”①。与此同时，“虚拟偶像是目前国内资本市场的重要风口，在阿里、腾讯、B站等各大行业巨头都在虚拟偶像市场布局的情况下，虚拟偶像的商业价值和文化价值将进一步被强化”②。

ACG文化衍生虚拟数字人在勃兴的同时，也因其与现实世界存在强依赖性和割裂感而在传播方面遇到了困难。破除虚拟人的传播困境对进一步发挥虚拟人的经济效益、社会价值至关重要。然而，目前国内的ACG文化衍生虚拟数字人整个行业仍处于萌芽成长期，学界对ACG文化衍生虚拟数字人的研究尚未形成体系，缺少从传播角度对ACG文化虚拟人进行深入的研究。因此，本文将回顾ACG文化衍生数字人的成长发展历程，重点分析其陷入传播困境的原因，并提出解决路径，期待推动ACG文化衍生数字人行业的进一步发展。

一、继承与突破：ACG文化衍生数字人的发展

ACG是Animation（动画）、Comics（漫画）与Games（游戏）的首字母缩写，泛指动画、漫画、游戏及其相关行业。ACG文化衍生虚拟数字人指的是以ACG文化为背景，受众主要为二次元爱好者，外形人设接近动漫游戏中的形象的虚拟人物。随着技术的进步和二次元文化的成熟，ACG文化衍生数字人不断在继承中发展，在突破中创新。

（一）虚拟数字人形象趋于丰满

随着技术的进步，虚拟数字人的外貌形象日趋精致。1994年发布的

① “塌房”主要指“爱豆”在粉丝心目中形象的坍塌。

② 肖卫卫．虚拟偶像的IP化发展策略研究［D］．杭州：浙江传媒学院，2021.

虚拟数字人藤崎诗织，拥有高辨识度的红色长发立绘形象，在游戏《心跳回忆》中还有不同的服饰搭配变换。然而，其外貌形象的画风为粗线条、硬轮廓，在大部分游戏情节中表现为低像素的“马赛克风”，人物形象塑造较为粗糙。随着绘画技术电子信息技术的发展，2007 年发布的虚拟歌姬初音未来拥有画风更加细腻、外貌更加精致的形象，且派生出春初音、夏初音、秋初音、冬初音等多种不同形象的亚种，外貌形象变化丰富。①2016 年发布的虚拟主播绊爱则在继承传统 ACG 数字人精致外貌的基础上实现了技术的突破，她不再是平面的、静态的绘画形象，在“中之人”的帮助下，她拥有了动态的形象，可以在直播中完成系列表演，形象更加丰满。

ACG 文化不断发展成熟，而 ACG 文化衍生型虚拟数字人的性格也趋于生动立体。1994 年发布的虚拟人藤崎诗织在《心跳回忆》中的性格设定为聪明可爱、品学兼优、拥有众多优点的完美女孩，性格设定稍显刻板单调。而 2020 年发布的虚拟女团 A-SOUL 中的虚拟人嘉然拥有善良细腻的性格，但偶尔也会表现出“憨憨笨笨”的一面，自称“超能吃”，性格设定更加亲切。

表 1　1994 年至 2020 年典型 ACG 文化衍生型虚拟数字人

发布时间	数字人代表	外貌形象	作品展示	历史地位
1994 年	藤崎诗织	是粗线条、硬轮廓画风，拥有红色长发的女高中生	游戏《心跳回忆》及衍生作品、唱片	ACG 虚拟数字人早期代表
2007 年	初音未来	是日系画风，拥有绿色双马尾的 16 岁美少女，后期衍生出多种形象的亚种	演唱会、UGC 歌曲作品	第一个使用全息投影技术举办演唱会的虚拟偶像

① 截至 2022 年，公认存在 37 种亚种。

（续表）

发布时间	数字人代表	外貌形象	作品展示	历史地位
2016年	绊爱	是拥有3D模型、日系画风，身着白色公式服的16岁美少女	电视节目、游戏、动漫、演唱会	世界上第一个虚拟主播
2020年	A-SOUL	是由3D建模和动捕技术构建的，五名动漫风格形象的女大学生	歌曲、直播	虚拟偶像女团杰出代表

（二）UGC作品百花齐放

UGC指User Generated Content，即用户原创内容。① 在虚拟数字人兴趣圈层内，UGC表现为粉丝基于非商业目的对虚拟偶像现存作品进行二次创作产生同人作品，同人作品的形式包括漫画、小说、音乐等。

在ACG文化衍生虚拟数字人出现早期，数字人主要是通过官方生产内容进行传播，虽然体现了鼓励粉丝参与塑造数字人形象的意识，但粉丝参与内容创作较少。在1994年发布的游戏《心跳回忆》中，玩家可以任意为虚拟数字人藤崎诗织设定出生日期、血型、星座等信息，并通过控制主角的行为促发多种反应。

然而，当时社会对同人作品的包容性仍较差，同人作品创作尚未形成公认规范。游戏软件商KONAMI为维持虚拟偶像藤崎诗织的完美形象，对市面上的系列同人产品生产者发起诉讼，大大打击了同人创作者的积极性。

此后，2007年虚拟歌姬初音未来的发布鼓励人们利用虚拟人初音未来进行歌曲创作，UGC同人作品迎来了复苏与繁荣时期，UGC作品数量迎来了爆发式增长。绊爱和A-SOUL等虚拟主播的出现更是进一步降低了

① 袁颢月．我国短视频平台的内容生产与传播创新研究——以抖音、快手和梨视频为例［J］．新闻研究导刊，2018，9（07）：60－61．

UGC 的创作门槛。由于她们具有动态的视频作品，人们不仅可以通过传统编曲、绘画的方式进行同人作品创作，还可以视频“二剪”“二创”等方式参与数字人形象的塑造。UGC 在内容、形式上都更加丰富，极大地丰满了虚拟人的人设形象。

（三）传播互动方式丰富多样

加强传播是使虚拟数字人被大众知晓，从而实现其社会、经济价值的基础。而互动是虚拟数字人与现实中的人建立情感联系的重要方式，是虚拟数字人获得人们喜爱的关键。虚拟数字人的早期传播主要是通过官方发行的作品和二次元兴趣群体在网络上的交流讨论实现的，传播较为封闭。虽然可以满足“圈内”爱好者的需求，但也常常导致“圈外”大众难接触、不了解虚拟人。

伴随着技术的发展，虚拟数字人的传播方式趋于多样，大众了解虚拟人的门槛变低。如初音未来利用全息投影技术举办线下演唱会，即使是不了解 ACG 文化的人也能沉醉其中，在现场热烈的氛围中欣赏她美妙的歌声。虚拟偶像们在选秀综艺节目《跨次元新星》上亮相表演，对二次元文化一无所知的观众也可以通过观看节目领略 ACG 文化虚拟人的魅力。

与此同时，粉丝与虚拟数字人互动的方式也不断创新。虚拟女团 A-SOUL 成员会根据网友所发的弹幕决定在直播中玩哪个游戏。人们可以通过网络与虚拟人进行轻松互动，临场感增强，与虚拟人的感情联结进一步加深。可见，当今虚拟数字人与粉丝互动的形式愈加丰富，其传播渠道也被大大拓展。

二、依赖与分隔：ACG 文化衍生数字人传播面临的困境

ACG 文化衍生数字人诞生于 ACG 作品，随着技术的发展而不断成长演进，在很多方面都取得了良好进展。然而，在现实世界与虚拟空间的双重场域影响下，ACG 文化衍生数字人在传播上遇到了难题。一方面，虚拟

人本应生存于虚拟空间中，但其诞生、成长对真人的依赖性强，身上充满了现实世界的烙印，独立性缺失；另一方面，虚拟人的传播多依靠网络进行，然而虚拟人的粉丝都是生活在现实世界中的真人，两个世界的物理分隔导致传播的割裂。依赖与分隔的双重困境为诞生于 ACG 小众文化的虚拟人带来了很大的传播阻碍，使得其更难突破文化壁垒，被大众所了解和接纳。

（一）虚拟数字人对现实真人的依赖

目前，虚拟数字人对现实“中之人”的依赖性较强，缺乏独立性。虚拟数字人的灵魂被认为是现实世界中控制其行动的技术人员。而虚拟数字人本身则被看作是现实世界中的人的投影，是一个被操纵的“皮套”而非虚拟世界中独立个体。以 ACG 文化衍生的虚拟偶像女团 A-SOUL 为例，“中之人”通过动作捕捉技术控制虚拟偶像的动作、语言语气、神态表情，粉丝与虚拟人物进行的互动实际上是与虚拟人物背后的“中之人”进行互动。有粉丝把虚拟偶像戏称为“皮套人”，即披着二次元美少女“皮套”的人。可见，在粉丝心中，“中之人”成了虚拟数字人的灵魂，而虚拟数字人本身被视作“皮套”。因此，在 A-SOUL 成员珈乐的“中之人”被传因遭受不公待遇而离职时，A-SOUL 粉丝在互联网上掀起巨大声势事件为其维权。

虚拟数字人与其“中之人”的深度绑定为虚拟数字人带来了一定风险隐患。粉丝喜欢的是虚拟人的精致外表和“中之人”的有趣性格结合形成的虚拟偶像。虚拟偶像的独特性格人设是由“中之人”支撑形成的，一旦“中之人”被更换或真实身份被曝光，虚拟偶像的内核与外表就会出现明显的割裂感。虚拟偶像作为虚拟人与“中之人”的结合体将会内部分崩离析，失去粉丝的信任，迅速丧失其文化、经济价值。与此同时，由于虚拟人依赖生存在现实世界中的人操控其行动，虚拟人身上带有明显的现实感，这导致其虚拟性、独立性被削弱。在选秀综艺节目《跨次元新星》中，操控虚拟数字人的程序员在幕后的紧张工作被作为节目的正片播出。节目传递出这样的信息：虚拟数字人不具有独立的智能，没有独立的人格。它只是程序运行的结果、所有人设都是人造的、虚假的。显然，人们难以对缺失自身人格独立性的虚拟人产生感情，更不必提对其产生信任感。可见，虚拟数字人对现实真人的强依赖性为其进一步发展带来了障碍。

（二）线上与线下二元场域的分隔

ACG 文化衍生数字人诞生、成长于网络虚拟空间，而真实的人则生存、活动于现实世界，这使得虚拟人与受众存在天然的空间上的分隔，给数字人的传播带来了困难。困难具体表现为虚拟数字人传播对网络的强依赖性与在现实世界中传播的缺位，这导致线上线下二元场域中虚拟人传播的割裂。目前，虚拟数字人常用的传播方式主要有网络直播、发布短视频、参与视听节目、新媒体平台发布动态这几种，对网络的依赖性较强。当今，ACG 文化衍生虚拟数字人受到广泛关注的群体主要是虚拟主播。虚拟主播的杰出代表 A-SOUL 主要通过直播发布歌舞作品、与粉丝弹幕互动等方式进行传播。而离开了互联网，传播方式匮乏单调的问题便一下子显露出来。

近年来，业界表现出打破线上线下传播隔阂的发展趋势，举办了系列线下活动。乙女游戏《恋与制作人》中的角色会通过给玩家打电话与粉丝交流互动，让玩家感觉角色是一个真实的、存在于现实世界中的人，打破了线上线下的传播隔阂。此外，游戏《原神》与 KFC 合作，举办吃套餐获得游戏徽章的活动也吸引了众多玩家参与，在现实世界中引起了大量关注。然而，与线上传播相比，线下传播活动内容形式单一、活动数量少。除此之外，目前线下传播还具有活动策划不成熟，活动宣传局限于粉丝关注等问题。总体而言，线上线下传播仍具有较强的割裂感，线下传播具有很大的提升空间。

（三）ACG 虚拟人的小众文化壁垒

ACG 文化衍生虚拟数字人发源于 ACG 文化，粉丝自然也是二次元爱好者。ACG 文化衍生虚拟人为了满足二次元粉丝的喜好，在发展演化中表现出对二次元文化的迎合，进一步强化自身的二次元特征，如在外貌上加上猫耳等可爱元素，在语言上模仿动漫里的夸张语气。虚拟人对二次元文化的内化和迎合，可能在粉丝与大众之间塑起圈层壁垒，给不了解 ACG 文化的群体接触虚拟人带来困难。

虚拟人的粉丝们在网络社区上讨论交流的过程中逐渐形成了一套 ACG 文化语境下的交流规则。如粉丝们构建出了“V 家”“锦依卫”等语言符码和“好想做嘉然小姐的狗”“圣嘉然护佑”等迷因（meme）。随着 ACG 文化衍生虚拟人的成长发展，此类符码和 meme 变得愈来愈多且意义暧昧复杂。此类符码和 meme 的使用给粉丝内部交流带来了便利，并且可以在交流中增强粉丝自我身份认同感，从而进一步提升他们对虚拟偶像的忠诚度。然而，对 ACG 衍生虚拟人了解较少的群体可能因为难以读懂此类符码与 meme 而失去了解虚拟人的兴趣。可见，ACG 文化衍生虚拟人作为小众亚文化和新生事物的结合，其自身文化的演化与发展是一把双刃剑，在不断满足二次元爱好者需求的同时会促进的“圈层壁垒”的产生，将大众“拒之门外”。

除此之外，ACG 文化衍生虚拟数字人本身带有浓厚的二次元文化特色，这可能使得不了解二次元文化的人难以接受。首先，ACG 文化衍生虚拟人在外貌上大部分为动漫风格，通过鲜艳的发色、瞳色以及华丽的服饰作为自身形象的记忆点，与真人形象有很大的差别。其次，ACG 文化衍生虚拟人往往拥有鲜明的性格特点，如活泼可爱、温柔知性等设定。虚拟人的性格特点比起真实的人更加突出鲜明，因此也更加容易被人们察觉和记忆。然而。这种突出鲜明的性格特点也使得虚拟人的形象容易变得脸谱化，失去了真人性格的复杂性和深度。二次元在目前仍然属于小众亚文化，作为新生事物的虚拟人与小众文化结合可能导致其更难被主流文化认可、接纳。

三、独立与联动：ACG 文化衍生数字人的破局之法

在 ACG 文化衍生数字人传播面临依赖与分隔双重传播困境的背景下，

虚拟数字人需要以“独立”替“依赖”，以“联动”破“分隔”，即从“独立”和“联动”两方面寻找破局之法。联动是虚拟人被人们知晓、了解的重要途径，而独立则是虚拟人获得大众喜爱、信任的关键。在虚实共生的背景下，虚拟人只有打通线上线下双场域传播路径才能实现长久、健康的发展。

（一）重塑虚拟数字人独立性

消除虚拟人对“中之人”的依赖、实现智能化是虚拟人获得独立的基础。只有当虚拟人拥有自己的智能系统，能脱离“中之人”的操控，才有可能被人们当成是独立完整的个体。目前业界已经在虚拟人智能化方面做出了一些尝试并取得初步成果。在 2020 年的腾讯全球数字生态大会上，腾讯展示了新研发的数字虚拟助手。该数字虚拟助手具有拟人化的视觉形象，可以利用人工智能语言与真人进行交互，并且通过深度学习技术拥有了众多的人类情感特征，从视听两个方面做到高度智能化和拟人化。除此之外，三星旗下的 STAR Labs 实验室也展示了他们最新的虚拟人项目 Neon。Neon 不仅在形象上接近真人，并且成功实现了与现实真人的实时互动、情感交互。技术的发展将推动行业的进步，人工智能技术的发展及运用是虚拟数字人摆脱“皮套”地位，成为具有独立性的人类虚拟伙伴的关键。

丰满虚拟人形象、塑造虚拟人独特精神内涵是提升虚拟人独立性的关键之举。一个虚拟人无论外表多么精致美丽，若是缺失了独特的性格、丰富的内涵作为支撑，终究是经不起大众审美推敲的，难免走向昙花一现、被人们快速遗忘的结局。只有当虚拟人在大众心中成为一个有血有肉、有独特精神内涵的形象时，才能活在人们的心中，成为难受外界影响的独立形象。正如神话人物哪吒在人们心中已经形成了独特、立体的精神形象，无论在动画影视中改变多少次外貌风格，人们总能认出来那是哪吒，哪吒的形象很难再被二创作品扭曲或被人们遗忘。

比起单纯地为虚拟人添加性格设定，讲好生动精彩的虚拟人的背景故事更能让大众了解、认可虚拟人。例如，如果我们仅仅把孙悟空进行文字描写，向人们说明他的人设是一个武艺高强、玩世不恭但是深情善良的人，那么人们将很难在心中想象出他的形象，更不必提喜爱他、认可他。显然，如果虚拟人只有苍白刻板的人物设定，那么大众将难以理解、接纳他，而若是为他创作一个生动的背景故事，人们将会对虚拟人的形象有更深入的理解。正如电影《大话西游》讲述了孙悟空与紫霞、白晶晶等人的爱恨情仇，若是人们观看这部电影，从故事情节中慢慢认识孙悟空，那么对他的形象一定会记忆更加深刻。在如今元宇宙概念兴起的背景下，我们不仅可以通过影视作品、漫画小说等传统传播方式进行虚拟人的形象塑造，更应该积极运用AR、VR等新兴技术连接虚拟和现实两个空间，为生存于虚拟空间的数字人量身打造生动的背景故事。通过故事的讲述、精神内涵的塑造使虚拟人获得人们的喜爱和认可、活在人们心中，从而走向独立。

（二）“破圈”联动增加虚拟人曝光度

“联动”是指若干个相关联的事物，一个运动或变化时，其他的也跟着运动或变化，即联合行动。① 与各领域品牌企业、视听节目进行联动有利于打破虚拟人传播的固有圈层壁垒，让社会各界看到虚拟人、理解虚拟人。虚拟数字人与各领域品牌进行联动合作可以有效突破“文化壁垒”，被不同兴趣、文化圈层的人群了解，提高自身曝光度。国内部分虚拟数字人已经做出了这方面的尝试，虚拟女团A-SOUL与健身软件Keep、百度地图等开展了联动合作，推出了虚拟人示范定制健身课程和虚拟人语音包导航等内容。这些联动合作不仅可以增加粉丝体验感、提升粉丝黏性，而且有利于进一步拓展虚拟人的传播范围，让社会上各行各业的人接触到虚拟数字人，从而吸引更多受众、粉丝。

虚拟人与各类视听节目进行联动合作是虚拟人创新传播形式、拓展传播渠道的重要方式。目前ACG文化衍生数字虚拟人长期依赖直播、短视频、新媒体平台互动等方式进行传播，传播方式创新性较差。由于各个平

① 孙学武．技工院校要抓好四支队伍建设［J］．职业，2013（18）：41.

台定位不同，平台自身对用户具有筛选性，这导致长期依赖某些特定传播形式、渠道的主体只能在特定用户群体内部进行传播，难以实现面向全社会各个层面的广泛传播。当今国内出现了一些围绕虚拟偶像打造的选秀综艺节目，如《2060》《跨次元新星》等。虚拟数字人与该类视听节目的联动合作给观众带来了全新的视觉体验，而 ACG 文化衍生虚拟数字人与面向大众的视听节目进行合作也有利于其突破小众文化圈，走进大众的视野，实现“破圈”发展。

（三）打通线上线下双场域传播路径

虚拟人诞生于虚拟世界，而其受众则生活在现实世界，虚拟人与其受众存在天然空间上的分隔。因此，打通线上线下双场域传播路径对虚拟人行业实现健康持续发展至关重要。虚拟数字人作为计算机技术发展的产物，对于互联网有天生的依赖性。因此，在发展初期，借助各大网络社交媒体进行传播是虚拟数字人走向大众的必经之路。例如，国内知名虚拟偶像“洛天依”在传播初期就整合了微博、微信、B 站、贴吧等主流社交平台形成线上媒体矩阵，进行多方位的同步传播，为大众提供了多元信息渠道。

然而，在虚拟空间与现实世界交织融合、相辅相成的现代社会，只有打通线上线下双场域传播路径，才能实现虚拟数字人的进一步成长发展。知名虚拟歌手洛天依不仅在线上举办了演唱会、发布多首歌曲，而且多次参加动漫会展、游戏展等 ACG 文化圈线下活动。2019 年，洛天依在哔哩哔哩（B 站）跨年晚会上利用 AR（增强现实）技术完成了名为《茉莉花》的演出。该场演出将虚拟世界与现实世界巧妙地结合在一起，洛天依在虚拟世界中翩翩起舞的同时与现实舞台上的演奏者方锦龙先生进行互动，给观众带来了全新的视听体验冲击。可见，线上传播与线下传播之间的关系不是二选其一，也不是毫不相干，而是相互交织、相辅相成的。在元宇宙概念兴起的背景下，打通、融合线上线下传播路径将成为虚拟数字人进行传播的大势所趋。

四、结语

虚拟数字人作为连接“虚”“实”两个世界的新生产物，在萌芽成长期必然会受到双重场域错综复杂的影响。在虚实共生的背景下，ACG 文化衍生虚拟数字人陷入了依赖与分隔的双重传播困境，而其自身文化的小众性也为传播带来了阻碍。使得 ACG 文化衍生虚拟数字人真正被大众接纳、走上发展快车道的破局之法在于实现“独立”与“联动”，即从重塑虚拟人的独立人格、“破圈”联动增加虚拟人曝光度、打通线下线上双场域传播这三方面入手，推动虚拟数字人行业发展，助力虚拟数字人获得大众认可。ACG 文化衍生虚拟数字人作为新型传播媒介与 ACG 小众亚文化的结合体，未来拥有巨大的经济与社会价值。

元宇宙的时空体验双路径：基于技术的内伸与外拓*

何　静**

【摘要】随着物理学的发展，人类逐渐认识到时间是研究现实世界无法忽略的重要参量。作为物质的基本存在方式，时空同样成为元宇宙的焦点变量。元宇宙是三维化的互联网，凭借时空智能搭建三维时空，具有时空拓展性。在构成元宇宙体验的要素中，人作为体验者是主体，元宇宙创造者是隐形主体，元宇宙自身则是客体。人体器官的感知能力是元宇宙可以被感知的生理基础，传感器将被测量按一定规律转换为可用输出信号是元宇宙可以被感知的物理基础，二者共同促成了元宇宙的时空体验。元宇宙的时空拓展性主要依赖 VR 和 AR 技术达成，伴随两种技术的发展，人类在元宇宙中的时空探索分别走向无限内生和无穷外拓两种方向。VR 技术使人脱离现实世界的时空限制，自由进入虚拟世界的任意时空，从而在更大范围内与更深层次上展开面向虚拟世界的探索；AR 技术则是基于现实世界已有的时空条件，在此基础上实现信息增强，从而在更大范围内与更深层次上展开面向现实世界的探索。

【关键词】元宇宙　VR　AR　时空拓展

* 本文系教育部首批新文科研究与改革实践项目“基于智能信息技术的 IAMOK 跨学科融合教学模式创新与实践”（项目编号：2021180002）的阶段性成果。

** 何静，北京航空航天大学人文与社会科学高等研究院助理教授。

一、虚拟现实技术是通往元宇宙的时空路径

元宇宙是三维化的互联网，凭借时空智能搭建三维时空，具有时空拓展性。[①] 元宇宙作为互联网的新兴事物，将虚拟世界与现实世界相融合，分别依托 VR 和 AR 技术探索虚拟世界与现实世界。

$$\text{Metaverse} = AR_1 \cdot AR_2 \cdots ?AR_n \cdot (\text{Real World})^{{VR_1}^{{VR_2}^{\cdots VR_n}}} \tag{1}$$

上式对元宇宙进行了公式化表达，元宇宙等于在现实世界被无限层次的 VR 进行指数运算后，再被无限层次的 AR 进行乘法运算。

从 VR 方面来看，元宇宙和 VR 的数学关系呈指数相关，即元宇宙以现实世界为底数，以 VR 为自变量，伴随着 VR 的层次增加，产生相应的变化。具体可以解释为：现实世界作为底数必然要大于 1，VR 对元宇宙的内生的函数图像单调递增，VR 和元宇宙呈正相关，内生速度如同细胞分裂速度一般迅速攀升；该指数函数的定义域为(0，+∞)，值域为(1，+∞)，坐标轴中函数图像和纵坐标的交点(0,1)，意味着只要 VR 对现实世界进行内生，内生就必然引发大于 1 的质变。

实现元宇宙，要在上述 VR 对现实世界的内生后，利用 AR 对内生后的现实世界进行外拓。

从 AR 方面来看，元宇宙和 AR 的数学关系呈一次函数相关，即元宇宙以现实世界为斜率，以 AR 为自变量，伴随着 AR 的阶幂增加，产生相应的变化。具体可以解释为：作为变量 AR 的函数，元宇宙和 AR 的公式呈正比例逐渐增加，所以 AR 对元宇宙的外拓速度也等比例增加；该一次函数的定义域为(0，+∞)，值域为(0，+∞)，坐标轴中函数图像和纵坐标的交点(0,0)，意味着只要 AR 对现实世界进行外拓，外拓就必然引发大于 0 的质变。

为揭示深奥微妙的元宇宙，借鉴最美恒等式欧拉公式的原理，把基本的数学符号与常数优美结合，对 VR 部分进行化简得：

---

① 沈阳团队．元宇宙发展研究报告 2.0 版［R］．北京：清华大学新闻与传播学院新媒体研究中心，2022.

$$(\text{Real World})^{VR_1^{VR_2^{\cdots^{VR_n}}}} = e^{\prod_{i=1}^{n} VR_i \cdot \ln(\text{Real World})} \tag{2}$$

因此，

$$\text{Metaverse} = \prod_{i=1}^{n} AR_i \cdot e^{\prod_{j=1}^{n} VR_j \cdot \ln(\text{Real World})} \tag{3}$$

在对原公式进行降幂化简后，得到一个关于自然对数 e 的表达式。在 AR 部分，依旧是外拓的叠加形式，通过串联虚拟元素，使其在现实世界中得以体现，形成虚拟元素融入现实世界的情景。在 VR 中，基于自然对数 e 形成外拓结构，其代表着单位时间内，持续翻倍增长所能达到的极限值。同时，e 也是一个有名的超越数，其所超越的是普通有理代数的根，在现实世界中客观存在。VR 的内生形成了自然对数的指数，其内生性必然要依存于现实世界，而非脱离现实根基的肆意内生。其现实意义为，表面上看基于 VR 技术构建的虚拟世界可以脱离现实世界形成单独的意识空间，实际上却因意识的内生受限于躯体的束缚，当意识内生于虚拟空间时，躯体依然能感受到现实世界所带来的应激作用，而当躯体受到现实世界的强烈影响时，虚拟空间的意识也必然要被“召唤”，因而 VR 技术必定也要依托现实世界。其叠乘后部的 ln（Real World）形式则定义了 Real World 必然是正数，否则 ln（Real World）将进入虚数范围而不会在实数范围内，VR 技术的内生性也将成为虚幻。

在这个表达式中，VR 和 AR 是基础变量。对 VR 技术而言，其在真实世界中隔离出单独的空间，该空间为人所感知，在人无法感知真实世界的情况下，一定程度上成为现实，给人带来解放。然而，只要思维意识的产生框架没有在 VR 营造的虚拟世界中找到承载点，使用 VR 技术的人就依然会受到具有客观实在性的物质的限制，被现实世界中的肉身所羁绊。AR 技术则直接通过将虚拟信息图层叠加于现实世界的方式，直接助力现实世界。此外，VR 和 AR 所形成的虚拟世界具有人的思维意识的延续性，通过可信、可交互、可探索、可沉浸的方式对人感知或理解到的真实情况进行模拟，以更细微的颗粒度将意识在人脑中呈现出来，满足人在现实世界中所产生的欲望。在模拟过程中，VR 和 AR 依然遵循日本设计大师原研哉所说的“技术的更新和变化都是向着接近生命的形态”的逻辑演进，正如保罗·莱文森（Paul Levinson）指出的“一切媒介的进化趋势都是复制真实世界的程度越来越高，其中一些媒介和真实的传播环境达到了某种程度的和谐一致”一样，它们不断趋向符合人体认知与行为特征的自然交互状态，使人在虚拟世界中获得和在现实世界一样的存在感。

在VR对虚拟世界的内生中，发展趋势呈指数增长，VR不断以真实世界为底数进行无限的幂运算，从而产生真实世界之上无限层次虚拟世界的指数级叠加。在空间方面，可以针对用户展现出无限空间，而用户在某一空间可以进入二级虚拟世界，二级虚拟世界依旧可混合超现实世界产生三级虚拟世界，进而形成无限内生空间；在时间方面，进入一级虚拟空间，由于视觉和听觉被技术设备占有，用户感知到的时间流速被改变，进入二级虚拟空间，由于沉浸体验更加真实，用户感受到的时间流速同现实世界相比进一步加快，更高级别的虚拟世界体验可以以此类推。因此，VR技术将用户带入虚拟世界，并呈现出无限叠加态，使现实世界中的用户获得无限内生的体验。

在AR对现实世界的外拓中，发展趋势呈叠乘增长，AR不断以真实世界作为乘数进行无限的乘法运算，从而将无限层次虚拟世界的乘数级叠加赋予真实世界。在空间方面，首先，AR的增强需要基于现实世界，即以Real World作为增强现实的基本；其次，AR的增强效果依赖现实条件，基于跟踪注册技术、显示技术、虚拟物体生成技术、交互技术、合并技术展现给用户虚实交替的使用体验；再者，AR可以在现实空间中实现多重叠加，当用户在现实空间中处于游戏、学习和工作等任一场景时均可探索相应的虚拟空间，呈现现实世界叠加虚拟世界的效果；最后，多重AR的叠加带来虚拟信息和现实信息的共生体验，使人对现实世界的洞察能力大幅度增强，为现实世界中的各个要素提供超出已有信息以外的价值，为人机交互提供新的可能；在时间方面，AR基于现实世界的数理定律，可以基于大数据推算未来时间里客观事件的发展状况，在任意时间节点用户都可以通过改变初始条件选择不同的发展方向。元宇宙通过AR将虚拟元素带入现实世界，现实世界时间轴线上的无数节点凭借AR获得时间上的无限叠加，使现实世界中的用户获得无穷外拓的体验。

二、VR 技术带来的无限内生性

元宇宙的时空无限内生性体现于，在时空变量下，三维化的虚拟世界可由 VR 呈现，人的意识通过信息感知，逐步与真实世界中的躯体分化、剥离、独立，再造深层意识世界。现实世界中的人类思维居于躯体内，彼此处于同一宇宙时空，人类本体通过视觉、听觉、触觉、嗅觉、味觉获得信息。VR 技术则将人带入虚拟世界，通过外部设备的光电信号模拟和刺激人类神经对于外界的感知，使人获得沉浸式体验。

（一）空间无限内生性

生活在现实世界中的人，思维居于躯体内，彼此共用一套宇宙时空。VR 技术的发展造就了人类融入虚拟世界的终端体验，外部设备通过各种光电信号修改人类神经对于外界的感知。在数字化的世界，存在着无边际的空间，每个人基于虚拟 ID 可拥有自己的独立空间，例如网盘空间、邮箱空间、QQ 空间等。人类一旦进入虚拟空间，所感受到的是相对的时空状态，人们可以清楚地知道相对某一用户 ID 的所在空间，却无法直接定位其实际的物理空间。例如，在同一个虚拟空间“百度希壤”中，人们可以清楚地知道其他 ID 的用户在自己前后左右的位置，可以和他们交流，但却不知道他们在现实空间的具体位置。

VR 将用户思维具体化于虚拟空间中的虚拟人物上，通过全面接管用户的大脑及感受器官，构建出一个个虚拟影像，并进入人眼，使得大脑具有瞬间传送的感觉。随着算法的增强及显示设备画质的提升，超过 24K 的无延时画面出现时，人眼将难以分辨虚拟世界与现实世界，进入虚拟空间中的超现实空间，超现实空间具备虚拟空间的所有特性，且具有现实空间的画质，内生人类思维。

在 VR 技术加持下，社交平台将形成两种虚拟世界，即幽闭空间世界及广场空间世界。幽闭空间世界类似于虚拟空间中的朋友圈，虽然在法律上定义为公共场所，但具有一定的私密性，需由用户邀请方可进入；广场空间世界类似于虚拟空间中的微博圈，是一类广场性质的公共开放空间，在某种程度上将成为虚拟社会。在现实中无法看到的空间，如遥远 M87 星云等大尺度宇宙空间、细胞大分子等微观世界，客观空间的超现实特性融合超现实特性的虚拟社会圈子，使得用户越来越难以分辨是现实还是虚拟，进而借助 VR 技术在现实世界诞生虚拟空间，再由虚拟空间混合超现实世界形成无限内生循环。

（二）时间知觉叠加性

时间是客观真实的，并不会出现像空间一般的无限内生，但我们对时间延续和发生顺序的经验却依赖于感官的建构，而感官对于时间的叠加会让我们产生时间流逝变缓的感觉。1890 年，《心理学原理》中威廉·詹姆斯提及“时间知觉”的概念，用以描述如何对客观现象的延续性和顺序性进行感知。由于有机体中并不存在专门的“时间感受器”，时间知觉的产生需要依赖时间本身，以及有机体个体内部和外部的因素的共同作用。在外部因素中，各感官对时间的感知精度是不同的，人体感知外界信息主要依赖视觉、听觉和触觉。VR 的发展或将实现与人眼感知外部世界无异的画质、模拟出现实立体声的音效，以及提供与现实情景相同的触觉反馈。通过技术和算法对人类感官刺激进行模拟和改变，人类将会在沉浸式的 VR 世界中获得“现实”和“超现实”体验，这将极有可能在沉浸式虚拟世界中改变人类大脑对物理世界时间的感知模式和精度，从而让人类体验到时间的滞留。

在 *Time Compression in Virtual Reality* 一文中，Grayson Mullen 和 Nicolas Davidenko 设计并开发了一款兼容传统显示屏及 VR 头显的游戏，并招募了 41 名 UCSC 学生以 VR/非 VR 模式进行体验。研究显示，在主观感知时间相同的情况下，使用 VR 头显的参与者比使用传统显示器（CM）的参与者客观上体验了更长的时间。这一发现说明，与使用 CM 相比，参与者在 VR 中仿佛经历了时间感知的叠加。

大脑对时间的感知依赖于周围环境的参照，借助 VR 设备可以模拟出无限的虚拟场景，影响大脑对时间的判断。随着 VR 技术的应用和发展，人类在元宇宙虚拟世界中将会经历多层次嵌套性连续性的知觉叠加，给人类的主观感知创造和带来更多的时间体验。

(三) 空间无限内生与时间感知叠加带来身份自由与时空平衡

元宇宙的空间无限内生性和时间感知叠加性，帮助人类在时空边界的突破中迎来身份的重新获得与任意切换的自由，并进一步平衡媒介的时空偏向。在传统的基于现实时空的传播中，人在各种场合的身份具有统一性，大众化社交媒体的发展甚至放大了每个个体的行为，使人的行为被其社会身份所规训。然而在VR无限内生的虚拟世界中，物质性的肉身不再是身份变换的桎梏，在新的独立空间中存在的虚拟形象则为人类生命体验新维度的增加提供可能。依赖于心理拓展，化身形象引起自我认同的改变，虚拟与现实世界错位引起自我认知的改变，人的主观能动性将得到极大发挥。因此，得益于元宇宙时空多维度的拓展，人可以在新的时空范围内任意变换自己的身份，从而脱离原有的社会规训框架，获得身份自由。

VR技术的发展使人突破原有物理世界的空间依附以及时间感知标准，进入虚拟世界，实现脱离现实环境的异时空虚拟传播。通过在虚拟空间中实现瞬间传送，创建超现实空间、幽闭空间、广场空间，实现在多样化空间形式的沉浸。根据英尼斯的媒介偏向论，媒介具有时间和空间两种偏向，前者例如石刻文字经年不腐，后者如书信报纸运输轻便，追寻人类文明的过程也因此转变为追寻媒介时空偏向平衡的过程。VR技术不依赖现实世界中的地理要素，而是在脱离原有环境的基础上，以更加强调创造性的方式建构起全新时空。在VR技术得以极大发展的元宇宙中，同时克服时间障碍与空间障碍，即VR既可以生成任意历史阶段的场景，又可以在任意的地点将其重现。文化传统的传承与统治疆域的扩张将在此进行激烈的对抗，最终趋于动态平衡。

三、AR技术带来的无穷外拓性

元宇宙的时空无穷外拓性体现于，在时空变量下，虚拟世界的信息与真实世界的信息构成一种叠加态的融合信息，信息呈现逐步从静态展示转换为动态变化、环境交互和融合共生。AR技术的发展，主要得益于视野追随技术、环境交互技术、多图层叠加技术以及虚实融合技术的突破，将计算机生成的虚拟世界带入现实世界，通过视觉、听觉、嗅觉、触觉呈现虚拟信息，增强人类对现实世界的感知，实现从“人去适应机器”到“技术以人为本”的转变。

（一）空间无穷外拓性

AR可以在现实空间中叠加不同元素，实现对现实空间的无限拓展。AR在人的视野上叠加数字信息，数字信息随人的视野移动。伴随物理环境上的多图层信息叠加，实现多层增强现实，从而以更高效的交互服务人的生产生活。一方面，AR带来虚拟信息和现实信息的共生体验，大幅度增强人对现实世界的洞察能力；另一方面，AR技术可将物理环境中的任意界面转变为信息的输出端口，现实世界中的各个要素因此能提供超出固有信息以外的价值，为人与信息的交互提供新的方式。元宇宙通过增强对物质世界中质量和能量的洞察能力，将进一步获得对地球乃至宇宙空间的大发现与新探索。例如，传统的产品说明书是以文字和图片的形式呈现信息，理解起来较为抽象。AR则可让用户抛弃传统说明书，将使用方法通过三维的形式表现出来，基于动画演示装配和使用方式，结合语音助手进行问题解答。AR将平面的内容三维化，将复杂的结构具体化，将虚拟空间带入现实世界，拓展现实空间。

如果说VR设备是将用户从现实空间带入了沉浸式虚拟空间，那么AR设备则将用户带入虚实融合的新现实空间。元宇宙空间无穷外拓性，也体现在各个不同领域，通过AR对现实空间的改造，再生无限的虚实融合新空间。如在游戏领域，传统的游戏体验往往局限于PC、手机、游戏终端等显示设备，只能呈现给用户二维的互动体验。然而，通过AR设备，一系列的体感游戏得以实现，将全面拓展现实空间以外的虚拟元素，让用户在自己熟悉的现实空间中获得游戏的快感；在教育领域，复杂抽象的结构也可运用AR设备执行具体化的解决方案，数学教学中的微积分原理积分后通常会增加一个空间维度，如矩形面函数积分便是立方体函数，立方体函数积分则描述成超立方体函数，AR 设备可以构造出因三维物体移动产生的如超立方体、克莱因瓶等叠加空间中的抽象物体，拓展人所在的真实空间以增强学生对知识的理解；在工程领域，一幢大楼的建设涵盖众多专业，涉及暖通、给排水、消防、空调、强弱电专业的管道、通风口是否会相互妨碍、与结构梁的关系是否正确等，各种细节问题通常需要专业知识全面且经验丰富的工程师进行逐步判断，存在效率不高、容易疏忽等问题。尽管建筑信息模型（BIM）的推广在一定程度上解决了此类问题，然而依然有显示不够具体的弊端，AR 技术或将改变这种情况，可将图纸内容三维化展现在现实世界中，并增加交互功能，同时带领工程师们接触 AR 映射出的问题节点以快速解决问题。

未来 AR 的呈现终端或许不会局限于穿戴式显示设备，而是利用直接作用于裸眼形成三维虚拟成像的全息投影技术。依托于全息投影技术，使得三维虚拟成像让用户在空间尺度上随意切换，完全摆脱现实空间的束缚。例如，可以将地球用三维虚拟成像技术呈现于用户面前，使其可以无视空间的束缚，随意抵达任何一个地方，甚至进入月球内部探索月核区域、与虚拟月球成像进行互动、改变月球内部结构、调整月球所在位置、改变月球大陆分布等。三维虚拟成像技术甚至可以以假乱真，早年上映的《星球大战》电影中就出现了主角利用全息投影技术迷惑敌人，从而顺利脱身的镜头。总的来说，AR 设备可以将一个个虚拟世界带入现实世界，使用户逐步或者同时体验多个现实世界中的虚拟世界，以此将虚拟空间无限叠加于现实世界。

（二）时间维度叠加性

AR 可以增加现实时间维度，扩展人们对时间丰富度的感知。现实中的时间维度是一维单向的，根据 M 理论，宇宙中存在高维度时间，也就是面时间、体时间。与一维时间相比，面时间在任意一个节点具有无数种时间轴方向，可以在任意时间点选择任意的时间方向进行发展，衍生出多元宇宙时空观。体时间同面时间相比，增加了高度的维度，因此，可以在任意时间节点时都知道选择不同时间轴所发展的结果，而不必像面时间一样，需要经历过程才可以获得结果。

元宇宙依托于 AR 技术，可以在现实世界的时间节点叠加不同的时间线，实现时间维度的增加，让人们体验到时间的丰富。基于现实世界中的时间点，AR 技术可以在其上叠加时间线，并可预测不同时间线的发展过程及结果。叠加出的虚拟时间线为现实世界中的使用者提供了参考，使其在某种程度上拥有预知与选择未来的自由。例如，用户驾驶着装载了 AR 设备的汽车，在通过某一没有红绿灯的路口时，有以 40km/h ~ 80km/h 不同速度通过的选项。如果用户的车速是 80km/h，在通过路口的前 10 秒钟，汽车风挡上将会弹出大大的警告，预测到将要与左右向盲区范围内的车辆碰撞，造成车祸，同时提示用户减速，并辅助将车速制动到 60km/h；10 秒钟后用户与盲区驶出的车辆擦肩而过。因此，AR 设备通过云计算的辅助可以得出某一时间点下各种可能性的结果，这便进入了面时间领域，也就是二维时间。80km/h 的结果面临的是车祸，仿佛选择了 80km/h 的速度后产生的结果便已知，这就是三维体时间的领域：选择了发展方向后可以拖动进度条直达结果。当这个结果不可接受，AR 设备具有选择第二条建议发展方向的能力。因此，AR 的加持能让用户具有时间维度的丰富感知。

未来时间的感知依托于强大的算力。在客观世界中，时间轴并未随着人类意识的叠加而改变，时间依旧均匀流逝，呈现单向性；元宇宙依托于 AR 带来的虚实融合的用户体验，通过强大的算力，对一段时间内初始条件的分析，推导出短期时间后的结果，仿佛在时间轴上增加了垂直于时间轴的维度，从而形成时间跳跃。元宇宙在虚实融合的技术突破以及算力的发展下，形成了时间维度的丰富。

（三）空间无限外拓与时间维度丰富带来身体自由与感官平衡

元宇宙的空间无限拓展以及时间维度丰富的特点，逐步解放自工业革命以来对人身体的束缚，即由现代化生产劳作所造成的对原始自然环境中生活方式的脱离。媒介直接作用于“身体”，使身体屈服于它的掌控。工业革命以来，由于机器生产与信息技术的发展，人类在获得生产自动化的同时，逐步经历口语传播、文字传播、印刷传播和电子传播时代。从最初可选择性接触的书信与报纸，逐渐发展到必须随身携带的手机。人的媒介接触时长不断增加的同时，对媒介的接触方式并没有改变，即仍需要在很大程度上“禁锢身体”，将自我在一定程度上从所处的场景中抽离，从而将视线聚焦在媒介信息展示窗口“屏幕”上，以此获得信息的发送与接收。而元宇宙的到来将解放人对传统媒介终端的定义，在万物皆媒的现实世界中，依托裸眼3D等技术，人将依赖现实世界的信息增强与机器辅助，在不脱离原有场景的条件下，重新定义原有的工作方式，并在新的生产组织方式下从事更加多样化的劳作，逐步从现有固定化的媒介接触场景中解放。

身体的回归依赖于AR技术发展带来的媒介对身体限制的解放，在此之下人类将真正进入感觉平衡的“重新部落化”时代。由麦克卢汉的著名表述“媒介即讯息”出发，媒介的自治性使人在使用它时，不可避免对其产生依赖，形成对世界的新的感知方式。按照麦克卢汉的媒介理论，口语媒介因不借助任何外在媒介，保留了原有感觉器官的平衡，拼音文字和印刷媒介使部分感官得到延伸，而电子媒介则因使人身都得到延伸，再次进入感觉平衡而使社会进入理想状态。元宇宙到来后，借助AR技术获得“身体”解放，人类将更容易实现直接借助口语媒介的感官平衡的传播。

四、结语

VR技术可以改变人类对虚拟时空的体验，在无限虚拟空间中任意生成不同场景，使人凭借虚拟身份穿梭于为个人定制的和大家可共同生活的桃花源，实现对虚拟世界的空间内生；在受限于现实时间流速的虚拟时间中营造出更具沉浸感的体验，让孤枕锦衣寒的夜月倏忽而过，实现虚拟世界中时间感知的叠加。因此，VR技术的发展会使元宇宙创造出虚拟世界，形成无限内生的空间与知觉叠加的时间。AR技术可以改变人类对现实时空的体验，在有限的现实空间中随意切换不同的场景，在客厅中刻画出会议室的模样，并增加多人互动，实现现实世界的空间外拓；在有限的现实时间中迅速演化出春夏秋冬、日出日落，实现现实世界时间维度的丰富。因此，AR 技术的发展将会使得元宇宙作用于现实世界，形成无穷外拓的空间与维度丰富的时间。

元宇宙与科技力：游戏的中介化探索

冯元柳　蒋启迪*

【摘要】脱胎于现实世界的游戏，使人的想象力有所凭依。由于科技力的加持，虚拟世界与现实世界不断融合，虚实共生的“游戏新世界”逐渐被建构，使得游戏逐渐演变为元宇宙的先声。在科技力的推动下，游戏中介化进一步发展，游戏中的玩家凭借赛博格身体拥有了较强的社会联系，进而重置和转化了社会资本的积累方式。游戏中形成的受虚拟与现实双重规则影响的“新规范”，日益成为建构元宇宙的逻辑，并影响现实世界的社会发展与人类交往。通过游戏中介化，游戏将与科技力和元宇宙携手，对人类产生重要影响，催生出符合现实期待的多元应用。

【关键词】游戏　科技力　元宇宙　中介化

游戏的发轫与蓬勃发展离不开科技的进步，无论是高还原度的画质、类型多样的玩法，还是交互模式的迭代，其背后都离不开科技力的赋能。例如，游戏中逼真的场景与丰富的角色都离不开建模和渲染等技术。科技力赋能下的游戏完成了对虚拟世界的初级建构，使得虚拟世界不再停留于人类的头脑或文字层面，而是成为可亲身参与的存在。游戏并不止于玩，甚至不止于文化，它正在逐步超越传统的狭义认知，成为一个可以不断创造新价值与新可能的“超级数字场景”①。通过拓展现实、数字孪生、脑

---

* 冯元柳，北京清博智能科技有限公司研究助理；蒋启迪，北京清博智能科技有限公司研究助理。

① 顾见．游戏科技，腾讯助力实体经济的“新支点”［DB/OL］．https：//mp. weixin. qq. com/s/RBG4Ip0TxYmRO6Y9aHKY2A，2022 年 6 月 29 日．

机接口、区块链、5G、人工智能等新技术的运用，游戏将实现新的层级迁跃，逐渐演化为比现实世界更辽阔、更具想象力的新世界，成为元宇宙的先声。

因此，本文试图基于中介化理论，探索游戏中介化的过程与特点，即在科技力的助推下，游戏如何成为元宇宙的先声？随着游戏的发展，其逻辑与机制会怎样演进，又将产生什么影响？

一、游戏中介化的意向

媒介技术的发展突破了传统面对面的沟通方式，使人的交往不再局限于可直接感知的物理空间。电报、电视等媒介的出现，使人与人之间的交流要依赖中介物的存在，中介物起着连接双方的作用，而这个过程也被称为“媒介的中介化”。学者索尼娅·利文斯将中介化定义为两个相区分的元素、成分或过程之间的连接，中介化“协调人类活动”，并且让人理解整个世界和他们在世界中所处的位置①。在中介化过程中，传播技术一方面使时空的延展或跨越成为可能；另一方面也使人们的互动与体验被介入的物件和过程所形塑或转换②。人造物的中介形式成为人们交往、主体与客体关系建构的“把关者”。随着媒介与身体相融合的趋势，媒介中介化出现愈来愈隐形化的倾向，媒介物中介化作用的发挥也更为透明化。媒介物“上手”成为媒介中介化过程的一种常态。“上手”指的是身体与媒介物相融，媒介物成为人身体的一部分，变得“退出”、透明或“延伸”③。

游戏具有明显的中介化特质。得益于科技力的突破，电子游戏伴随网络的兴起而不断发展，成为一种社交空间，联结起处于不同空间的游

① Livingstone, S.（2009）. On the mediation of everything: ICA presidential address 2008［J］. *Journal of communication*, 59（1）, 1－18.

② 潘忠党．“玩转我的 iPhone，搞定我的世界！”——探讨新传媒技术应用中的“中介化”和“驯化”［J］．苏州大学学报（哲学社会科学版），2014，35（04）：153－162.

③ 杜丹．共生、转译与交互：探索媒介物的中介化［J］．国际新闻界，2020，42（05）：18－34.

戏玩家，使其形成意义共同体。同时，游戏也联结起了虚拟与现实空间，成为打通虚拟/现实意义空间结构洞的桥梁①。在未来，游戏将成为元宇宙的重要平台，游戏技术将以一种“准透明”的存在方式不断中介化人在元宇宙中的生存方式，并进一步对元宇宙和现实世界产生重要影响。

二、科技力助推下：元宇宙的诞生与演进

在游戏《Roblox》中，玩家如同在现实世界一般进行着经济交易，自觉遵守着城市及乡镇的各种规章制度，以维持社会生活的良好秩序；在《The Sandbox》中，明星、科技巨头纷纷下场买地建房；在《第二人生》中，教育中心、宗教礼拜等现实世界的场所一一出现……这些由游戏打造出的多元化生活场景，与虚拟社区中的社会性行为不断外溢，并逐渐脱离狭义游戏的边界，开始书写社会生活的宏大叙事，逐步向元宇宙这一新型社会形态演进。可以想象，游戏将摆脱单纯“娱乐”的虚拟世界，其中日益完善的社会系统将催化出新的虚拟文明，即元宇宙文明。同时，游戏中的数字居民拥有双重身份，在共同建构元宇宙文明的过程中，他们将把现实世界的秩序与价值渗透到元宇宙，加速元宇宙文明基底的沉淀，并进一步在科技力的助推下实现元宇宙对现实世界文明的超越。换句话说，元宇宙其实是一种数字革命以来发展起来的全部技术与社会现实融合发展的全新的文明形态——如同原始文明、农耕文明、工业文明一样，数字文明是人类文明发展的全新阶段②。

得益于科技力的发展，拓展现实、脑机接口等技术应用于游戏，这为元宇宙文明的诞生提供了远超于现实世界的数字领土，其可无限扩展的疆域为文明的演化、分裂与融合提供了丰富的沃土。此外，长期影响现实世界的环境污染、能源短缺等问题也不再是人类文明向前发展的限制条件，物质文明的发展将在元宇宙中得到前所未有的拓展，转入崭新的发展轨

---

① 杜世超．虚拟游戏如何改变现实社会网络［J］．青年研究，2021，(01)：51－63，95．

② 喻国明．元宇宙就是人类社会的深度“媒介化”［J］．新闻爱好者，2022（05）：4－6．

道。而与区块链相关的智能合约、DAO、身份认证、加密货币、数字资产等将型塑出比现实世界更为开放、透明、安全的经济体系，为元宇宙的发展奠定更加稳固的经济基础，孕育出更先进、更完美的上层建筑胚芽。

伴随游戏诞生的元宇宙文明释放出了无限的可能性，这种文明形态的演进并没有随着旧文明而消亡，而是成为与现实世界文明相交融的存在。而新旧文明的碰撞将带来一些不可避免的问题，由于元宇宙在演化过程中将保留并延续现实世界文明的话语结构与意识形态，所以民族主义、殖民主义等根深蒂固的老问题依旧可能被带入元宇宙文明。与此同时，玩家也能通过元宇宙获得对现实文明的沉浸式体验，从全新的视角生发对现实文明的认知与理解。例如，基于PCG生成技术的敦煌藏经洞，将结合文物数字化技术和游戏技术在线上构建数字藏经洞，1∶1毫米级高精度复现藏经洞的物理场景，并以文物为载体搭建数字互动的文化场景，让玩家可以沉浸式地体验藏经洞文物背后的“鲜活历史，帮助其了解丰厚的文化底蕴，实现与历史的零距离对话。而北京中轴线申遗项目则利用游戏在实时渲染、物理仿真等方面的技术，与文化遗产的高清数字扫描相结合，让玩家足不出户就突破空间和时间，体验中轴线的恢宏气势和四季变化。

三、游戏技术具身：虚实相融的社会交往

科技力作用于游戏，使游戏作为物质身体感知的中介，玩家凭借赛博格身体，以游戏技术具身的方式，从游戏成功进入元宇宙新世界。3D建模、实时渲染等技术的运用使游戏布景从简单粗糙的二维空间演进为立体仿真的三维空间，边缘计算和云计算的加持为玩家带来了低时延、高流畅的游戏体验，游戏由此高度复刻包括时间流速在内的现实世界所具备的一切要素，达成现实空间向线上空间的再繁殖。实体空间感知被迁移至虚拟世界，现实与虚拟彼此映射，为玩家缔造了熟悉的感知环境。而符合人体感知的手握操纵器、头戴式显示设备能与人体高度贴合，使得玩家在完成

游戏关卡和任务时，于无形之中深度沉浸游戏空间。

唐·伊德提出了三种身体理论，分别是物质身体、文化身体和技术身体。物质身体就是传统意义上的肉体，文化身体是基于社会和文化视角被建构起来的身体，而技术身体就是通过技术中介化形成的身体。① 在科技力的加持下，游戏为元宇宙孕育了趋于完美的赛博格身体。赛博格身体是物质身体在虚拟世界的延伸与映射，和现实世界的物质身体共享思维与意识，赛博格身体的出现赋予了人成为元宇宙中数字居民所应具备的基本条件，调适着人的认知、行为与体验。

赛博格身体还将跨越现实与虚拟的壁垒，在现实与虚拟的交互中摆脱去身体化的交流方式，让人在元宇宙中回归身体在场的理想交流形态。同时，物质身体在场的局限性也将被打破，赛博格身体可以在元宇宙中实现多时空的跳跃式在场，使得现实世界固有的时空观被改写。玩家可以上一秒在海边度假，下一秒就前往戈壁沙漠，身临其境地获取传统媒介技术无法为其带来的人生体验。例如，腾讯推出的数字长城项目，借助高精度数字还原的照片扫描建模与游戏引擎渲染技术，实现了超 10 亿面片的超现实数字场景，玩家可以“一镜到底”看到非常完整的自然环境②。此外，借助游戏引擎所实现的赛博格身体不仅能运用于休闲娱乐，还可实现对现实场景的延伸。例如，南航集团全资子公司珠海翔翼航空技术有限公司的飞行模拟机视景软件系统，利用物理真实的光照和渲染等游戏技术，打造大世界细节，为飞行员提供了超高分辨率、更加拟真、更具现场沉浸感的视景产品③。

游戏技术具身之后，人在游戏中通过原本的弱关系社交获取强关系社交的概率大大提升。面对面、临场化的交流使得线上的虚拟空间被赋予线下空间所具备的地理属性。玩家因兴趣而在地域上联结在一起，组成虚拟社区。使得地缘成为继趣缘之后，建构游戏虚拟社区的重要因素。社区地

---

① IHDE D. *Bodies in technology* [M]. Minneapolis: University of Minnesota Press, 2002: 138.

② 泽南，不务正业的腾讯游戏，正在帮助科学家们上天下地 [DB/OL]. https://mp.weixin.qq.com/s/1Yqsn9qvuH1cateA6tFarw, 2022 年 6 月 29 日.

③ 腾讯，2022 腾讯游戏发布会：但这篇文章我们不讲游戏 [DB/OL]. https://mp.weixin.qq.com/s/bPBN7nwLikj3ddHr3L6gbQ, 2022 年 6 月 27 日.

域化意味着，玩家能在游戏世界获取和现实世界人际交往相似的安全感、信任感与亲密感，从而使得结合型社会资本的积累将得到质的飞跃。而游戏中的社会交往所获取的社会关系与社会资本也会外溢到游戏外的现实世界，使玩家的现实生活被游戏中介化，形成基于游戏玩家群体的身份认同感。同时，游戏中介化将实现虚拟和现实的双向连接，使得玩家将线下的社会资本兼并到线上成为可能。现实世界的社会资本将以数据的形式被上传到游戏中，成为玩家在元宇宙开疆拓土的原始资本。

四、接轨社会现实：双重性游戏逻辑建构

游戏对用户的吸引力在于其创造了虚拟空间与虚拟情境，创设了全新的故事世界，形成了与现实空间存在差异化的运行模式，进而满足了人类的多样化需求。正如游戏研究的奠基人赫伊津哈所述，游戏行为是一种基于非物质利益的自由行动，这种行动尽管自由，却具有清晰的时空边界和固定的行动准则①。机制、故事、美学与技术构成了游戏运行的基本逻辑：机制是对游戏目标与目标实现方式的陈述；故事是游戏涉及事件展开的顺序，线性或随机；美学是影响游戏体验的直接因素，如外观、声音、气味等；技术则是让游戏实现与交互的因素。这四种基本元素的存在建构起游戏的基本形态。② 正如齐美尔在论述两类不同交往关系中使用“桥”与“门”的隐喻，游戏具有“桥”与“门”双重属性。游戏是“桥”，将接受游戏运行规则的玩家相连接；游戏是“门”，将不符合运行规则的玩家与之相分割。由此可见，游戏运行的底层逻辑正是游戏发挥“桥”与“门”作用的关键。在底层逻辑的基础上，凭借机制、故事、美学与技术运行的游戏让玩家形成自我认同，同时与其他玩家构筑成一个意义共同体。他们具有一定的价值、目标，甚至有共同的生活方式与观念。

---

① 杜世超．虚拟游戏如何改变现实社会网络［J］．青年研究，2021，(01)：51－63，95．

② 杰西·谢尔（Jesse Schell）．游戏设计艺术：第3版［M］．刘嘉俊，等，译．北京：电子工业出版社，2021：57－59．

由于科技力对虚实融合的推进，共同体的外延不断拓展。由于具有现实身份的个体能够通过虚体际①的主体间关系进行交往，原本游戏之间的沟壑被打破，不同游戏中的身份、信用与行为能够进行相互操作。现实身份与游戏身份的融合使得游戏角色成为具有意识的主体，虚拟与现实空间也被连接起来，现实世界中的规则与秩序也向虚拟世界进行延伸。一方面，元宇宙中的游戏规则呈现以社会现实性为基础，符合社会的一般性规律的特征；另一方面，由于投身元宇宙的创作者、程序员具有为社会所共同承认的一定的认知、伦理与价值体系，也使得游戏中隐含着现实的价值理念。相较于现实世界，存在于游戏中的机制、故事、美学与技术有了一定的变通和跳转，他们遵循的是游走于虚拟世界和现实世界的共同基准。

由此，具有虚拟与现实双重特性的游戏逻辑将对元宇宙和现实世界逐渐渗透。游戏中自我与自我所构筑的社会关系，并不是对社会现实的简单复制，而是对自我、对社会关系一种重塑。自我渴望在虚拟的游戏世界中形成一个有别于现实的自我，同时也期待建构起新的社会关系。因此，由游戏孕育的元宇宙保留了传统社交游戏中所有游戏参与的自发性，以及所有玩家都可以自由活动的机制。同时，元宇宙将产生虚拟与现实交织的故事与美学。此外，区块链技术为元宇宙提供了底层技术支撑，其去中心化与开放性的技术特征，使得人们共同推进世界运转进程，并在此过程中实现自身的需求，形成弥合性的组织。人们可以自由选择何种化身、从事何种职业、加入何种社区，“自由人联合”成为元宇宙构想中的核心话语。元宇宙成为一种超时空、不受限、无封闭的自由主义乌托邦②。

玩家在游戏过程中所具备的游戏身份，会以数字化身的方式同时存在于游戏服务器和价值感知体系上，借由游戏科技力与游戏文化力的融合，加强对现实世界的影响。同时，游戏中的自由机制作用于元宇宙，也使得在运行过程中，人们之间会形成独特的行动准则，反作用于人对现实社会的认知。游戏使得人们形成一种独特的评价标准，是“道德化”想象后建

---

① 蓝江．元宇宙的幽灵和平台—用户的社会实在性——从社会关系角度来审视元宇宙［J］．华中科技大学学报（社会科学版），2022，36（03）：10－17．

② 于京东．元宇宙：变化世界中的政治秩序重构与挑战［J］．探索与争鸣，2021，（12）：42－53，177－178，181．

构出的一套理想化行动准则①。例如，在团队类竞技游戏中强调团队的合作性准则，认为游戏玩家之间需要相互配合，关注队友行动，并在危急的情况下对队友进行帮助，更多强调团体利益的重要性。这种游戏中形成的共享的道德想象反作用于人们对意义的认知，游戏的规则被移植到现实社会中，从而形成基于元宇宙与现实社会的“新规范”。

五、游戏的反渗透：科技力赋能多元应用

伴随着受众面的扩展和游戏场景的多样化，游戏中介化也逐渐覆盖教育、医疗、商业、公益、文化、科普等多个领域，并与元宇宙结合，在科技力的助推下，衍生出多元的场景应用。在教育领域，游戏将成为科技力与文化力的新型艺术结晶，其应用可以带来充满科技感与人文气息的创意互动体验，提升教学效果。在文史哲等学科教育中，游戏界面融合了科学探知、传统文化、数字科技的画面元素和语料库，实现跨越历史与空间界限、回溯古今中外经典故事的能力。通过可视化、趣味性、强反馈的高品质游戏式学习体验，有效提升学生在面对理论型学科时的积极性和专注力，在实现知识跨代际、跨国界、跨时空传递的同时，充分延伸游戏为生活创造的价值与可能，以趣味互动助力教育创新。

在智慧医疗和康复领域，大脑训练类游戏让玩家探索大脑潜能，提升注意力、思维速度、记忆力等认知能力，甚至获得部分脑部疾病辅助治疗的可能。在抑郁症、自闭症等特殊群体的康复训练中，可引入数字孪生化的拟态环境模拟现实生活中的交往行为，通过“模拟世界”类游戏提供与现实世界平行的另一重空间智能，适配患者的康复进程。运用脑机接口技术，还可将患者抽象的脑活动形象化表达，帮助医生制定诊疗方案。

在商业活动领域，游戏的设计较为强调参与者的具身性与在场感，带来更大的商业价值创造。在虚拟会议这一商业传播中，可模仿游戏中的交互界面设计，以更具创意与高效的方式邀请客户或者商业伙伴加入，实现在仿真环境中的交流、洽谈、签约。在车展、机展等高客单价的产品展销

① 杜世超．虚拟游戏如何改变现实社会网络［J］．青年研究，2021，(01)：51－63，95.

会上，可通过游戏建模与渲染技术打造的酷炫参展场景，通过游戏耳机传导的发动机涡轮震撼音效，加强视觉冲击力和视听碰撞体验，让参与者沉浸在现实与虚拟交互的赛博空间，实现双方的商业目的。

凭借科技力的突破，游戏中介化不断发展，使得游戏的逻辑在更广泛的场景渗透，这不仅拓展了人们在各个场景中最原初的体验感，还推动了人们在现实世界与元宇宙中的社会交往模式的变迁，并将在元宇宙的发展过程中反哺现实世界，为现实世界和元宇宙提供虚实共生的解决方案。然而，元宇宙中高度自由的文明形态，与受到种种因素限制的现实世界文明不同，当物理空间随着承载介质的升级被简化抽象为全方位的空间数据，真实存在的世界将与元宇宙并存。届时，身体虽然能在虚实空间中自由流动，但当元宇宙占据人类生活的主体时，或许会导致人们思想观念的变化，进一步冲击现实世界的公共秩序，甚至引发去政治化和去国家化的风险。

老年患者过度医疗：基于近现代医学文化的视角

刘玮玮*

【摘要】当前我国老年患者过度医疗主要表现为过度检查、不合理入院、过度用药这三种形式。老年患者过度医疗既伤害了老年患者，也造成医疗卫生资源的极大浪费，同时也引发医患矛盾。老年患者过度医疗的文化根源在于近现代医学文化的影响，近现代医学文化过于注重生物因素、推崇高新科技和依赖化学药物导致过度医疗的产生。从文化的视角看，为了缓解老年患者过度医疗问题，应该采取促进生物医学模式向生物—心理—社会医学模式的转变以及理性看待高新医疗科学技术这两大文化举措。

【关键词】老年患者　过度医疗　医学文化

随着我国人口老龄化的不断加剧，老年人的健康问题备受关注，老年患者的过度医疗就是其中之一。所谓过度医疗是指医方给患者超出其病情需要的诊断和治疗措施。① 具体而言，过度医疗既包括医疗机构和医务人员提供给患者的超越治疗价值和范围的多余方式，同时也包括医方对患方所采取的不必要的或错误的检查方法，以及使用与此疾病治疗无关的、治疗效果不明显或不确定的药品。② 老年患者所遭遇的过度医疗不仅直接伤

---

* 刘玮玮，华北电力大学马克思主义学院教授。

① 曾益新．怎样遏制过度医疗？[J]．求是，2014（5）：51－52.

② 廖新波．过度医疗的伦理学分析［J］．临床误诊误治，2015（1）：1－5.

害老年患者，而且造成医疗资源的浪费，同时也引发医患矛盾，因而需要对其予以重视并加以缓解。老年患者过度医疗的产生由多种因素导致而成，文化因素就是其中的重要原因。本文即从文化的视角对老年患者过度医疗问题予以解析，并寻求解决这一问题的文化举措，以促进健康老龄化。

一、老年患者过度医疗的表现

过度医疗主要包括过度检查和过度治疗这两种形式。过度检查是指患者在医院过多或超范围地接受与自身病情无关的检查，它主要表现为检查项目套餐化、检查结果孤立化、检查手段复杂化、检查指征扩大化等。过度治疗是指疾病的诊疗方式和手段超出了疾病诊疗的实际需要，它主要体现为放宽住院标准，扩大治疗、手术适应症，热衷使用进口、高档医用器材等形式，另外还包括经验用药、盲目用药、联合用药搞“大包围”、偏爱高档药物和冷落低廉药物、滥开辅助用药等做法。① 根据过度医疗的外延界定，当前我国老年患者存在的过度医疗问题主要表现为过度检查、不合理入院、过度用药这三种形式，后两者属于过度治疗。

首先，就过度检查而言，由于医疗检查有助于及早发现疾病，而老年人身体器官的各项功能不断减退、身体免疫力和抵抗力日益下降，再加上近年来我国人民健康意识的增强，老年患者在就医时很乐意接受各种医疗检查。必要的医疗检查确实有助于改进老年人的健康状况。然而，当前我国不少老年患者遭遇的却是过度检查。虽然没有直接的关于我国老年人过度检查数据资料对此予以论证，但是我们可以按照常理来推论。有关统计曾表明，目前我国有70%的患者遭遇过度医疗现象，20%~30%的大医院收入来自过度医疗。② 在过度医疗的范畴里，我国患者反映较为突出的一项是过度检查。③ 以我国CT检查为例，2015年至2016年在山东泰安市进

---

① 廖新波．过度医疗的伦理学分析［J］．临床误诊误治，2015（1）：1－5．

② 尚全良，周启昌，肖恩华．影像医学检查中的过度医疗［J］．医学与社会，2006（12）：60－62．

③ 刘鏸，聂娴．给过度检查“把把脉”［EB/OL］．［2022－07－04］．http：//newpaper. dahe. cn/hnrb/html/2012－04/20/content_697735. htm？ div＝－1．

行的一项关于医院过度放射性检查调查结果表明，如果以年均2次以上的CT检查涉嫌过度检查为研究标准的话，70.30%的患者在接受诊疗的过程中存在过度放射检查的现象。[①] 2015年，人民网也发文指出，在我国目前存在的十大过度医疗行为中，多次复查头部CT位居榜首。事实上，在临床工作中，很多头部CT复查用于评估患者的精神状况变化，真正有临床意义的头部CT检查比例很低。[②] 根据蓝皮书《中国老龄事业发展报告(2018)》公布的数据，近八成的老年人患有慢性病。[③] 目前我国老年人口总数超过2亿，可见老年人是我国患者的主体部分。在过度检查盛行的大环境下，老年患者作为患者的主体部分自然难以幸免，他们甚至有可能因为其年龄特征而成为过度检查的重点对象。

不合理入院也是我国老年患者常遭遇的过度治疗情形之一。随着我国老龄化进程的深入，在我国老年人口数不断增加的同时其医疗服务需求也在不断地增加，越来越多的老年人由于身患疾病而需要住院治疗。较之于其他年龄群体，老年患者由于年岁高和体质弱而使得其住院天数长、医疗费用高。2009年，《生命时报》联合39健康网进行了一项名为“国人健康投入”大型调查，调查结果表明，在所有年龄群体中，老年人群的健康花销最大，占到总支出的45.49%，且我国国民看病80%的费用花在临终前一个月。[④] 在老年人庞大的医疗费用构成中，住院费无疑占据着较高比例。虽然老年人需要住院治疗，但是并非所有的住院都是必要的与合理的。在老年患者不需要住院治疗的情况下而让其入院，这种情形就是不合理入院。以我国农村老年人为例，2012年，一项关于新型农村合作医疗老年人住院服务需求的研究通过选取湖北省和陕西省5个县市作为样本地区，随机抽取样本地区县乡两级医疗机构老年患者的住院病历，并在此基

---

① 魏莹，楚存坤，赵昕．医院过度放射性检查调查与分析［J］．医学理论与实践，2017（16）：2493－2495.

② 张芳．国内外专家点评：十大过度医疗行为［EB/OL］．［2022－07－04］．http：//health.people.com.cn/n1/2015/1215/c21471－27930295.html.

③ 党俊武．中国城乡老年人生活状况调查报告（2018）［M］．北京：社会科学文献出版社，2018：124.

④ 唐珍．中国人看病的钱80%花在临死前一个月治疗上［EB/OL］．［2022－07－04］．http：//health.sohu.com/20091229/n269287930.shtml.

础上对其中一部分老年患者予以入户调查，病历资料分析结果显示，县级医疗机构老年人不合理入院率为14.29%，乡镇卫生院老年人不合理入院率为30.10%。调查还显示，就科室而言，老年人内科更易发生不合理入院现象，而外科不合理入院的发生率较低；就系统疾病而言，老年人在循环系统和骨骼肌肉类疾病发生不合理入院的概率较高。[①]

除此之外，我国老年患者的过度治疗还表现在过度用药。所谓过度用药是指患者超过临床需要使用一种或多种药物[②]。相对于其他年龄群体的患者，老年患者常患慢性疾病，他们比常人更多地依赖药物。以北京市老年人用药情况为例，詹思延等对该地区754名老年人两周用药情况进行调查后发现，老年人药物使用频率达77.6%[③]；周云云等对124名北京市海淀区老年人和119名北京市大兴区老年人用药情况所进行的调查表明，老年人药物使用频率高达81.5%[④]。由于很多老年患者罹患多种慢性疾病，他们不但经常服用药物，而且还会同时服用多种药物。有关调查显示，我国65岁以上的老年人中，有25%左右的老年人在同时服用4~6种药物，由于用药不当给老年人带来的问题也比其他年龄的人要多。[⑤] 在老年患者频繁用药和多重用药的情况下，过度用药问题也就难免发生。老年人的过度用药主要表现为经验用药、盲目用药、重复用药等行为。例如，周云云等人对北京地区老年人用药情况进行调查后发现，有73.3%的老年人经常根据自己或他人的经验自行服用药物，43.2%的老年人从不咨询医务人员就服用家中的备用药物，21.4 %的老年人服用过期药物，6.2 %的老年人曾经服错药物。[⑥] 另有报道称，老年人群私自购买的药物约为成人人群的

---

① 高晓娜，陈迎春，储召群，张丽晶．新农合老年人住院服务过度需求特征及原因分析［J］．中华医院管理杂志，2015（4）：279－282.

② 齐玉琴．老年人过度用药危害及合理用药措施［J］．国外医学·老年医学分册，1997（5）：202－205.

③ 詹思延，李立明，李芫．北京地区754名老年人二周用药调查［J］．药物流行病杂志，1997（1）：39－41＋9.

④ 周云云，郭桂芳．社区老年人用药管理的调查分析［J］．护士进修杂志，2002（7）：557－559.

⑤ 候赛．老年人过度服药现象普遍重复用药病上加病［EB/OL］．［2022－07－04］．http://hnrb.hinews.cn/html/2017－01/05/content_20_1.htm.

⑥ 周云云，郭桂芳．社区老年人用药管理的调查分析［J］．护士进修杂志，2002（7）：557－559.

7 倍，且约有 2/3 老年人在身体不适的时候使用家中备用药。[①] 可见，老年人过度用药并非个别现象，而是普遍性的社会现象。

以上阐述的只是当前我国老年患者遭遇的主要过度医疗方式。除此之外，我国老年患者有可能还会遇到其他过度医疗行为。例如，在过度治疗方面，老年患者有可能会接受不必要的外科手术、化疗、输血等治疗方式。需要指出的是，老年患者遭遇过度医疗并非我国独有的现象，世界其他各国也存在此类现象。例如，澳大利亚研究人员通过查阅 10 个国家的 38 个案例后发现，约 1/3 的老人在离世前 6 个月接受过“毫无意义”的过度治疗，涉及的治疗方法包括外科手术、化疗、影像诊断、输血和重症监护等。[②] 当然，这也说明老年患者遭遇过度医疗是当今世界很多国家共同面临的问题。

二、老年患者过度医疗的后果

关于过度医疗问题，虽然目前人们对此还存在一定的争议，这一争议主要集中在“过度”的衡量标准上，但是有一点却达成共识，那就是过度医疗存在诸多危害，包括自然科学和社会科学在内的越来越多的科学研究都已对此予以证实，老年患者作为弱势群体更是从中受到伤害。从伦理学的角度而言，老年患者所遭遇的过度医疗从根本上有违医学伦理学的四大基本原则，即不伤害原则、有利原则、尊重原则和公正原则，给社会、家庭和个人都造成不良影响，其中表现最为突出的两大问题就是伤害老年患者和造成医疗卫生资源浪费。

从老年患者的角度而言，过度医疗严重损害了老年患者的身心健康和侵害了老年患者的切身利益。科学研究表明，无论是过度检查还是过度治疗，都会损害患者的身心健康。以 X 线相关影像学检查为例，医学专家指出，这一检查会造成被检查者的部分机体细胞受损，患者在短时间内接受

① 齐玉琴．老年人过度用药危害及合理用药措施［J］．国外医学·老年医学分册，1997（5）：202－205．

② 万思琦．澳研究：许多老人临终前曾被过度治疗［EB/OL］．［2022－07－04］．http：//www.huanqiu.com/r/MV8wXzkwOTYxNDZfMTM0XzE0NjcxMjM3MDY=？s=uc_zaozhidao．

较多次数的 X 线照射的话，不仅将对身体细胞造成不可弥补的损害，而且将大大增加未来诱发癌症疾病的概率。① 再以过度用药为例，临床资料表明，较之于青年人，老年人用药引起的毒性反应及副作用要高 3 ~7 倍，且药物毒副作用的发生率与使用药物的种类呈正比。② 有关研究还表明，有近 1/7 的老年人死因源于其不合理用药而引起的不良反应，其发生率为 15% ~20% ，过度用药不仅导致药源性疾病的增加，同时造成老年人生命质量的下降。③ 除了这些身体上的伤害，老年患者的心理健康也会受到影响。例如，某些医疗检查所提示的疑似结果无疑会加重老年患者的心理负担；临终老年患者遭遇过度抢救不仅使其活得没有尊严，而且也会使其在心理上备受煎熬与痛苦。过度医疗不仅直接损害老年患者的身心健康，而且增加了老年患者及其家庭的经济负担。以医疗器械设备为例，早在 2011 年我国医疗器械设备的市场规模就达到 1200 多亿元，2000—2010 年的医疗器械设备复合增长率约 21. 3% 。④ 我国医疗器械设备市场规模高速增长的现象在很大程度上反映了我国日益凸显的过度医疗问题，与之相应的则是我国卫生费用的增加。《中国统计年鉴 2019》 显示，2000 年我国卫生总费用为 4586. 63 亿元，2011 年增至 24345. 91 亿元，而 2016 年进一步增加至 46344. 88 亿元，2018 年高达 59121. 90 亿元。⑤ 由于我国是一个严重老龄化国家，老年人口卫生费用在卫生总费用中占的比重较高，因此我国卫生总费用的大幅增长也反映了我国老年人口卫生费用的快速增长。就老年人卫生费用增长的影响因素而言，医疗技术进步就是其中之一⑥。如果老年人在就医过程中过多使用高新技术设备、高档医疗器材和高档药物的

① 魏莹，楚存坤，赵昕．医院过度放射性检查调查与分析［J］．医学理论与实践，2017（16）：2493 -2495.

② 胡翠兰，李勇军．老年人的合理用药与用药原则浅析［J］．实用中医内科杂志，2008（6）：104.

③ 粟艳，杨喜忠．不合理用药对老年患者康复的影响及预防措施［J］．第四军医大学学报，2001（10）：925.

④ 刘雪娇，王颢颖，张凤，舒展．过度医疗的诱因分析及界定方法研究［J］．中国卫生事业管理，2016（3）：177 -180.

⑤ 中华人民共和国国家统计局．中国统计年鉴 2019［EB/OL］．［2022 -07 -04］．http：//www. stats. gov. cn/tjsj/ndsj/2019/indexch. htm.

⑥ 王超群．老龄化是卫生费用增长的决定性因素吗？［J］．人口与经济，2014（3）：23 -30.

话，其卫生费用不可避免地增长，老年患者及其家庭因此要承受更重的经济负担。显然，过度医疗违背了不伤害原则、有利原则、尊重原则（不少情形中医方对老年患者实施过度医疗的时候并不需要取得患者的知情同意），它直接损害了老年人的身体利益和经济利益。

从社会的角度而言，过度医疗造成医疗卫生资源的极大浪费。作为世界人口大国，我国的医疗卫生资源相对匮乏，尤其是随着我国人口老龄化程度的深化，医疗卫生资源供不应求的矛盾日益突出。然而，过度医疗使得人们在诊疗时原本可以采用简便的、廉价的、常规的、一次性诊断方式，但却采用复杂的、昂贵的、高新的、重复性诊断方式；原本可以选用廉价药物和医疗耗材，但却选用高价药物和医疗耗材；原本可以保守治疗，却选择手术治疗；诸如此类行为都会造成医疗卫生资源的极大浪费。以医疗检查为例，一项关于我国 CT 检查过度使用的研究通过选取我国一个地级市所有具备 CT 设备的二、三级医院予以调查，调查结果表明，就 CT 检查结果的阴性率（即无异常的比例）和诊断符合率而言，被调查者 CT 检查中阴性率为 40.7%，临床与影像诊断符合率为 62.5%；就设备利用中的可替代性而言，有 7.21% 的患者可用 X 线检查来替代，有 5.13% 的患者可用 B 超检查替代。① 众所周知，CT 检查费用远高于 X 线检查和 B 超检查费用，很多情形之下患者并不需要接受 CT 检查却接受了该检查，这只会造成医疗资源的浪费。事实上，该研究结果也表明，根据该市可节约水平和近年来 CT 的全国配置，推算可减少不必要检查费用高达 4 亿元左右。② 关于这一点，2010 年我国召开十一届全国人大常委会第十八次会议之际，全国人大常委会委员程津培也指出，我国各个地方的公立医院在继续盲目扩张，购进昂贵的设备，这在一定程度上造成医疗资源的重复浪费。③ 我国本来就存在医疗资源相对匮乏的问题，过度医疗对于医疗资源的严重浪费势必加重这一问题。另外，当部分老年患者遭遇过度医疗的时

---

① 雷海潮，胡善联，李刚．CT 检查中的过度使用研究［J］．中国卫生经济，2002（10）：23－26．

② 雷海潮，胡善联，李刚．CT 检查中的过度使用研究［J］．中国卫生经济，2002（10）：23－26．

③ 王忠明．“过度检查”应予有效遏制［J］．中国医药科学，2011（2）：12．

候，这在一定程度上导致其他老年患者正当的医疗需求可能无法得到满足，这从根本上有违公正原则。

除了上述不良后果之外，过度医疗也会对老年患者与医方的关系构成不利影响。无论是医生出于对经济利益的追求（虽然这种对利益的追求有时候是为了完成医院下达的业绩任务），还是出于自我保护（过度的举证倒置使得医生将过度医疗作为减轻或推卸自己责任的保护伞）的动机，他们利用自己在技术和知识掌握上的优势地位，在没有充分告知患者的情况下诱导患者的需求，这种行为势必破坏患者对医生的信任，导致医患关系紧张，制造和加剧医患矛盾。

三、老年患者过度医疗的文化根源——近现代医学文化的影响

老年患者过度医疗的产生由多种因素造成。从文化的视角来看，这一问题的根源在于近现代医学文化的影响。作为人们在长期的医学社会实践中所形成的一种文化，医学文化是指医学领域中通过物质因素、精神因素、规制因素、行为因素和心理因素承载的人类关于医学的所有主观信息，它是指导人们进一步进行医学社会实践的原动力。[①] 由于马克思以 1640 年的英国资产阶级革命作为世界古代史与近现代史划分标志，因此近现代医学文化是指 17 世纪以来的医学文化。

近现代医学文化诞生于风云变幻和矛盾激烈的社会历史背景之下。400 多年以来，从国际关系的角度而言，这是一个以英国为首的，包括葡萄牙、西班牙、法国、俄国等国在内的各个新老资本主义国家纷纷推行殖民统治，赤裸裸地争夺主体权利的时代；从经济发展的角度而言，这是一个世界各国纷纷推行各自的经济策略和资本主义经济之世界体系形成的时代；从政治发展的角度而言，这是一个社会政治趋于高度理性和意识形态争论愈演愈烈的时代；从科技发展的角度而言，这是一个科学技术突飞猛进和日新月异的时代；从人文发展的角度而言，这是一个人文精神严重缺

① 昝加禄，昝旺．医学文化学［M］．北京：人民卫生出版社，2011：58.

失和人本精神受到伤害的时代。这种特殊的社会历史背景造就了近现代医学文化的六个基本特征。其一，以西方医学为主流。这里所说的西方医学是指17世纪以后在西方自然科学基础上发展起来的以生物医学为核心、以科学实验为手段的现代医学，经过400年的发展，它已经成为全人类共同拥有的医学。其二，以生物医学为主脉。这主要体现在西方医学的产生基础和发展方向皆以生物医学为基础、西方医学以生物指标的实证考量为依据、西方医学以生物体结构和功能的健全维护为宗旨、西方医学的学术体系是以生物医学为纲建立和发展四个方面。其三，以高新技术为主导。这一特征又充分体现在三个方面：一是对医学的基本认识方面，现代科学技术提供了无限深入的方法和手段；二是对伤病的临床治疗方面，现代科学技术提供了可无限追求的空间和愿景；三是在对医理的精神发掘方面，现代科学技术提供了可无限拓展的领域和前景。其四，以创新精进为主骛。整个现代西方医学从局部到整体、从方法到理论、从形式到内容、从现象到本质几乎都是于17世纪以后发现和创立起来的，这不仅说明将此400年界定为医学文化多元重塑阶段无懈可击，同时也说明近现代医学乃至全面创新的观点确切可信。其五，以化学药物为主体。这一基本特征又是对生物医学规律和特征的反映。在现代医学中，几乎所有的药品都是以化学原料或者化学技术制成的，化学药品覆盖疾病预防和治疗的每一个具体方面，且其品种繁多、数以千计。其六，以超域平台为主构。也就是通过成立国际性的医学组织、制定国际性的医学法规和构建国际性的运行机制等方式，将神圣的医学事业经营成人类共同的事业。这六个基本特征概括地叙述了自17世纪以来西方医学发展的特点和趋势，其核心宗旨说明近400年的人类医学正在经历一场伟大的时代变革，而这种变革的标志即表现为医药学正处于医学文化多元重塑的演进阶段。①

在西医一统天下的现代社会，近现代医学文化对我国的影响广泛而深刻。就我国老年健康领域而言，近现代医学文化直接造成老年患者过度医疗的产生。其一，近现代医学文化以生物医学为主脉虽然极大地推动了医学科学的发展，但它使得医生过于关注导致疾病产生的生物因素而忽视患

① 昝加禄，昝旺. 医学文化学［M］. 北京：人民卫生出版社，2011：120－148.

者的社会因素和心理因素，过于注重患者生物指标的考量而缺乏对患者综合情况的考察，从而在诊疗的时候更多地诉诸医疗设备和药物的作用，这在一定程度上导致过度医疗的产生。其二，近现代医学文化以高新技术为主导和以创新精进为主鹜的特征虽然在很大程度上提高了医疗诊断和治疗的技术水平，但是这会导致“科技万能论”，而“科技万能论”使得人们过于相信高端科学仪器和高新医疗技术，他们认为高端科学仪器和高新医疗技术是当今医学水平先进性的体现，是对患者有益的医学工具。在医学领域中，那些成本低、多年行之有效且安全适宜的技术被快速地抛弃，风行的是那些能够名利双收的所谓创新、创业、创收的“三创”技术①。这样一来，使得老年人的诊断费用和治疗费用大幅增长，导致过度医疗问题的产生。其三，近现代医学文化以化学药物为主体的特征也会导致过度用药问题的产生。由于现代医学追求生物指标的考量与调校，而化学药物在调校生物指标方面有着得天独厚的优势，它在临床实践中具有高效率、高针对性的作用，这就使得很多医生与患者过多地依赖化学药物以解除病情，导致过度用药问题的产生。

可见，虽然近现代医学文化造就了现代西方医学的辉煌，但是在现代社会这一文化也逐渐暴露其与新时代不相适应的一面，在一定程度上导致过度医疗的产生，需要我们对其予以审视和反思。

四、缓解老年患者过度医疗的医学文化举措

从文化的视角来看，正是因为近现代医学文化过于注重生物指标、推崇高新技术和依赖化学药物导致过度医疗问题的产生，因此为了缓解过度医疗问题，我们应该从源头着手，采取以下两大医学文化举措。

其一，促进生物医学模式向生物—心理—社会医学模式的转变。所谓医学模式是指人们对于健康和疾病的总看法。医学模式依附医学，随着医学的发展而发展，同时又对医学发展产生能动的反作用，它指导人们开展医学科学研究，成为人们从事医学实践活动的理论框架。自蒙昧的原始社

① 郭福玲，尹学东．过度医疗原因解析［J］．医学与哲学（B），2017（6）：7－10，14.

会至医学昌明的现代社会，医学模式的发展先后历经了神灵主义医学模式、自然哲学医学模式、机械论医学模式、生物医学模式，再到今天的生物—心理—社会医学模式。与近现代医学文化对应的是生物医学模式，这种模式以实验医学科学为基础，认为每种疾病都必须并且可以在器官、细胞或生物大分子上找到可以测量的形态或化学变化，都可以确定出生物的合理化的特点原因，都应该能找到治疗手段。显然，生物医学模式很注重生物因素，强调对药物的依赖。虽然这一模式极大地推动了医学科学的发展，但是它过于重视生物医学在疾病产生和发展中的作用，而忽略了患者的社会因素和心理因素在其中的作用。生物医学模式的这一缺陷是内在的，它从根本上偏离了“人”这一医学对象的完整性。[①] 随着人类疾病谱和死因谱的变化，传染病、寄生虫病、营养缺乏病已经不再是威胁人类生命的主要疾病，取而代之的是心血管疾病、恶性肿瘤和脑血管疾病等与心理性和社会性因素密切相关的慢性疾病，人们越来越意识到需要从生物、心理、社会各个角度综合考察人类健康和疾病。1977 年，美国罗切斯特大学医学院精神病学和内科教授恩格尔（Engel. GL）提出了新的医学模式——生物—心理—社会医学模式，这一模式要求医生认识到人是生物属性、心理属性、社会属性的有机统一体，它有力地证明了医学是科学和人文的完美统一[②]。相对于生物医学模式，生物—心理—社会医学模式无疑更为科学合理。然而，由于近现代医学文化对我国的广泛影响，目前生物—心理—社会医学模式作为一种新的理论未曾全面普及开来，生物医学模式还是在很多人心中根深蒂固。如果我们能够在老年健康领域中大力推行生物—心理—社会医学模式，这将有助于医生在诊疗的时候综合考察老年患者的情况而非简单地诉诸医疗设备和药物，从而减少过度医疗问题的产生。

其二，理性看待高新医疗科学技术。近现代医学文化对于高新医疗科技无比推崇，直接导致“科技万能论”。然而，对于人类社会而言，科技

---

① 彭瑞骢，常青，阮芳赋．从生物医学模式到生物心理社会医学模式［J］．自然辩证法通讯，1982（2）：25－30.

② 张金钟，王晓燕．医学伦理学（第3版）［M］．北京：北京大学医学出版社，2013：7.

是一把双刃剑，它在给人类带来福音的同时，也会因为使用不当给人类造成灾难。在医学领域中，虽然高新技术设备提高了诊断的精确度，但也增加了对患者的伤害性。可见，科技并非万能。为了消除“科技万能论”对医学的不良影响，我们并不能简单地否定科学的作用，而是要学会理性地看待科学的本质及其作用。正如美国科学史家萨顿所言：“没有同人文科学对立的自然科学，科学或知识的每一个分支一旦形成都既是自然的也同样是人的。”① 他认为，科学既不是其自身的目的，也并非满足人类自然欲望的工具，更不是达到以科技为目标的方法，科学应当与合乎人性的价值体系以及行为原理相配合。因此，为了正确发挥科技的作用，我们应该将科学文化与人文文化紧密结合起来，用人文文化对科学文化加以补充与调节。②

上述缓解老年患者过度医疗的医学文化举措可以主要通过教育和宣传两种手段加以实现。就教育而言，一是要进一步完善我国医学教育体系，将生物—心理—社会医学模式贯彻到医学教育体系中，增设医学人文课程，提升医学生的人文素养；二是要加强对医务人员的道德教育，通过道德教育帮助医务人员正确认识人的整体统一性，培养他们对患者的道德责任感，不断提高医务人员的道德素质，使其学会尊重患者并理解患者，从而实现思维方式从生物医学模式向生物—心理—社会医学模式的转变。就宣传而言，媒体尤其是新媒体一是要多宣传生物医学模式向生物—心理—社会医学模式转变的必要性；二是要引导公众建立对疾病和医疗高新技术的理性认识，普及人文知识，通过科学传播帮助公众树立正确的科学观；三是要弘扬“尊老敬老爱老助老”新型孝文化，营造关爱老人的社会氛围。需要强调的是，老年人过度医疗问题的形成并非一朝一夕，要想缓解这一问题同样难以一蹴而就，因此无论是道德教育，还是媒体宣传，这两者都需要长期进行，久久为功方能见效。

---

① 乔治·萨顿．科学史和新人文主义［M］．陈恒六，等，译．北京：华夏出版社，1989：49.

② 陈其荣．科学主义：合理性与局限性及其超越［J］．山东社会科学，2005（1）：35－39.

学术观察

转化与传播：借助传统文化符号塑造可爱的中国形象*

范　红　王子涵**

【摘要】随着文化日益成为国家形象塑造的直观载体与战略资源，优秀传统文化将在中国国家形象建设中发挥更加重要的作用。习近平总书记关于中华文化与国家形象的重要论述，为借助中华传统文化符号塑造可爱的中国形象提供了根本遵循。立足于符号的表征与互动功能，文化符号对国家形象塑造具有意义建构与认同建构的双重作用。根植于“日常生活”这一广阔而活跃的实践领域，结合中华文化的内在特性，中华传统文化符号对于提升“可爱中国”的表现力、亲和力具有不可替代的赋能作用。据此，要以精神内涵为内核增强文化符号感召力，以创意设计为抓手提升文化符号可用性，以数字媒介为依托巩固文化符号传播力，以产业出海为驱动厚植文化符号渗透力，最终建构起源于生活、融入生活的中国传统文化符号体系，支撑“可爱中国”的持续塑造与灵活表达。

【关键词】国家形象　传统文化符号　可爱　日常生活

---

* 本文系2018年国家社会科学基金艺术学重大项目“文化自信与国家形象研究”（项目编号：18ZD21）的阶段性成果。

** 范红，清华大学新闻与传播学院教授，清华大学国家形象传播研究中心主任；王子涵，清华大学新闻与传播学院博士后，通讯作者。

一、现实背景：国家形象与传统文化

文化是中外文明交流互鉴的重要桥梁，是国家形象塑造的直观载体与战略资源。21世纪以来，随着国家形象传播的核心载体从政治话语、经济话语逐渐转向文化话语，文化对于提升国家形象亲和力、感召力、影响力的独特作用开始愈发凸显。在未来，以文化话语为核心、以文化软实力为重点、以文化传播力为抓手，助力中国形象当代建构，就显得尤为紧迫与关键。习近平总书记指出："要更好推动中华文化走出去，以文载道、以文传声、以文化人，向世界阐释推介更多具有中国特色、体现中国精神、蕴藏中国智慧的优秀文化。要注重把握好基调，既开放自信也谦逊谦和，努力塑造可信、可爱、可敬的中国形象。"习近平总书记的重要论述，为推动中华文化的国际传播，展现中华文化独特魅力，建构当代中国形象提供了根本遵循。文化集中体现着对传统的保护和传承，文化创新力，文化生活质量，文化内容和文化结构、文化制度和文化观念，同时表征着国民素质、国民性格和精神风貌。文化形象既是国家形象的重要构成，也是判断国家的国际影响力和美誉度的重要标尺。①

优秀传统文化是国家软实力的重要来源，能够在中国国家形象建设中发挥重要作用。身处全球化时代，人类文明交流互鉴日益频繁、持续拓展。传统文化以其独有的表现力、浸润力、创造力，搭建起了中外文明对话的桥梁，促进了世界各国民心相通。中华传统文化在长期实践中形成了富有特色的思想体系，既沉淀了中国人独有的精神气质与审美意趣，也蕴含着世界各国人民能够广泛接受的价值共识。传统文化是展现民族精神、彰显民族特质的具象表现形式，也是塑造国家形象的重要载体和宝贵资源。文化软实力的灵魂源自文化的核心价值观，深入挖掘蕴藏在传统文化中的文化精神，对于增强自身核心价值观的生命力、感召力具有重要意义。正如习近平总书记强调："提高国家文化软实力，要努力展示中华文化独特魅力。"因此，在新的时代条件下，以儒家思想为代表的中华优秀

① 孙英春．跨文化传播学［M］．北京：北京大学出版社，2013：444.

传统文化是国家软实力不可或缺的组成部分，深入挖掘和阐发天人合一、仁者爱人、道法自然、知行合一、和而不同等经典思想，赋予传统文化新的含义、焕发传统文化的生命力、激发传统文化的创造力。

二、概念界定："可爱中国"与传统文化符号

（一）可爱的中国形象

"可爱"是国家形象丰富内涵的有机组成部分。"可爱"，其本义即"令人喜爱""深受热爱"，往往用来修饰美好的人或事物。英国美学家柏克认为，"可爱"是指"在观照任何一个美的东西（不论其本性如何）的时候心灵上所产生的满足感"①。日本学者四方田犬彦则将"可爱"界定为"一种给人以小巧的、令人依恋的、亲密无害的，从而使人解除防备与紧张感的感觉"②。与"优美""崇高"等传统的审美范畴相比，"可爱"更强调一种亲切的、浅显易懂的、伸手可及的、心理上容易接近的感知效果。当用"可爱"描述一个国家时，它包括了一个国家的主流价值、社会面貌、风土人情、民族精神等不同维度，并由国民、地域、文化遗产、产品制造等不同载体所具体呈现。概言之，可爱的国家形象在表现内容上偏重人文精神、在呈现形式上偏重感性直观、在传播效果上偏重唤起受众美好、愉悦的情感体验与情感记忆，是国家形象丰富内涵的有机组成部分。

中国革命志士以及党和国家领导人对"可爱中国"的论述与期许由来已久，具有鲜明的时代性、民族性。早在 1935 年，方志敏就写下《可爱的中国》，勾勒了"可爱中国"的未来图景，引发了人们的广泛共鸣。自中华人民共和国成立以来，党和国家领导人曾多次提出，要让人们觉得国家可爱、可亲，社会主义可爱、可亲。毛泽东于 1957 年强调要把中国建

① 柏克．关于崇高与美的观念的根源的哲学探讨［A］．古典文艺理论译丛（第五册）［M］．北京：人民文学出版社，1963：38．

② 四方田犬彦，蒋雯．什么是可爱？［J］．北京电影学院学报，2006（01）：21－24，106．

设成“一个大强国而又使人可亲”。邓小平于1992年提出“社会主义是可爱的，为社会主义奋斗是值得的”。2014年，习近平在中法建交50周年纪念大会上针对拿破仑的“睡狮论”提出：“中国这头狮子已经醒了，但这是一只和平的、可亲的、文明的狮子。”习近平在主持中共中央政治局第十二次集体学习论及塑造我国的国家形象时明确提出，要“重点展示中国历史底蕴深厚、各民族多元一体、文化多样和谐的文明大国形象，政治清明、经济发展、文化繁荣、社会稳定、人民团结、山河秀美的东方大国形象，坚持和平发展、促进共同发展、维护国际公平正义、为人类作出贡献的负责任大国形象，对外更加开放、更加具有亲和力、充满希望、充满活力的社会主义大国形象”。

其中，文明大国、东方大国、负责任大国、社会主义大国等定位，全面阐释了中国形象“可爱”的总体内涵，而亲和力、充满希望、充满活力等表述，则进一步明确了塑造“可爱中国”的具体要求。

（二）传统文化符号

文化符号与其所处的文化传统、文化生态一表一里、高度同构，因此，有一国一地一民族之文化，就有一国一地一民族之文化符号。蒙象飞提出：“所谓文化符号，是指一个民族、国家或地区长时间沉淀下来的文化资源的凝结式标示，是一个民族、国家或地区物质文化和精神文化的精华，反映了某个特定社会或社会群体特有的精神、物质、智力与情感等方面的一系列特质。”具体到传统文化符号，它是经过历史积淀形成的、被人们普遍认同的典型表征形象，它有益于对文化自身特质的文化自觉和文化的继承传播①。语言文字、神话传说、节日民俗、英雄人物、器物手工艺品、礼仪道德、价值信仰皆属于传统文化符号范畴，并具备价值内涵、民族特性、传播功能和凝聚功能四种特性②，是经过时间洗涤之后沉淀下来的物质文化和精神文化的精华。③

---

① 邴正．面向21世纪的中国文化形象与文化符号——建设社会主义文化强国的理论思考［J］．社会科学战线，2013（3）．

② 蒙象飞．中国国家形象建构中文化符号的运用与传播［D］．上海：上海外国语大学，2014．

③ 冯聚才．文化符号与文化软实力［J］．开封大学学报，2012（3）．

中华传统文化符号元素为塑造可爱的中国形象提供了丰富的资源。中国传统文化元素形态丰富、气韵生动，为塑造可爱的中国形象提供了宝贵的文化资源，包含在诗经、楚辞、唐诗、宋词、元曲等典籍中流传的文学意象，从书法、绘画、雕刻、造像等美术作品中提炼的符号造型，由亭台楼阁、粉墙黛瓦、飞檐斗拱等传统建筑营造的空间结构，以及在节庆、仪式乃至日常生活中被“百姓日用而不知”的服饰、器具与风俗，等等。这些文化元素是中华文明绵延赓续的生动见证，反映了世代中国人对生活、世界的理解、热爱以及创造性表达，形成了独具东方特质的审美风格。因此，通过向世界展现中华传统文化之美，可以使人们直观、切身地感受到一个可爱、可亲、富有生气的中国，有效拓展了中国国家形象的认知维度。

三、意义与认同：文化符号对国家形象的建构作用

总体来看，文化符号对国家形象塑造的作用机制具体包括意义建构与认同建构两个方面：国家经由符号完成对自身形象抽象意义的具象表征，并围绕符号开展多形式、多层次的国际交流互动，增进海外受众对于国家形象的文化、价值、情感等多维度的认同。

（一）文化符号的意义建构功能

文化符号能将抽象的精神内涵予以具象化的表征，是展现国家形象丰富内涵的重要载体，有利于增进海外受众。雷蒙·威廉斯是将日常生活作为基本视域进行文化研究的先驱，他从意义构建的角度将文化界定为“一种特殊生活方式的描述，这种描述不仅表现艺术和学问中的某些价值和意义，而且也表现制度和日常行为中的某些意义和价值。”[①] 斯图尔特·霍尔在此基础上，通过将原本属于哲学认识论范畴的再现（representation）

① ［英］斯图亚特·霍尔．“表征”文化表象与意指实践［M］．徐亮，陆兴华，译．北京：商务印书馆，2003：3．

概念转换为结构主义的“表征”（representation）概念，进一步突出了文化符号在社会生活中的意义建构功能。在“文化表征实践”的理论框架下，基于日常叙事、文学、绘画、电视电影等不同的媒介形态，人类将日常生活中的价值观念通过符号表征实践进行再生产、创造、表达，上述过程也是受众对在文化表征中生产意义的解码过程，由此符号转化为社会实践从而产生现实的意义。

可见，经由文化符号的“编码—解码”，任何抽象的意义将不仅存在于人的意识之中，也深刻地与人们的生活方式、社会实践、行为规范同构、互嵌。中华传统文化历史悠久、源远流长、辉煌灿烂、独树一帜，形成了一个不断创造的符号表征系统，促使中华民族独特的精神气质与审美意趣，以“润物细无声”的独特形态渗透于人民的日常生活，沉淀着中华民族最深沉的理想信念，彰显着中华儿女共同的世界观、人生观、价值观。因此，通过选取、提炼、转化、传播蕴含于传统典籍、器物、民俗之中的符号，集中展现中国风范，生动诠释中国智慧，对于塑造“可爱”中国形象、助力中国国家形象建构向纵深推进，具有重要的指导性意义。

（二）文化符号的认同建构功能

文化符号是维系、促成主体间多形式、多层次互动的载体，国家形象在此互动过程中持续生成，逐渐形成广泛而深厚的认同基础。“符号互动论”思想，根源于詹姆士的心理学、库利的“镜中我”概念和托马斯的情境理论对符号互动关系的讨论，成型于美国学者米德的社会心理学研究。米德通过对心智、自我和社会三者之间相互影响、互相制约的关系的阐述，说明这三者之间密切关联的结构现象皆是通过符号及符号相互作用得以实现①。在“符号互动论”的框架下，人类的心智活动是人在掌握与运用符号，并通过符号相互作用而产生人与社会相互作用的过程中发展起来的。这一过程既包含了社会客体向主观领域过渡的内化过程，也是大脑赋意义于客体的外化过程。在日常生活领域，人们彼此之间的相互作用、互相影响也是围绕符号进行的。具体来说，人们不仅生活在一个真实可感

---

① ［美］乔治·米德．霍桂桓译．心灵、自我与社会［M］．北京：华夏出版社，1999：428．

的物质世界，同时生活在一个自己用语言符号创造出来的意义世界中，人们对符号世界的反应能够映射出人们对现实世界的感知与想象，人们心理上所产生的影响与作用实际上就是符号互动所带来的结果。

因此，人类的一切沟通、交往活动本质上都是一种符号互动行为，这种行为为也为国家、民族、文明之间互动关系的建构、相互认同的形成提供了基础性条件。古往今来，中华民族之所以在世界上有地位、有影响，不是靠穷兵黩武，不是靠对外扩张，而是靠中华文化的强大感召力和吸引力。这就集中体现了围绕广泛而活跃的符号互动实践，中华文化建构了追求和平和睦和谐的价值认同，对塑造中国形象发挥了关键的作用，其中延续千年的“丝绸之路”就是最有力的证明。当前，中国传承弘扬“和平合作、开放包容、互学互鉴、互利共赢”的“丝路精神”，推动共建“一带一路”高质量发展。围绕“丝绸之路”这一传统文化符号，中国在各国、各区域、各民族之间形成了共商、共建、共享的合作关系，中国国家形象也在这一合作关系中动态生成，为塑造以和为贵、和合共生的“可爱”中国形象奠定了坚实的民意基础。

四、传统文化符号对可爱中国形象的赋能作用

“表征”与“互动”揭示了文化符号对国家形象意义与认同的建构作用。由于这些建构活动无不扎根日常生活这一最为广阔而活跃的实践领域，同时结合中国传统文化的内在特性，中国传统文化符号对于充分发掘、生动诠释“可爱中国”的内涵，立体展现、有效传播可爱的中国形象，具有不可替代的赋能作用。

（一）赋能基础：日常生活实践

正如格尔茨所认为的，文化作为一种意义模式，“是以符号形式表达的前后相袭的概念系统，人们借此交流、保存和发展对生活的态度”。[①]

① ［美］克利福德·格尔茨著，韩莉译．文化的解释［M］．北京：译林出版社，2002：109.

可见，传统文化绝非仅仅封存于束之高阁的典籍之中，它还活跃于“百姓日用而不知”的语言、器物、风俗之中，陈列于大地上的文化遗产、书写在古籍里的经史子集无不因其与人民的日常生活实践水乳交融，才得以与时俱进、生生不息。正如俄国美学家车尔尼雪夫斯基指出的，“在人觉得可爱的一切东西中最有一般性的，他觉得世界上最可爱的，就是生活；首先是他所愿意过、他所喜欢的那种生活；其次是任何一种生活，因为活着到底比不活好”。①

因此，无论对于传统文化传承发展的内在逻辑，还是关于可爱作为事物属性的一般性特征，“日常生活”都是具有本源性、统摄性的构成要素，因此也是通过中华传统文化符号塑造可爱中国形象作为广阔的实践领域。据此，深入挖掘中华传统文化资源，对有价值的文化元素进行符号提炼，推动中华传统文化创造性转化与创新性发展，让传统文化符号融入日常生活、参与社会交往、观照现实需求，既是建设社会主义文化强国的必然要求，也是塑造中国形象、讲好中国故事、传播中国声音的关键路径。

从这一角度看，优秀传统文化符号不单单为国家形象的塑造提供了丰富的资源，同时也融入人们的日常生活之中，参与到百姓的文化行为与社会交往之中。内容丰富、形态多样的传统文化符号融入日常生活是中华文明“活起来”的生动见证，是塑造真实、立体、全面中国的重要载体，也是塑造可爱中国形象的鲜活表达。传统文化符号已渗透到日常生活的方方面面，从传统服饰、饮食文化、空间结构、仪式庆典等方面，共同揭示出现在日常生活的传统文化符号对于塑造可爱中国形象的重要作用。

例如从中华服饰文化符号的灵活性塑造可爱的中国形象。“中国有礼仪之大，故称夏；有章服之美，谓之华。”基于衣冠礼仪文明的发展中国被称为华夏民族，中华服饰文化是展示中华民族精神风貌的重要载体，以蕴藏天、地、人三者合一中国传统文化的独特之美，不仅体现在“上衣下裳”“交领右衽”“宽广衣袖”“隐扣系带”的形制，也通过纹样、色彩等符号化元素表达出来。以宇宙日月、吉祥鸟兽为题材的“十二章纹”，云

---

① ［俄］车尔尼雪夫斯基：艺术与现实的审美关系［M］．周扬，译．北京：人民文学出版社，2009：5-6.

肩花纹等符号表征特定的文化内涵，“五色（青、赤、黄、白、黑）”基础上结合“五行（金、木、水、火、土）、五方（东、西、南、北、中）确立的汉服色彩体系，珠花、步摇、冠和玉佩等装饰元素符号，彰显出中华民族的精神价值及审美意趣。

再如从中华饮食文化符号的丰富性塑造可爱的中国形象。“民以食为天”标志着饮食文化在中华文明进程中具有独特作用，承载着中华民族的集体记忆与情感归属。融入日常生活之中的一餐一食形构起了与社会生活互动、交往，标志着中华民族的身份认同，承载着独有的社会意涵。饮食文化符号在国家形象建构中同样作为重要标志存在，在身份认同塑造过程中，饮食文化所具备的符号性功能不仅标志着国家的文化象征，同样关联着民族主义情感。中华民族通过饮食文化符号表征的语言、行为、仪式等多种叙事方式以及独特话语，意涵丰富、形式多元的饮食文化为中华民族的“集体记忆”和“共同想象体”提供了支点，赋予了中华民族内心深处所渴望皈依的“家园感”。饮食文化符号承载着国民的文化记忆与身份认同，借助饮食文化符号的丰富性，生动立体的可爱中国形象得以实现。

（二）赋能机制：优化表现力，增强感召力，提升亲和力

第一，传统文化符号可以优化可爱中国形象的表现力。

国家形象塑造就是不同国家通过符号和媒介交流信息的一种互动过程，在此过程中，传者和受众基于符号进行“编码—解码”，形成相互影响、相互制约的关系建构，构造出人类社会的共同意义。所以，符号的丰富性与媒介的灵活性将在很大程度上决定国家形象的表现力、传播力。当前，媒介的灵活性主要借助数字化传播渠道实现，而符号的丰富性则离不开对传统文化资源的创造性转化。

每个民族、每个国家在各自的发展历程中都会形成自身独特的文化符号，无论对本民族还是对外民族都具有强烈的表现能力。对内而言，传统文化符号是民族国家身份认同的重要标志，也是维系民族情感、实现民族认同的重要纽带。对外而言，传统文化符号能够促使国家想象以特定价值观念为核心建构话语体系。

中国传统文化因其脉络深远、积淀深厚，其类型之丰富，元素之多元，可进行符号化处理的资源近乎“取之不尽，用之不竭”。有从山川、植物或者动物等自然事物中转化而来的符号，如九寨沟、壶口瀑布、青藏高原、锦鲤、熊猫、荷花、岁寒三友等；有从造型艺术转化而来的符号，如陶瓷、青铜器、雕刻的外在形态以及上面的图案纹饰、中国古典园林的亭台楼阁、粉墙黛瓦、飞檐斗拱等；有从典型生活器物转化而来的符号，如鼎、围棋、琵琶、古筝、曲裾、旗袍等；有从图腾、人物转化而来的符号，如龙凤、麒麟、原始巫神、戏曲人物、宗教神佛等；还有从精神性内涵转化而来的符号，如太极、八卦、中国结等。这些符号反映着中国社会传统的文化生活，包含了中国人对客观世界的理解和中国文化精神的审美价值观。通过将国家形象拆解、融汇于这些传统文化符号之中，人们能够明确一种关于文化中国的想象，从而对国家形象建构的深度与广度起到积极的拓展作用。

因此，传统文化的符号化不仅是对传统文化的“活化”，更是本国面向国际社会展示民族身份、塑造国家形象的重要抓手。通过对传统文化中的元素进行符号提取、分类，进而将其有意识地糅合于绘画艺术、视觉设计、建筑艺术、影视产业等领域，可以将相对抽象的价值内涵、宏观叙事赋予具象的载体，从而使国家形象获得更加生动、多层、优美的表现形式，提升国家形象整体的鲜活度、可识别度、可接受度。

第二，传统文化符号能够提升可爱中国形象的感召力、亲和力。

中国传统文化之所以具有绵延持久的生命力，一个关键原因在于它能够融入中国人的日常生活之中。基于这一基本特征，传统文化符号将对国家形象塑造产生两方面影响。

一方面，传统文化符号能够提升国家形象的感召力。传统文化的价值、器物、行为等要素，从来都不是孤立存在的，而是作为一个整体展示到世人面前。将物质形态与精神形态相互协调、相互呼应，构成了层次丰富、体系完备的世界图景。而经由传统文化符号展示国家形象，也将赋予形象以基于特定世界图景的感召力，产生“身虽不至，心向往之”的效果。

另一方面，传统文化符号能够提升国家形象的亲和力。上述价值、器物、行为等要素的融合关系中，保证了传统文化符号能够用于并融入人们最广泛、最鲜活的生活之中，也保证了它是一个可诠释、可再生、可拓展的开放架构，吸引置身其中的人积极参与其中，以此增进自我认同或社会认同。从人与文化的关系看，人作为践行传统文化的主体，传统文化的传承与传播需要与人的参与，在此过程中能够激发出人参与传统文化传播的积极性与能动性，形成人与文化互动的生态系统。因此，借用传统文化符号传播国家形象，能够推动国家形象在“可见—可知—可感”的接受式传播的基础上，进一步向“可体验—可参与—可创造”的互动式传播发展，由此提升国家形象的亲和力。

五、传统文化符号赋能可爱中国形象的路径规划

综上所述，传统文化符号对于可爱中国形象的意义建构、认同建构、表现力与亲和力的优化与提升，具有重要的支撑作用。据此，中国应当以立足“文化＋生活”的总体路径，面向意义、关系与身份的有效建构，促进传统文化符号的创造性转化与创新性传播。在转化方面，要以精神内涵为内核，增强文化符号感召力，并以创意设计为抓手，提升文化符号可用性；在传播方面，要以数字媒介为依托，巩固文化符号传播力，并以产业出海为驱动，厚植文化符号渗透力，最终建构起源于生活、融入生活的中国传统文化符号体系，支撑“可爱中国”的持续塑造与灵活表达。

（一）以精神内涵为内核，增强文化符号感召力

在传统文化元素选取方面，遴选能够反能够融入现代化、体现中国可爱气质的传统文化元素，将具有传统文化精神内涵的文化资源进行创造性转化，以增强文化符号感召力，提升海外受众对可爱中国形象的新认知。长城、熊猫、茶叶、丝绸等这些辨识度极高的文化元素形塑着西方民众对于中国文化的理解，纵使在“新四大发明”惊艳全球的今天，西方民众对中国文化的认知仍囿于上述标签化的文化符号，导致他们很难真正理解中

国文化中蕴藏的思想体系、价值观念、审美取向等一系列更为丰富和深刻的内涵。① 因此，需要慎重思考和精心策划，将传统、现代和未来的中国文化元素进行有机结合，构建起贯通古今、对话中西、鲜活又立体的可爱的中国形象。

（二）以创意设计为抓手，提升文化符号可用性

中国传统文化符号底蕴深厚的器物、观念、行为作为基础，能够引发强烈的价值认同与情感诉求，所以是培植创意设计的优渥土壤。而通过借用、化用、活用传统文化资源的创意设计，也将促使文化中国作为国家形象的独特面向获得强劲的品牌竞争力。② 例如，太极泥面膜就化用了西方消费者熟知的中国符号——“太极”“阴阳”等，诠释“黑泥排出，白泥滋补”的护肤理念，这就是基于对中国传统文化的理解与捕捉，辅之以适应海外消费者需求的传播模式。可见，突出传统文化元素，能增进外国消费者对中国制造产品的信任度，有助于中国摆脱“世界工厂”“大而不强”的单纯刻板印象。例如 2018 年，李宁在美国纽约时装周上发布秋冬时装，以“悟道”为秀场主题，在新兴时尚理念中融入了书法、中国红、天人合一等传统文化元素，营造了“自省、自悟、自创”的国家形象精神内涵。

（三）以数字媒介为依托，巩固文化符号传播力

要深度融合新旧媒体传播势能，及时更新我国对外传播的理念，努力改善对外传播的手段，建立长期的、广泛的、有效的传统文化对外传播机制。从受众的角度来说，坚持受众本位，建立分层传播机制。传播内容和手段都应充分考虑海外受众的关注度和接受度，以确保文化传播的有效进行。针对不同的群体进行文化分层渗透，学界将文化由表及里分为三个层

---

① 李子吟．中国文化海外传播与国家形象的建构［J］．大连干部学刊，2019，35（02）：38－42．

② 杨璐，刘文静，魏闯．打造“中国名片”：四大模式提升国家品牌形象［J］．清华管理评论，2019（03）：30－36．

次，饮食服饰属于表层，礼仪习俗归于中层，价值观念纳入深层。① 其中，表层文化最易于流动，能够在短时间内吸引更多的人对中国文化产生兴趣，如饮食、服饰、武术之类的表层文化仍是对外输出的重要内容，易于海外普通民众的接受。不同文化的传播力也与受众的年龄、教育程度以及文化素养相关，中层文化相对稳固，而底层文化最为，年长者与教育程度较高的人更偏爱中国传统文化中的精神内涵。要面向特定的受众选取特定的内容，进行精准、有效、多层级的传播模式。

（四）以产业出海为驱动，厚植文化符号渗透力

要重视文化创意的赋能作用：依托文化与科技融合，丰富传统文化表现形式；坚持文化走进生活，孵化传统文化优质业态；依托企业“扬帆出海”，实现传统文化全球触及。中国的媒体话语权在当今的国际社会仍处于弱势，中华民族优秀的传统文化资源最能够彰显中国精神，契合世界的核心价值理念，对于推进中国公共外交、构建中国的国际话语具有积极作用。然而，中国式的宏大叙事对于传统文化的表达常常令人无法理解，晦涩难解。传统文化的有效传播需借助国外主流媒体或机构，如已在全球范围内具备影响力的 BBC、CBS 等西方传媒巨头，通过“借船出海”的方式对中国传统思想的传播内容进行设计，与世界各国传播能力较强的媒体进行合作，借助海外媒体的平台及影响力，以海外受众最易接受的方式传播传统文化思想。要增强利用中国传统文化精神诠释中国理念、中国智慧、中国方案、中国机遇的能力，助力提升中国话语供给水平，促进海外受众对中国形象的新认知、新认同。

---

① 林克勤．自我觉醒与形象重构：中国文化域外分层传播的向度解析［J］．现代传播（中国传媒大学学报），2017，39（07）：10－15．

他山之石：20世纪德语文学中的中国形象

黄兰花*

【摘要】中国文学乃至中国文化历来在德语世界受到广泛关注和普遍传播，并在德语文学中得以充分呈现。在20世纪的德国文学中，中国形象从被否定批判的被动形象逐渐转变为被认可肯定的独立形象，成为与德国对话的“他者”。立足于20世纪德国的历史背景和思想背景来考察中国形象的意义和价值，不仅可以窥见德国文化的本质，也为认识中国自身提供了新契机。

【关键词】中国形象　德语文学　他者

迄今为止，中国文学乃至中国文化在德语世界受到广泛关注和普遍传播，形成了纷繁复杂的中国形象。这种多面体的中国形象在德国文学作品中得以充分呈现，尤其是在波云诡谲的20世纪，表现出多主题、多声调和多层面的特征。不过，丰富、多样且复杂绝不意味着20世纪德国文学中的中国形象是一盘散沙，其有着一个基本的发展脉络。值得注意的是，在20世纪德国文学中的中国形象变迁过程中曾出现过两段前后持续40年之久的不正常时期，即纳粹期间以及东西方冷战时期，前者将中国褒扬得极好，后者又将中国贬得一塌糊涂。换言之，这两段时期内的中国形象更多的是政治意识形态工具，其文学虚构性和审美性薄弱，因而所具有的历

---

* 黄兰花，中国传媒大学人文学院讲师。

史价值和现实价值都不是很大。我们应当以此为鉴，尽量避免重蹈覆辙。因此，我们探讨 20 世纪德语文学中的中国形象应该把重心放在二战前的 20 世纪初期、20 世纪 30 年代以及 20 世纪 70 年代以来的有关论述上。具体说来，在哲学思潮和社会思潮影响下，此时期的德语文学所塑造的中国形象大致经历了三个比较明显的转变：首先是世纪之交从被挖苦、被批判的被动形象转变为被对比、被仰慕的东方智慧，以德布林（Döblin，A.）、斯宾诺莎（Spengler，O.）、卫礼贤（Wilhelm，R.）、黑塞（Hesse，H.）等人的作品为代表；接着是 20 世纪 30 年代以卡夫卡（Kafka，F.）、弗里施（Frisch，M.）为代表的作家笔下更加理解和认同的积极形象，并借用中国的伦理文明来反衬和批判西方现实社会；再接着是 20 世纪 70 年代以来对中国文化更加直观和立体的把握，多数作家认识到要与中国展开对话，中国也因此获得更加独立自主的地位，这主要反映在卡内蒂（Canetti，E.）的作品中。概而言之，20 世纪德国文学对中国文化和中国文学是持认同性接受的态度。①

然而，不管此时期德语文学中的中国形象经历怎样的转变，中国始终是作为一种与德国自身相对立的“他者”而存在。德语文学中的中国形象变迁，其实是作为“自我”的德国将自身的渴求与设想投射到作为“他者”的中国身上的过程。说到底，德语世界对中国文学和文化的接受所依据的是其自身的问题和需要，② 其最终目的是认识和反思自身。因此，我们要立足于德国的历史背景和思想背景来考察中国形象的意义和价值。但另一方面也要注意，所谓的“他者”并非“自我”的对象或附庸，而是一个主体性的存在。“自我—他者”之间的关系是一种主体间性的平等关系。德国通过在文化上对“他者”（中国）的认识，进而认识自我，同样，我们研究“他者”（德国）眼中的“自我”，也是在寻找真正认识自我新契机。

---

① 陈友冰．排拒冲撞与接纳吸收——德国历代作家对中国文化的接受及相关特征［J］．华文文学，2007（06）：92－102.

② 史景迁．文化类同与文化利用——世界文化总体对话中的中国形象［M］．北京：北京大学出版社，1990：16.

一、20世纪初期德国文学中的中国形象

经过19世纪古典主义、浪漫主义以及青年德意志派对中国形象否定与批判双重洗礼后，中德文化的交流进入更加错综复杂的20世纪。世纪之交的德国对中国文学和中国文化由否定批判转为仰慕向往。其原因是多重的，从现实层面看，现代工业文明迅速发展所导致的精神空虚、人的异化，两次世界大战对德国造成的浩劫，无不说明德国正面临着一场深刻的精神危机；从思想层面看，为了摆脱困境，大批有智识的知识人开始反思民族文化传统，他们将探索目光转向东方，希望在古老的中国文化中找到救世良方，以拯救西方的没落；从文学自身来看，19世纪的莱布尼茨（Leibniz，G.）、晚年歌德（Goethe，J. W.）对中国的理解和肯定态度起着过渡和桥梁的作用。由此也催生了20世纪初德国的“中国热”思潮，其中又以中国古代文化最有吸引力，其时出版了大批老庄的译著，如潘维茨（Pannwitz，R.）的《欧洲文化的危机》（*Die Krisis der europaischen Kultur*）、布伯（Buber，M.）的《老庄语录和寓言》（*Reden und Gleichnisse des Tschuang-Ts*）等。这股思潮同样影响了当时诸多作家的创作，德布林、卫礼贤、斯宾诺莎和黑塞等就是其中的代表。

德布林原本是柏林的一位医生，却以一部关于中国的小说《王伦三跳》（*Die Drei Sprünge des Wanglun*）跻身于20世纪著名作家和划时代人物的高位。德布林的划时代意义，不仅在于他对小说手法的创新，更值得重视的是他在中德文化关系史上的重要地位和转折意义。在小说中，他直接选取道家的“无为”思想作为武器批判当时西方社会的贪婪和战乱，推动并完成了德国文学中的中国形象，以此作为与德国形成对比的他者形象。小说内容是对《老子》中“将欲取天下而为之，吾见其不得已。天下神器，不可为也。为者败之，执者失之”[①] 的演绎，由“王伦”“破瓜”“黄土地的主人”“西方极乐世界”四章构成，讲述了以道家的“无为”思想为行为准则的主人公王伦生活和思想的三次重大转折。不过，我们在

① 老子．老子道德经注［M］．王弼注，楼宇烈校．北京：中华书局，2011：78.

这里无意考辨作者对《老子》的具体阐释，而是想着重分析他的阐释动机，由此来概括他的中国观。

显然，德布林的创作并非为了介绍道家学说，也不是为了追求异国情调，更不是为了写作而写作，简单地把中国作为修辞背景。他的真正目的在于以道家的“无为之治”对比和反衬西方的殖民思想和与此相关的文化潮流，进而批判西方社会。小说中的“无为”并非仅仅是一种哲学思想，更是一种隐喻性的处世之道和精神生活方式，作者以此作为批判的工具。正如他自己所言：“我不管是说中国、印度或格陵兰，我实际上都是在讲柏林这座庞大而枯燥的城市。”[①] 在这里，德布林直接挑明了批判对象柏林，而他笔下作为他者的中国形象也变得清晰可辨了。中国以一种相对于德国的社会现实出现，不再只是传教士们借以传达救世观念的异国他乡，也不是狂飙突进作家笔下被挖苦批判的对象，而是直面德国现状的另一种存在，为后来迈向“大写的他者”奠定了基础。不过，德布林借用中国来教导和批判西方的力度仍无法从根本上改变中国形象的被动地位。真正“改变了中国在欧洲的形象”的是我们接下来要谈到的卫礼贤。[②]

卫礼贤是20世纪最负盛名的汉学家、翻译家，更是杰出的作家。他毕生致力于向西方世界传播中国文化，翻译了大量中国古代经典著作，如《大学》《中庸》《论语》《道德经》等，同时还写作了大量有关中国的著作，诸如《孔子在人类杰出代表中的地位》《中国：国土与自然》《中国人的生活智慧》《中华之魂》等。卫礼贤通过对中西文化的深刻理解，准确把握中西方文化的特征，且最终在东方精神中找到一条救赎之路。在他看来，“在当今现存的所有文化中，西方文化和中华文化各代表一种具有强大生命力的类型。它们各自都在深刻的意义上独立不倚，都从自己独特的方面深入共同人性的本源。因此，它们特别适于相互影响，相互提高，相互促进”。[③]

---

① Döblin, A. *Typoskript ohne Tilel* [M]. In Anfsatu zui liferaitul, 1963. : S. 214.

② Bauer, W. Richard W. *Botschaften zweier Welten* [M]. Ulf Diederichs. Köln: Diederichs, 1973: S. 6-38.

③ Salome W. Richard W. *Dergeistige Mittler Zwischen Chinas und Europa*，转引自杨武能．卫礼贤与中国文化在西方的传播（见文化：中国与世界）第5辑［M］，北京：生活·读书·新知三联书店，1988：224.

西方将其现代的资本主义文明强加于中国显然是不正确的。同样的观念也出现在斯宾格勒的《西方的没落》（*Der Untersans des Abendlands*）中，在书中作者打破了以欧洲为中心的传统文化史观，认可文化的多元性和独立性。而面对一战所带来的精神创痛以及知识界希冀逃往东方文化寻找救赎的普遍心态，卫礼贤准确地把握到中国文化的特质在于和谐，在于建立“天人合一”的世界图景，因此他认为，对欧洲而言，要摆脱困境就要吸纳东方内在的探索之道，“拯救将在于让我们所需要的自我意识发生作用，让除了外部世界、物、技术和机构外的内在世界、人、生活艺术和组织重新进入意识的中心。这就是我们所需要的来自东方的光芒”。①

由此，我们也可以看到，卫礼贤在对“中华之魂”的追寻和把握中回身检视和反思西方的自我，执着地探索拯救西方于没落的良药。在此过程中，他也改变了中国在西方的形象，使得中国成为一个更加独立的文化存在，影响深远。黑塞就深受其影响，进而开始形成和塑造自己的中国形象。② 在《荒原狼》（*Steppenwolf*）、《玻璃球游戏》（*Das Glasperlenspiel*）等作品中，我们都可以看到中国元素和中国文化发挥着重要影响。

总体上看，世纪之交的德语文学对中国形象的塑造一改之前对中国的嘲讽和冷落态度，而以更加积极的目光聚焦中国文化，希冀从中寻找精神解脱和救赎道路，因而，这一时期德语文学中的中国形象是从18至19世纪被否定的形象过渡到再次被肯定的过程。之后，随着战争的爆发，社会和精神危机的加剧，德语作家对中国的态度也进一步发生了变化。

二、20世纪30年代德语文学中的中国形象

20世纪30年代的德国社会更加动荡不安。政治的迫害致使一大批知识人流亡海外，成为“流亡作家”，一些留在国内但又反对纳粹政策的则被称为“内心流亡作家”。不管是“流亡作家”还是“内心流亡作家”，

---

① Wilhelm, R. *Botschaften zweier Welten*［M］. Düsseldorf, Koeln, 1973, S. 165. 译文转引自卫茂平. 中国对德国文学影响史述［M］. 上海：上海外语教育出版社，1996：331.

② 有关“黑塞与中国”课题的研究，参见 Hsia, A. *Hermann Hesse und Chinas—Darstellung, Materialien und Interpretation*［M］. Frankfurt am Main, 1981.

他们面临的处境更加艰难，对救苦弭灾的渴望更加强烈。这一时期的德语作家继承了表现主义的文学传统，表达对人生的思考和对现实的抗争。在关于中国主题和题材的创作上，一方面继续吸收老庄哲学和中国古典诗文进行创作；另一方面也更加深刻理解和认同中国的观念，并与时代的语境相结合。例如瑞士著名剧作家、诗人弗里施的《彬或北京之旅》（*Bin oder die Reise nach Peking*）和《中国长城》（*die chinesische Mauer*）。尽管他笔下的中国并不美好，但小说标题中的“Bin”颇耐人寻味。“Bin”既是人名“彬”，又是德语第一人称的系动词，因此“彬”可看作是“我”的一部分，这样一来主人公的北京之行就变成了自我的内在之旅。顾彬先生曾细致研究了这部小说中的“我”“他”“男人与女人”等“同异关系”，认为弗里施笔下的中国具有创造性和自我性。①

另一个与中国产生深刻认同的作家就是卡夫卡，他曾直言：“说到底，我是中国人，我想回家。”② 此处的中国甚至变成了卡夫卡的家园，变成了他回归本源的场所，足以看出卡夫卡与中国密切的文化关系。事实上，卡夫卡一生都对中国文化抱有浓厚的兴趣和热情，他不仅阅读了大量介绍中国文化的译著，还将中国主题结构到小说创作中，积极塑造中国形象。其有关中国主题的作品包括《猎人格拉胡斯》（*Der Jäger Gracchus*）、《采访矿山》（*Ein Besuch Bergwerk*）、《邻村》（*Das nächste Dorf*）、《十一个儿子》（*Elf Söhne*）、《中国长城建造时》（*Beim Bau der chinesischen Mauer*）等。可以说，卡夫卡终其一生都处于与中国文化的互动中，正如卡内蒂所言，“卡夫卡是西方可以提出的从本质上说属于中国的唯一作家”。③

在卡夫卡关于中国的作品中，最为人所知的就是出版于 1931 年的《中国长城建造时》。这部未竟之作主要讲述人们分段建筑万里长城的故事。然而，小说中并没有如实描述长城的建造方法，而是从作者内心活动及其对中国文明的意义之感受出发，充满了哲理和隐喻。因此有学者认为，“作者看似写长城，实际上写官僚帝国的庞大杂乱……卡夫卡借中国

---

① 顾彬．关于异的研究［M］．曹卫东，译．北京：北京大学出版社，1997：128.

② Kafka，Franz，*Briefe an Felice*［M］．Frankfurt am Main：Fischer，1995：S. 657.

③ 转引自卫茂平．中国对德国文学影响史述［M］．上海：上海外语教育出版社，1996：459.

长城之名，揭露现代社会的弊端”。[①] 但是，我们认为这种从阶级斗争出发所作的政治图解，并不能真正理解卡夫卡的创作意图。事实上，卡夫卡描述长城的分段建筑法，更在于说明现代的社会状况，人与人之间总是在人为地设置理解上的障碍，最终导致彼此处于“异化”的状态。若想改变这种状态，就要进行对话沟通，就要敢于抗拒权威。具体地说，小说从三个方面呈现出来。其一，卡夫卡一改其小说中以“K”为叙述者的习惯，采用第一人称“我”展开叙述。作者、叙述者和主人公在此达成统一，自我的身份得到加强。其二，卡夫卡告诉我们，建筑长城的表面目的是防御北方的少数民族。中原与北方民族之间因长城划分出一条界线，标志着中心与边缘的对峙。中国建筑长城与其说是为了保卫自己，不如说是为了驱逐游牧民族，使他们在边缘的位置上越走越远，惶惶不可终日，只得围绕中心“像蝗虫一般以难以置信的速度辗转迁徙”。[②] 卡夫卡认为，建筑长城作为一个隐喻很能反映那时的时代精神。其三，针对这种时代精神，卡夫卡以巴比伦塔的隐喻予以批判。巴比伦塔的建造是为了求得共存，而长城却使人们无法平等互助，共同存在。为此，他建议，人类若能用建筑长城的劲头来重建巴比伦塔，一定能够取得成功。

如此看来，卡夫卡思考的核心的确是为了克服“异化”，但绝不是通常所说的阶级斗争背景下的“异化”，而是“人与人的异化”“人心灵上的异化”。他所力求实现的是人与人之间通过沟通，消除异化，实现自我。具体到他笔下的中国形象，他把自己与中国人等同起来，中国于他而言是心灵上的归宿，精神上的家园，中西之间不该人为地设置界线。通过对中国形象中异化状况的批判，卡夫卡从侧面提醒人应当摆脱权威和中心的理念，促使中西文化相互理解，以及中西文化背景下的人的同一。

如果说20世纪早期德语文学中的中国形象更多的是被想象为一个“异”的对象，在这个“相异的”他者形象中投射德国人寻求摆脱困境的愿望和尝试，而在20世纪30年代的德语文学中，诸位作家对中国的认同

---

① 卫茂平．中国对德国文学影响史述［M］．上海：上海外语教育出版社，1996：412.

② 卡夫卡．卡夫卡全集（第1卷）［M］．洪天富，叶廷芳，译．北京：中央编译出版社，2016：331.

加深，中国不仅是遥远的想象，而更多的是当作自我的类比，进而在其中展开对所面临的困境进行批判和反思。第二次世界大战期间以及之后漫长的冷战时期，中德文学交流因社会政治的影响虽然不能称其倒退，但带有浓厚的意识形态意味。

三、20 世纪 70 年代以来
德国文学中的中国形象

东西方冷战结束后，尤其是 20 世纪 70 年代末以来，德国文学中的中国形象重新活跃起来。此阶段出现了许多虚构之作，同时随着中国的改革开放，许多德国作家亲临中国，因而产生了许多相关的游记形式作品。例如，德国当代作家君特・格拉斯（Grass，G.）的《从脑子里蹦出来的或德国人死光了》（*Die Kopfgeburten oder die Dentschen Sterben aus*），尽管小说中作者对中国还带有很深的偏见，但作者还是强调了轻视和忽视中国是愚蠢的，接受和理解才是明智之举；同样在 20 世纪 70 年代访问过中国的莫什克（Muschg，A.），在其《白云或友情会》（*Baiyun oder die Freundschaftsgesellschaft*）中则高度评价中国传统文化，还主张要把中国古代文化同当代现实联系起来；而社会哲学家奈格特（Negt，O.）在他的游记兼理论著作《龙威下的现代化》（*Modernisierung in Zeichen des Drachen*）中详细讨论了正在走向现代化的中国。整体而言，作家们都更加重视中国，中国也以更加独立和立体的姿态亮相中德文化交流中；他们对中国的关注也从沉湎于中国的古籍，转向现实的中国；而且更多地采取对话融合的态度对待中德的文化交流。这种发展趋势在卡内蒂的《迷惘》（*Die Blendung*）一书中得到充分表现。

《迷惘》一书于 1935 年在维也纳出版，不过却因欧洲动荡的时局，直至 40 多年后作者因此书荣膺 1981 年诺贝尔文学奖后才广为人知，一定程度上也反映了当时人们对中国形象的理解，因此我们把它放到这一节作重点分析。小说分为三部分，分别以“没有世界的头脑”“没有头脑的世界”“世界在头脑中”为题，讲述知识渊博、掌握十余种东方语言的汉学家彼德・基恩受女佣欺骗凌辱并被逐出家门，在其兄弟的帮助下夺回一切

后又因迷惘和恐惧焚书自尽的疯狂故事。[①]

小说《迷惘》中关于中国与德国关系的设置和描写值得我们注意。其一，作者在小说中所设计的主要人物处于对立的两极：一个是以汉学家基恩为代表的精神世界，象征着东方文明；一个是以女仆为代表的物质世界，象征着西方文明。将主人公设定为汉学家也说明卡内蒂本人对东方文化，至少对中国文化是持积极的肯定态度，而主人公孜孜以求研究的孟子，也代表了作者心目中完美的人格形象。作者的用意非常明显，即以“文化中国”作为参照批判西方的“物质文明”。其二，作者将主人公的对立面设定为女仆，而主人公遭其荼毒，处于被欺骗、被凌辱和被掠夺的境遇，进一步深化了这种批判。更值得注意的是，在以往德语文学中的中国形象，几乎都以阴性形象出场，而卡内蒂却把阳性赋予中国（基恩），把阴性留给西方（女仆），彻底完成了中西角色的转换。其目的是要求西方还中国一个独立的自我。其三，为了达此目的，卡内蒂继续推进，他让基恩的弟弟乔治出面帮助基恩赶走女仆，获得胜利。而且乔治不仅在行动上协助基恩，同时对哥哥的人格和品行也表示理解，并努力从对方身上找到自我，让自我与对方相互沟通。更重要的是，卡内蒂还把这层关系进一步升华，用以说明中西文化的关系。他借乔治之口说：“如果你和我融合成一个人，那就产生了一个精神上的完人。”[②] 同样，如果中西文化融合成一种文化，也将产生一种完整的文化。

现在，我们再回过头来看小说各部分的标题。“没有世界的头脑”与“没有头脑的世界”，一个指基恩，另一个指乔治；也可以说一个指东方，一个指西方；强调任何一种都会造成二元对立，难以统一。但如果将两者融合，就形成了一个既有头脑，又有世界的图景。而融合的关键在于对话。这与前面卡夫卡的观念不谋而合。他们都主张批判西方，歌颂东方，要求东西方融合，进行合理对话，以促成中西文化的相互理解。因为，在他们看来，当时的德国或者说西方已陷入一个没落的异化世界，而造成如此困境的很大一部分原因是人与人、民族与民族、国家与国家的隔阂所

① 卡内蒂. 迷惘 [M]. 望宁译，关耳校. 上海：译林出版社，2001.
② 卡内蒂. 迷惘 [M]. 望宁译，关耳校. 上海：译林出版社，2001：621.

致。为了走出这个困境，他们将目光投向东方，投向中国，希望以异国的理想观念或提供指引，或相互镜鉴。在这个过程中，德语文学中的中国形象逐渐从“相异的”他者形象转变为“相同的”个体形象，自我性也相应提高，中国成为“大写的他者”，尤其在小说《迷惘》第三部分中，卡内蒂以一种兄弟情谊（基恩与弟弟乔治的关系）来说明中西关系，尤其是让弟弟乔治主动发现和理解哥哥基恩，让双方相互沟通，消除壁垒，最终达到融合。

结　语

回首百来年德语文学中的中国形象史，从世纪之交被视为拯救“西方的没落”的东方智慧，到 20 世纪 30 年代作为理解和批判欧洲的镜像，再到 20 世纪 70 年代以后逐渐成为对话的独立自我，我们看到，德语文学中对中国形象的塑造总是与相应的德语国家的社会现实的发展变化紧密相关，这些作家也总是基于“他山之石，可以攻玉”的文化策略带着自己的问题和诉求来建构中国形象图景。而我们以德语文学之中中国形象的变化为契机，不仅可以看出中国在德语世界、德语文化之中位置的提升，更能为两种文明在今后的交流得出启示，即跳出传统上或贬低、或仰慕、或仅把对方文明视为自我问题的映照或想象性的解决方案的文明交流方式，以一种理性的交往准则开展不同文明的交流活动，用辩证的立场对待文明交流的双方，不管是作为自我的文明，还是作为他者的文明，双方应处于平等、独立地位。同时，不同文明交流的目的也不再是为了吞没“他者”，维持“自我”，而是平等对话，实现全面沟通。中西方之间以一种“主体间性”的关系面向 21 世纪，已成为现实需要和共同目标。这是两个主体之间的对话，是真正平等的、富有成效的对话，我们每个人都应当为促成这种对话而竭尽全力。

广播剧《中国赛道之盾构机长》：在情理张力中彰显中国速度*

郎 静**

【摘要】在2022年北京冬季奥运会的筹备中，河北张家口崇礼区成为这场国际体育赛事主赛区之一。在首都北京与河北张家口之间，打通京冀交通线则成为北京冬奥会筹备工程的重中之重。广播剧《中国赛道之盾构机长》聚焦于这条战线上的大国工匠——盾构机工程师，在历史、抉择、穿越三重情理张力中，完成了“中国速度”的时代书写。

【关键词】广播剧《中国赛道之盾构机长》 北京冬奥会 中国速度 家国同构

广播剧，“指配音演员用声音表演的戏剧，通常在广播电台等平台播出，或通过发售CD、网络下载、在线收听等渠道传播。”① 这里，“广播”点明了其受众的广泛性和诉诸声音的媒介传播渠道，而“剧”则突出了其作为戏剧的独特品类，即仅以声音建构画面感的想象特质。广播剧的出现，最早可以追溯到1924年1月15日，以英国伦敦广播公司录制的广播剧《危险》为标志，该剧讲述了在一次矿难中人们共克难关的人道主义精神。20世纪30年代，广播剧进入中国，以上海私营亚美广播电台在募捐抗日经费的活动中播出的《恐怖的回忆》（苏祖圭编剧，1933）为肇始，

* 本文系2021年度河北省社会科学发展研究课题“长城影像介入中华民族共同体意识建构研究”（项目编号20210301197）的阶段性成果。

** 郎静，河北大学艺术学院讲师。

① 邵燕君. 破壁书：网络文化关键词［M］. 北京：生活·读书·新知三联书店，2018：155.

后来陆续出现了延安新华广播电台播出的《红军回来了》（1947），中央人民广播电台播出的纪念“二七”铁路大罢工的《一万块夹板》（1950），由此可见，中国广播剧从来处就与时代主旋律同频共振；到了改革开放之后，广播剧迎来了发展的繁荣期。据《中国广播电视年鉴》统计，20世纪80年代前期的全国广播剧年制作部数就已超过500部（1983年为774部、1984年为661部、1985年为631部），年制作总集数更是在1984年突破了1000集，并于1988年达到1513集。特别是由中央人民广播电台制作播出的广播剧《平凡的世界》（路遥原著，叶咏梅编剧，1986年）更是引起了“万人空巷”的现象级收听风潮，也作为“症候”成为时代和大众情感结构嬗变的文化表征；进入21世纪以来，随着电视和互联网的普及，大众日常文娱活动趋于多样化，广播剧的热潮逐渐退却，但其讲述时代故事的生命基因和使命依旧是文艺创作大家庭中不可或缺的一员。

2015年7月，北京联动河北张家口获得了2022年冬奥会和冬残奥会的主办权，北京也成为世界上第一个“双奥之城”。这一重大时代事件，自然成为广播剧讲述当代故事的题中之义。2021年8月，河北广播电视台隆重推出了精品广播剧《中国赛道之盾构机长》。剧名中，赛道之“赛”即2022年北京冬奥会和冬残奥会的赛场，而“道”既指通向北京冬奥会场馆的主道路——京张高铁，同时也“道出”了这条路上无数平凡工作者的奋斗与拼搏、激情与豪迈，并借由“盾构机长——郑文武”这一大国工匠形象的塑造，在三重情与理的张力中，生动地诉诸耳朵，印刻骨心。

一、历史：家乡拆迁与国之大义

在看似连续的线性历史连续体中，往往隐含着时间上的逻辑跳转。就当代中国而言，最具震惊体验的跳转无疑是“现代性跳转”①，这一概念

① 周志强教授用“现代性跳转”来表述中国20世纪80年代的社会转型与西方工业革命的不同形态。“时间、空间和心理因受西方文明的影响而产生的跳跃性变迁，其特点是‘彻底’——受制于西方现代性形式而表现出与传统中国的决裂态势：具体表现为时间层面上的‘突发’、空间层面上的‘裂变’和体验层面上的‘震惊’。因此，‘跳转’就不是‘转型’所显示的那样具有充分的合理性，但却具有现实存在的合法性。”（周志强．景观化中国——都市想象与都市异居者［J］．文艺研究，2011，4.）

表述了中国20世纪80年代的中国特色社会主义转型与西方工业革命演进式发展的不同形态；而其所跳转的前置语境，便是根深蒂固于中国几千年文化传统中的乡土社会。“乡土”中的“乡”，其意指无论是行政区划、城镇以外的地方还是家乡，都标识出集体聚居的空间特点，而“土”则点明了这个空间所赖以生存的经济基础。因为土地的不可移动性，导致人的不流动的状态。因此，“地方性”就成为乡土社会的一个最重要的特征，“地方性是指他们活动范围有地域上的限制，在区域间接触少，生活隔离，各自保持着孤立的社会圈子”。[①] 而“乡土社会在地方性的限制下成了生于斯、死于斯的社会。常态的生活是终老是乡……这是一个‘熟悉’的社会，没有陌生人的社会”。也就是说，在乡土思维占据主导的前现代社会，人际关系是由家族血缘、传统习俗和道德秩序所凝聚固定在一起的“共同体”，而维系这一乡土共同体生活的形成则在于持久地保持与土地和房屋的稳定关系。

广播剧《中国赛道之盾构机长》的历史语境就被放置在乡土社会老辈人固守土地的逻辑与现代性跳转的进步逻辑的情理张力中，并通过郑文武父亲从“难断”到“自觉”这一心理意识的转变得以彰显。郑文武一家祖辈居于河北张家口崇礼，父亲不仅是乡土共同体中的一员，而且剧中乡亲们所居住房屋的一砖一瓦也是由父亲亲手搭建而成。因此，村落的拆迁拆掉的不仅仅是砖瓦所表征的物理空间，还有乡土老辈人之间以血缘、习俗和道德秩序所维系的“不流动”的乡土伦理有机体，而父亲的难断与不舍则构成了第一重张力中“情”的一方。

在现代性跳转中，“理”的一方被设置在儿子郑文武身上，郑文武为了排解父亲心中的惆怅，带着父母来到北京地铁10号线的一个站点。在等待地铁的间隙，他向父亲抛出了一个问题，即高架比隧道造价低，技术难度小，为什么京张高铁不使用高架桥来搭轨，而要穿地下隧道而过。在郑文武的解释中，父亲明白了国家以人为本、保护环境、减少破坏，为北京冬奥会，为保护生态，建设美丽中国不惜重金的国之大义；而父亲则在这一张力中以郑文武太爷爷的故事完成了情与理的家国同构。在父亲的讲

① 费孝通．乡土中国［M］．上海：上海人民出版社，2007：9.

述中，太爷爷曾经跟着中国人自主修建的第一条铁路——京张铁路的总工程师詹天佑先生在长城居庸关修铁路，那条承载着太爷爷生命泥土的纪念“挂坠”一直挂在父亲离心最近的地方。挂坠从郑文武父亲手里，交到了儿子手上，而郑文武也即将开着“天佑号”盾构机，在清华园10号线地铁下完成京张高铁特级难度的施工作业。到这里，国家大义补足了乡土的情感，社会逻辑完成了现代性跳转，光荣使命也完成了代际传承。

二、抉择：家庭缺位与职业坚守

在以人物为核心的叙事作品中，很容易落入人物塑造“单面化”的窠臼，极力地描写人物的英雄感，而忽视了其作为普通人的多面性和鲜活性，以至于脱离人们日常生活的感知，无法引起共鸣。作家刘震云在谈到文章如何开头时，旗帜鲜明地提出：开头“往往是打开一篇作品的钥匙。”在他的中篇小说《一地鸡毛》中，这把“钥匙”仅10个字，即“小林家一斤豆腐变馊了”①，其中一个“馊”字，文字通感于味觉，瞬间点燃了一个家庭的烟火气息；接着又通过解释豆腐变馊的原因，引出了单位、家庭、副食店、妻子、孩子、保姆等一连串普通小人物的“大事”，而小林就被紧紧地裹在毛线团般的典型环境中，小说将一个小市民的形象借由生活的“琐粹”“繁乱”“庸常”展现得淋漓尽致。

广播剧《中国赛道之盾构机长》的第二重张力被设置在主人公郑文武身上，以日常生活的小切口讲述大国工匠的多面性和鲜活性。剧伊始便是主人公一家具有生活气息的忙碌早晨，郑文武作为父亲与儿子的对话，催促儿子赶紧起床洗漱，不然上幼儿园就要迟到了；作为儿子与母亲的对话，并经由母亲之口引出了妻子因丈夫不顾家庭而生气离家的境况，以此将主人公放在了家庭伦理有机体的相互关系中来展开故事；而在家庭空间中，作为丈夫的缺位，构成了主人公抉择中“情”的一方。场景转换，抉择中“理”的一方则通过工作空间中郑文武与徒弟刘康宝的对话，引出了

① 小说月报编辑部．小说月报30年（卷3）（1990—1994）［M］．天津：百花文艺出版社，2010：98.

作为盾构机长的“能”，操作盾构机的“神”和施工现场的“难”，而面对现场险情的身先士卒和沉着冷静的处理，则再次加深了郑文武作为盾构机长熟练的经验和高超的操作技术，并为接下来的特级难度作业埋下了伏笔。

除了“能”和“神”之外，剧中还写出了郑文武在施工现场因工作劳累而失足跌落骨折的伤痛。对于“痛感”的设置，还原了其作为有血有肉的“人”的真实可感性，避免了通常在塑造英雄人物时所陷入的“假大空“的窠臼；同时也再次彰显了习近平总书记所提出的“伟大出自平凡，英雄来自人民，把每一项平凡工作做好就是不平凡”的深意，这一点也隐含在主人公“郑文武”的名字中。

春秋战国时期，“郑声”作为兴起于郑国民间地方的新声，与日趋衰微的奴隶社会统治阶级所倡导的礼乐文化中的“雅正之乐”相对，礼乐文化的坚定捍卫者孔子言；“恶紫之夺朱也，恶郑声之乱雅乐也，恶利口之覆邦家者”(《论语·阳货》)。而民间百姓对郑声的推崇逐渐成为对具有广泛而深厚的群众基础和打破封建礼教桎梏的表征。历史流转，这一表征作为中国传统文化中的集体无意识被保留沿用下来。在凸显全民参与的冬奥题材的当代广播剧中，主人公以百家姓中的“郑”为姓，很好地彰显了“江山就是人民，人民就是江山”的中国特色社会主义的国家性质；而“文武”则点明了中国人在追求“安邦定国”的理想之路上，对个人能力和美好精神品质的要求。“郑”与“文武”的合用，体现了大国和小家、集体和个人、平凡与伟大的辩证统一关系。

特级难度作业是本剧的高潮所在，作业点发生在清华园 10 号线地铁下；其中盾构机的“重”和所在地段地层的“薄”，作业难度的“特大”和作业时间的“短”(北京地铁 10 号线仅夜间停开 5 个小时)，作业距离的“远”和作业目标点的“细”，这三对极具张力的词，营造出了故事高潮的紧张感，也成为塑造“大国工匠”之“执着专注、精益求精、一丝不苟、追求卓越”精神内涵的关键点。而随着险情的成功排除，地下隧道工程高质量打通，情理之间的张力借由郑文武妻子对丈夫工作的理解和回归家庭，并实现了乘坐第一班京张高铁回乡探亲的愿望得以弥合；大国和小家之间的抉择借由一家人大团圆为郑文武庆生而实现了第二重同构。

三、穿越：科技落后与国之重器

如果要用一个词来总括广播剧《中国赛道之盾构机长》的叙事线索，那在笔者看来，这个词就是“穿越”。“穿越”不仅指打通清华园 10 号线地下的高铁隧道任务，使得 2022 年北京冬奥会的配套工程——京张高铁可以最快在不到 1 小时的时间内穿越京张两地，确保冬奥会如期顺利举办，更指历史百年间中国科技筚路蓝缕的穿越。

1909 年通车的京张铁路是由中国人自主设计和建造的第一条铁路干线，途经北京北站、清华园站、清河站、沙河站、昌平西站、八达岭西站、沙城站、下花园站、宣化新设站和张家口南站，全长约 220 公里。在京张铁路的修建过程中，最难的工程是打通八达岭隧道，总工程师詹天佑创造性地运用“折返线”原理，以“人”字形路线，将路线坡度降低，使得隧道工程长度减少了一半。“整个工程的施工时间比原定时间缩短了两年，而建造成本比预算节省了 35 万两白银。”① 清末清政府腐败无能、国弱势微，帝国主义列强在华争夺利益，并嘲讽中国人无法独立修建铁路，京张铁路正是在列强的轻视中展现在国人面前，不仅打破了西方列强对中国铁路修建的垄断，令中国人扬眉吐气，而且开启了火车所表征的中华民族的现代化速度。

此后的一百年间，铁轨所穿越的特殊地形下的隧道都不得不依赖于外国工程师的技术垄断。在剧中郑文武跟徒弟讲述了自己当小学徒时参与开挖长江隧道的故事，由于盾构机最核心的刀片技术受制于外国技术专家，整个施工过程不仅外国专家费用占比高，而且工程进度也无法充分保障。郑文武以自己的职业经历投射出一个国家和民族在科技上的今非昔比。

一百年前，当西方工业文明以野蛮的方式打开清政府闭关锁国的大门时，第一批有识之士开始“开眼看世界”，而看到的已是望尘莫及的差距，科学技术的落后是中国人难以磨灭的伤痛，中华民族经历了落后就要挨打的屈辱，这是印刻在每一个中国人基因中的“伤情”；一百年后的今天，中

① 陈剑．京张历史文化与当代发展［M］．北京：国家行政学院出版社，2017：140.

国人已然实现了从站起来、富起来到强起来的“穿越”，取得了脱贫攻坚的全面胜利，全面建成小康社会，实现了第一个百年奋斗目标，并朝着第二个百年奋斗目标开启了强有力地迈进。在强大的社会主义现代化国家的支持下，广播剧《中国赛道之盾构机长》中拥有自主知识产权的“天佑号”盾构机面对险情，有大国工匠坚实可靠的操作应对技能，有远在南京检测部门发送的实时监测数据的支持，有各种科学生命检测仪器为作业技术人员提供安全保障。而在各个科技领域具有中国自主知识产权技术的国之重器和老中青三代全梯队大国工匠的纷纷登场，这是中国人昂首挺胸走向社会主义现代化强国的“硬道理”。正如习近平总书记在十九大报告中指出，“创新是引领发展的第一动力，是建设现代化经济体系的战略支撑。要瞄准世界科技前沿，强化基础研究，实现前瞻性基础研究、引领性原创成果重大突破。”在广播剧《中国赛道之盾构机长》中，这一“硬道理”让落后挨打的“伤情”变为文化自信的“底气”，并在情理的张力中完成了第三重情理的同构。

四、情理同构中的中国速度

从19世纪末清政府“马拉火车”的闹剧①，到21世纪“和谐号”“复兴号”高速动车组的出现，百年间火车的“提速”不仅完美地转喻了中华民族在实现伟大复兴的道路上所取得的巨大进步和成就，而且也成为中国现代化发展速度最贴切的表征。②

1949年，由东北电影制片厂出品的新中国摄制的第一部长篇故事片《桥》（王滨执导、于敏编剧），以解放战争期间的一个冬天为时间背景，以铁路工人为战争的胜利成功抢修铁路桥为故事线索展开，这里“冬天”

① 火车在中国的出现是伴随着19世纪西方工业革命的对外扩张而来，以李鸿章为代表的洋务大臣企图效仿“西人之长技”来挽救摇摇欲坠的清王朝封建统治。其中，在光绪六年（1880年）十二月，李鸿章上书“请开铁路”以配合开平煤矿的煤炭运输。1881年11月8日，从唐山到胥各庄（近丰南区）的唐胥铁路举行了通车典礼，但清朝皇室的东陵就在唐山西北不远的地方，生怕火车头“震动山陵”，所以最初只准用骡马拖拉车辆。经过反复疏通，在1882年改用机动车牵引。

② 郎静．贾樟柯的“火车”：“中国速度”的辩证书写［M］．北大艺术评论（第三辑）．北京：商务印书馆，2019.

“铁路桥”，以及必然到来的“疾驰而过火车”共同构筑了全国各族人民对中国在革命胜利后“起始速度”的强烈憧憬感；[①] 到了20世纪80年代，随着中国社会的内在逻辑由“革命”逐渐转向“改革”，作为进步力量表意的“火车”也发生了相应的转变。1982年，铁凝在小说《哦，香雪》中，有一段对火车的陌生化描写，“然而，两根纤细、闪亮的铁轨延伸过来了。它勇敢地盘旋在山腰，又悄悄地试探着前进，弯弯曲曲，曲曲弯弯，终于绕道台儿沟脚下，然后钻进幽暗的隧道，冲向又一道山梁，朝着神秘的远方奔去。”[②] 对于闭塞的台儿沟而言，火车带来的是新奇的头上别着的金圈圈、比指甲盖还小的手表、皮制的书包、挂面、火柴、香皂、纱巾和尼龙袜，还有让香雪内心不能平静的自动开关的铅笔盒。在与自己的小木盒的对比中，香雪开启了对大城市现代化进步力量的无限想象，这一想象借由火车冲向了神秘的远方。拿到心心念念的自动铅笔盒后，香雪“心中升起一种从未有过的骄傲”，姑娘的欢呼声使得“古老的群山终于被感动得战栗了，它发出洪亮低沉的回音，和她们共同欢呼着。”[③] 同样，1983年，导演胡柄榴执导的影片《乡音》借由大远景穿越群山的火车和山脚下一对坐着独轮木车的夫妻的对比，在“木车”表征的前现代乡村生活和“火车”表征的现代性进步的张力中，“火车”构筑了改革开放阶段的中国人对现代化、城市化、全球化的“速度”想象。

到了中国特色社会主义新时代的语境中，中国社会的主要矛盾由社会主义初级阶段的“人民日益增长的物质文化需要同落后的社会生产之间的矛盾”发展为“人民日益增长的美好生活需要和不平衡不充分的发展之间的矛盾”。不难发现，随着社会主要矛盾的转变，社会内在逻辑由“改革”变为“共享”，以“共享”的新发展理念去弥合社会矛盾中的“不平衡”与“不充分”。广播剧《中国赛道之盾构机长》中“盾构”所经之处

① 此后出现的表现京汉铁路大罢工的影片《风暴》（导演/编剧：金山，1959年）和同年上映的表现进步知识分子青年投身革命道路的《青春之歌》（导演：崔嵬、陈怀皑，1959年）以及20世纪70年代的样板戏《红灯记》（导演：成荫，八一电影制片厂，1971年）都以“火车”及其借代物的形象，或作为战斗的号角，或作为对革命激情的释放，或作为革命精神的传承，完成了革命中国的进步叙事。

② 铁凝．铁凝小说集［M］．河北：花山文艺出版社，1985：128.

③ 铁凝．铁凝小说集［M］．河北：花山文艺出版社，1985：141.

便是京张高铁，另一头是祖国的首都北京，一头是河北张家口，时速最高可达350千米/小时，再次穿越八达岭长城而过，但已然不是百年前的速度，也不再具有身份区隔的优越感，而是作为日常交通工具为全民共享，带动地区共建京津冀协同发展。在选材立意的层面上，广播剧《中国赛道之盾构机长》为讲好冬奥故事、讲好河北故事、讲好中国故事迈出了坚实的一步。

但在故事层面上，也有让听众不满足的地方。首先是剧中人物间的对话有"生硬"感，为插入知识性的背景信息而强行一股脑地引入对话，缺少从知识性话语到日常人际交谈话语的变通，致使听众在叙事接受上出现了短暂的"跳离"。特别是剧中郑文武和徒弟刘康宝之间的第一次对话，时间较长的说教性话语使得人物丧失了日常生活的鲜活感和真实性。这一点与后来郑文武劝说父亲的对话形成了鲜明的对比。在与父亲的对话中，郑文武首先以设问开始，以共情做结，人物对话自然、流畅、生动、感人；其次，是在音效上，与其他文艺门类相比，广播剧仅以"声音"沟通受众，引发共情体验，因此声音制造的真实感和临场感尤为重要。全剧高潮发生在郑文武操作"天佑号"盾构机，在百米外切削废弃水泵的时刻，而剧中仅有人物的对话，在千钧一发的静默时刻，缺少了环境音的"动"（比如水滴声、呼吸声、发动机嗡鸣声等）来反衬现场的"静"所营造出的紧张感，正如王维所言："蝉噪林逾静，鸟鸣山更幽。"再次，在叙事元素上，无论是百年前的京张铁路，还是百年后的京张高铁，八达岭长城都是这条中国赛道的必经之地，剧中仅在父亲讲述太爷爷的故事提到了"居庸关"这一地名。而作为中华民族凝聚力和共同体象征的长城并未成为表意的关照点，如果能借由"长城"的凝聚力①赋予火车所表征的中国速度的"共享"叙事，将更加有力地突出在新时代中国特色社会主义在强国赛道上"家国一体"的文化内涵。

---

① 在中国古代，"长城"作为农耕民族与游牧民族的分界线，承担了文化对峙和交融的功能；到了革命年代，长城成为整个中华民族"起来！不愿做奴隶的人们，把我们的血肉筑成我们新的长城……"，承担了抗击侵略，保家卫国的功能；在中华人民共和国成立后，表现长城影像的电影有讲述社会主义建设初期的故事的《长城新曲》（赵心水执导，1975），有讲述抗日战争时期的故事的《长城大决战》（吕小龙、张宁执导，1988）、《剑吼长城东》（方沉、马惠武执导，1990）、《战争子午线》（冯小宁执导，1990），这一时期影片中的"长城"均承担了家国象征的功能；而经由20世纪90年代的过渡，进入21世纪以来，随着电影商业化的转向，电影中的长城影像逐渐成了景观猎奇的符号。（详见：郎静．从家国象征到景观猎奇："长城影像"话语建构的三重障碍［J］．电影文学，2022，07.）

非物质文化遗产传统插花的传承创新

王　乐　铁　铮*

【摘要】传统插花是中华民族优秀传统文化的重要组成部分，已有上千年的传承历史。2008 年，传统插花因其独特的艺术特征和典型的文化代表性，被列入国家级非物质文化遗产名录。在传统插花传承现状调查中发现，目前传统插花传承存在传承人老龄化、传承理念和方式陈旧、制度体系不健全、社会关注度与资金投入不足等关键问题。在非物质文化遗产视域下传统插花的传承，应以传承人为中心，通过加强顶层设计、加速传承队伍的培养、实现社会各界协同合作，以提升中国传统插花整体的传承能力和水平。

【关键词】传统插花　非物质文化遗产　传承创新

传统插花特指被列为国家级非遗项目的"传统插花"①。传统插花蕴涵了中华民族特有的精神价值、思维方式、想象力和文化意识，是中国花文化的集中体现和代表，具有非常重要的历史、文化、艺术、社会及实用等价值。从 2005 年起，经过多位专家学者和插花传承人的不懈努力，传统插花以其独特的艺术表现形式和丰富的历史人文精神，在 2008 年成功

---

* 王乐，北京林业大学文化与自然遗产研究院特聘青年研究员；铁铮，北京林业大学文化与自然遗产研究院教授。

① 中国政府网 . 2008 年第二批国家级非物质文化遗产名录［EB/OL］. http：//www. gov. cn/gongbao/content/2008/content_1025937. htm.

申请为国家级非遗项目。项目的成功申遗体现了传统插花别样的艺术特色和文化代表性，肯定了插花活动在中国悠久的传承发展历史和独特的文化价值。此后，传统插花传承取得了一定的进展和成效，但仍存在一些主要问题，有待通过传承中创新加以解决。

一、传统插花传承的进展与成效

（一）传统插花列入国家非遗项目名录

2008 年，传统插花被列入国家级非遗第二批名录。传统插花非遗项目团队在申遗之初，在克服种种困难的情况下，认定并建立了项目传承团队，并在当时制定了较为完备传承规划。近年来，通过传统插花非遗项目团队集体协作努力，他们在传承传统插花事业上已经取得了较为丰硕的成果。

（二）初步建立传统插花传习体系

纵观整个传统插花发展历史，传统插花并不像其他文化形式具有较为完整的传承脉络，包括传承人和传承流派在内均没有在历史文献中完整保留下来，所以在申遗初期，项目团队在整理历史资料的基础上，从无到有建立了属于传统插花的传习体系，并且编著了传统插花的研习教材。编著的《中国传统插花系列教程》，是目前传统插花学习的必备教材。对传统插花教学体系进行了整体规范，将此体系分为研习班、研究生班以及教师班三大类别。

（三）为传统插花传承培养储备力量

在北京林业大学的管理和支持下，团队依托于园林学院建立起了传统插花非遗项目传习基地，并在此举办了多期培训班。培训班不仅传授传统插花的基础理论知识，并且设置了实操课程，加强插花技艺的训练。近年来举办了多期传统插花研习班，培养了一批热爱传统文化、立志于传播与推广传统插花的精英团队与成员[①]。

（四）提升传统插花社会影响力

在落实非遗传承的传习实践活动之外，团队也在组织或参与不同的传播平台，来提高传统插花在社会中的影响力。不仅组织了中国首届插花花艺论坛，并且将与会者的插花经验和智慧凝结成了《首届插花花艺论坛》一书，极大地推动了我国关于插花的研究。除此之外，筹建中国插花艺术博物馆、编排舞台剧《中国传统插花·花语诗情》、联合 CCTV《时尚中国》举办插花大赛，并多次在北京奥运会等多项国家重大活动中精彩亮相。

（五）营造全民参与的良好氛围

2020 年 12 月，全国插花花艺职业技能竞赛在北京林业大学举办。本次竞赛是插花花艺行业首次举办的国家级赛事，由北京林业大学承办。此次竞赛的成功举办在全国范围内掀起了新一次的插花热潮，在国家倡导进行非遗保护和优秀传统文化复兴的大背景下，传统插花再一次近距离地和大众见面。

二、传统插花传承存在的问题与原因

作为中华优秀传统文化重要组成部分的传统插花，需要投入大量的时间和精力去完成，现代人接触传统插花的机会不多。当社会物质经济发展到一定程度，人们往往需要体验和把握更多的艺术形式和文化经验，进而转向追寻精神生活的价值。在传统插花传承中，还存在着一些问题，具体表现在以下五个方面。

（一）传承人与传承方式缺乏

非遗是和人紧密联系在一起的文化遗产，如果没有足够的传承人队

---

① 郑青．国家级非物质文化遗产“传统插花”保护的实践与探索［J］．中国花卉园艺，2016(05)：10－12.

伍，那么传统插花的传承就无从谈起。目前传统插花出现项目代表性传承人严重老龄化的问题，亟待培养年轻一代的项目传承人。

2008 年传统插花正式列入第二批国家级非遗项目，认定的项目代表性传承人是北京林业大学园林学院的王莲英和秦魁杰。如今，两位教师都已是耄耋之年。虽然传统插花非遗项目团队在进行传承体系建设的过程中，将多年来一直跟随二位教师学习传承插花的 9 人认定为首批传统插花传承人，但仍然满足不了传统插花传承的实际需要。

目前所采用的小范围的口传心授的传承方式，不能满足传统插花遗产有效传承的目的，需要进一步拓展和完善传统插花的传承方式。需要借鉴现在流行的网络课堂的优势，把面授为主的传习班以及纸质化的传统插花系列教材，转化为视频课件，借鉴短视频创作、网络直播等形式，增强与广大的传统插花爱好者的互动，扩大传统插花传承的传播范围。

（二）传承理念亟待转换

在非遗传承的理念上，传统插花非遗项目的传承现状和其他同类型的非遗项目一样，目前仍然没有完全脱离早期的静态保护的思维桎梏。其根本原因依然在于，人们当下还没有真正认识到传统优秀文化在现代社会的价值，没有将文化的传承与社会的发展合理有效地融合起来。

目前的传承理念仍然深受物质遗产静态保护理念的影响。从时间顺序上来看，非遗保护的提出是在联合国教科文组织发起的保护世界遗产项目之后才逐渐从中分离出来，所以直接导致人们仍然在此后的长期遗产保护实践中，用世界遗产保护的思维模式来评价和开展非遗的传承工作。文化遗产保护更多的是以静态地修复和长久地保存思想为主导。在世界文化遗产保护过程中，人们发现人类在发展过程中不仅留下了能够可以观赏游览的文化结晶和自然景观，而且还存在一部分并不能直接触摸得到的文化遗产，即无形的、非物质的文化遗产。直到 2003 年 10 月联合国教科文组织第 32 次大会通过了《保护非物质文化遗产公约》，建立了“非物质文化遗产”（又称口头或无形遗产），才开始对非遗的保护传承工作。但这种非物质的文化遗产传承与人文建筑或自然景观遗产保护相比，其力量显得极为弱小，因为那些可见可触的文化遗产能更快地带来经济效益。

在《保护非物质文化遗产公约》中，对非遗的定义是“人们学习的过程及在学习过程中学到的和自创的知识、技术和创造力……这些过程会使现存的社区具有一种与先辈们相连续的意识……对人类文化多样性和创造性保护也有着重要意义”①。

参考非遗的定义并结合传统插花非遗项目传承的现状，可以发现，现阶段的传统插花非遗项目的传承，在发掘传统插花历史底蕴、整理历史资料编著插花教程以及开展传统插花传习班以外，需要进一步转换传承理念，提升传统插花对现代艺术流派或审美需求的包容度。通过借鉴现代社会的文化特点，在传承传统插花文化遗产的同时，注入时代动力，形成连续的文化脉络，对文化多样性和创造性更好地保护。

（三）制度体系仍需完善

中国从加入联合国《非物质文化遗产公约》到颁布实施《中华人民共和国非物质文化遗产法》，已经在非遗保护与传承方面取得了很大的进步和成果。一方面需要国家在非遗传承工作上，进一步制定和完善相关制度体系；另一方面，传统插花传承团队需要建设完善且运行良好的机构。建立并完善更加适合时代发展的运行机制，不仅需要国家层面对非遗传承工作的正确引导，还需要传统插花非遗项目团队做出适应新时代的转变。

传统插花传承缺少专设的事业编制。虽然成立了非遗传统插花保护中心，但工作人员多属于兼职而非专门人员，势必在长远的传统插花传承工作中造成不便。

传统插花的行业规章制度需要更新和完善。为了保证传承人技艺的研习和进步，在公平竞争的状态中让传统插花传承“活”起来，需要对传统插花行业内的相关规章制度进行修订和完善。除此之外，需要针对传统传播和新媒体传播做出不同的规划，进一步提升传统插花在国内外的影响力，促进国内和国际的多向传播与交流。

---

① 文化部．联合国教科文组织《保护非物质文化遗产公约》基础文件汇编［M］．北京：外文出版社，2012.

（四）支持保障依旧不足

传统插花非遗项目团队的资金，主要来源于主管部门的专项资金和各展览会的主办方资助。远远不能满足项目传承活动的必要开支，必要的经费缺口很大。在传承人培养方面，包括传承人补贴、职称晋升、继续教育、鼓励国内外交流、建立传承人及社会公众参与传统插花研究的奖励机制等方面，目前项目团队只能争取社会力量的赞助和捐款。在传习基地的基础建设、组织策划传统插花公益展演和社会传播等方面，项目团队也只能依靠主管部门和活动主办方的专项资金的支持。

（五）社会关注有待提升

传统插花非遗传承的社会关注度较低，原因在于目前传统插花传承过程中采取的宣传方式和内容质量欠佳，以及社会公众整体的艺术审美观念不一致等。传统插花既是一项日常审美活动，又是一项高雅艺术。每个人的审美观念不同，也是导致传统插花在社会中关注度低的原因之一。传统插花的传播力度有待加强，有待于进一步提高传播质量。近年来电视的使用率一直在下降，手机等互联网终端成为人们接收信息的新选择。要进一步利用现代传播媒介，针对使用不同平台的各年龄阶段的群体进行传播。

三、传统插花传承的守正与创新

为了解决现阶段我国传统插花传承存在的问题，需要政府、传承人、传承团队、社会各界多主体共同努力，构建以传承人为中心的传统插花守正传承新格局。

（一）以传承人为中心

传承人是非遗传承工作的核心，非遗的传承工作重点应该围绕传承人展开。不同于其他固态的、静止的文化遗产保护，非遗传承需要将每一种非遗项目的流派和每一位传承人的艺术创作特点加以区分并传承下来，不同的传承人在创作的过程中，会结合不同的时代特点和社会经验创作出具有不同艺术特色的非遗作品。

非遗传承人可以分为代表性传承人和一般传承人。代表性传承人是指承担国家级非遗代表性项目传承责任，并在一定区域内具有较大影响，经政府认定的传承人。一般传承人是指代表性传承人在承担传承责任过程中，通过传习等方式接收的传习弟子等学习和传播非遗项目者。传统插花非遗项目的代表性传承人面临严重的老龄化问题，同时在一般传承人的认定、培养、扶持等方面，有待进一步完善相关的制度规则。

1. 传承人的认定

传统插花代表性传承人的认定与管理应当遵循三条主要原则。其一，传承人不仅需要具有精湛的传统插花技艺，还需要具有时代的敏锐度。在传承传统插花的基础上创新，将传统插花艺术和现代审美相结合，创作符合和适应时代需求的插花作品。其二，应当立足于完善非遗传承体系，增强非遗的存续力。在进行传统插花传承人认定时，应注重拟认定传承人在传统插花行业内的权威性，考量拟认定传承人对传统插花中不同流派的包容程度。其三，在认定时，应当考量拟认定传承人的个人品质和价值观念。

2. 传承人的培养

面对传统插花非遗项目代表性传承人严重老龄化的问题，急需建立完善的传承人培养制度。一是要建立传承人认定机制。传统插花学习者在经过长期且系统的学习之后，经考核达到规定的传承人准入标准，可将其认定为项目的一般传承人。一般传承人在参与项目传承工作中，通过考核的方式，可以晋升资格等级，成为传统插花候选代表性传承人。二是建立传承人等级机制。传统插花一般传承人在传承实践工作中，经考核取得一定的传承成绩者，可对其资格等级进行晋升，如考核不合格则可对其降级处理。三是建立警告、退出机制。传承人因传承工作不到位等不负责行为，要限期整改，整改不力者应取消其传承人资格。

3. 传承人的扶持

在《办法》[①] 和《通知》[②] 中，明确提出要努力为代表性传承人提供必要的物质基础，建立对学艺者的助学、奖学激励机制。要进一步扩大传习基地场所，以满足更多的传统插花爱好者的学习需要。传承人开展传习活动或公益展演和授艺过程中，需要经费资助。项目团队和传承人进行国内外交流中，也需要有关部门的支持和协调。要为传承人提供必要的物质基础和传承条件。

（二）构建传承大格局

1. 加强政府顶层设计

传统插花进入守正传承新发展阶段，发挥好政府部门的积极作用，是首要问题。政府部门在非遗工作中扮演着主导者的角色，政府组织社会各方面开展传统插花非遗资源的挖掘和整理工作，积极有效地为传统插花的后续发展和传承，积累了诸多资源，打下了坚实的传承基础。在传统插花传承中发挥着不可或缺的作用。对于新时期的传统插花传承工作而言，需要由原来的政府部门牵头带着走，逐渐转向自力更生、繁荣发展。进入到新的传承发展阶段，政府作用应从主导性转变为引导性作用，将更多的选择权和发展空间交给传统插花非遗项目团队。其一，政府引导传统插花传承中社会培训活动的规范化，做出规范性的文件要求，设置社会培训市场准入标准，定期审核制度，严格规范培训活动的开展。其二，政府引导传统插花艺术进校园，将传统插花纳入美育课程。其三，政府引导传统插花传承与市场资本的相互合作，进而引导传统插花传承既满足资本的基本需求，又能保持长久的传承活力。应充分考虑传统插花传承人的合法权益，杜绝传承人被过度经济化的现象发生。其四，政府引导传统插花传承人培养体系进一步完善。不仅需要通过法律规定来保护传承人的合法权益，更

---

① 中国政府网．国家级非物质文化遗产项目代表性传承人认定与管理暂行办法［EB/OL］．http：//www. gov. cn/gongbao/content/2008/content_1157918. htm

② 中国政府网．文化部关于加强国家级非物质文化遗产代表性项目保护管理工作的通知［EB/OL］．http：//www. gov. cn/zwgk/2011 -09/06/content_1941580. htm

需要充分了解和满足传承人在日常生活、文化传承、职业发展等方面的切实需求。通过完善传承人资格等级、工作考核、警告退出等制度，给传承人提供可持续发展的空间。

2. 加强非遗传承队伍建设

首先，进行人才梯队培养，使队伍结构科学化发展。要对多元文化进行兼收并蓄，用新时期大众喜闻乐见的形式展示传统插花的文化意蕴，通过奖励机制进一步激励年轻传承人对传统插花的传承。其次，开展实施“精英计划”等重点人才培养项目，作为对传承人培养制度进行补充。使其能够拥有更广阔的发展空间，为其可持续发展创造条件，作为代表性传承人的候选者和人才储备力量。最后，重视人才的继续教育，激发传承队伍潜能，实现可持续发展。在提升传统插花技艺创作能力的同时，要加强对经典作品和技艺的学习与传承，加强对现代艺术和美学的学习。加强文化素养的培养和提高，注重三者的协同发展，才能更好地将传统插花传承下去。

3. 加强社会各界协同合作

现代社会提供了快捷高效的传媒条件和及时全面的教育条件，同时文化产业方兴未艾，插花行业内开始充满了竞争，大众对传统插花的认识也在逐渐增进。在这种大环境下，加强各方面的沟通交流，深化协同合作，促进传统插花传承大格局的形成，将对当代传统插花传承提供有力的保障。

首先，现代传媒诠释着传统插花传承中“传”的意义。传统插花的传播必须从传统媒介向现代媒介转移。应充分利用融媒体，发挥传统插花新媒体传承的主动性，将传统插花教学和展演等进行数字化采集和编排，以精美短视频或网络直播等形式呈现给大众。可利用 AR 技术开发模拟现实插花的 APP，满足初学者对传统插花好奇心的同时，起到对传统插花广泛传播的效果。其次，现代教育展现着传统插花传承中“承”的方式。线上教育作为新兴的教育形式，和线下教育作为相互补充，将进一步扩大传统插花的传播范围。应根据不同的教育形式以及不同的学习对象，编排和设置难易不同的课程进行针对性的教学。通过各阶段全方位的普及教育和专业教育，传统插花在新时代年轻人中的传播力和影响力将会显著提升。最后，围绕传统插花展开的文化产业，也将会促进传承的深入发展。包括网络教学课程、教学书籍出版、社会培训、传统插花展演等诸多行业。无论是网络插花教学课程还是社会培训课程，不仅需要有大量专业的插花老师，还需要更多的技术和后勤团队来做支撑。

除此之外，对传统插花的文创衍生产品应该予以重视。通过将传统插花元素与现代产品设计相结合，着力打造传统插花这一实力 IP。并以此为核心，围绕打造和完善体系化的文创产业链，带动与其相关的行业产业，扩大生产，吸纳劳动力，在此基础上，因地制宜，因时施策，为地区发展增添动力。将中国插花行业内资源进行整合发展，制定行业制度及相关评价标准，使中国插花行业在统一、规范、竞争、有序中良好运行。除了传统插花之外，还存在着各个地方性的插花流派。国家级非遗项目传统插花要和各插花流派通力协作。传统插花只有融进生活中才能展现其独特的价值，每个人都是传承的主体，都可以成为传统插花文化的传承者。

4. 提升整体传承能力和水平

传统插花传承工作的转向是指从早期对传统插花历史资源挖掘整理的基础性工作，转向提高传承水平和能力建设纵深发展的新阶段。依托中国非遗传承人群研修研习培训计划，推动传统插花创造性转化、创新性发展，提升传承能力和水平。传承工作转向提高传承水平和能力建设纵深发展，帮助传统插花传承人群强基础、拓眼界，提升传统插花传承能力和传承水平。完善相关学科体系建设，更好地发挥文化传承创新功能。加强传统插花研培计划课程及教材的设计。通过设计和编著传统插花系列课程和教材，招收海内外传统插花学习者和研究人员，为传统插花非遗传承工作提供高校的学术和教学资源支持，通过组织传统插花项目持有者、从业者等传承人到校学习专业知识、研究技艺和技术、开展交流研讨与实践，提高传承实践能力，促进非遗的可持续发展。

开展传统插花学术研究，提升传承能力。通过组织开展传统插花相关的学术研讨会，邀请召集传统插花的相关学者对传统插花的历史文化、艺术特点、创作技艺、新流派新方法等展开研讨，结合艺术潮流与现代审美，围绕传统插花的创新性发展建言献策，提升传统插花非遗项目的传承能力。打造非遗传承示范基地。将传统插花非遗项目的传承能力提升计划，打造成为非遗传承的优秀案例。吸引文化部门的更多关注和支持，在建设非遗传承示范基地的同时，再次加强传统插花传承建设，提升整体传承水平和能力。

博士生论坛

文化资本何以促进经济增长？
——基于2009—2019年省域面板数据的实证研究

张雅文[*]

【摘要】文化是推动共同富裕的基础力量，也是关键变量，对经济繁荣至关重要。文化资本由法国著名社会学家皮埃尔·布迪厄提出，是社会中的非正式制度。文化资本一般分为传统文化资本与市场文化资本两类。本文使用2009年至2019年我国31个省级行政区（不含中国香港、中国澳门以及中国台湾地区）的面板数据，实证分析了传统文化资本与市场文化资本对经济增长的影响，并探讨了以上作用中政府治理参与的机制。结果表明，传统文化资本和市场文化资本促进了我国的经济增长，并且通过对政府效率、市场化水平、公平程度、腐败程度四个政府治理因素的机制对经济增长有间接影响。

【关键词】文化资本　传统文化资本　市场文化资本　经济增长

一、引言

改革开放以来，我国国民经济迅猛发展，人均国内生产总值不断提高，经济总量连连上升，成功由低收入国家跨入中等偏上收入国家行列，实现了第一个百年奋斗目标，在中华大地上全面建成了小康社会，在世界

* 张雅文，北京航空航天大学人文社会科学学院（公共管理学院）博士研究生。

主要经济体中位居前列，实现了历史性跨越。

在国家经济增长的过程中，国家依靠政府机构来组织和管理公共事务①，政府治理可以被视为政府管理资源、尊重产权和确保服务效率的能力，是组织市场行为的有效性，它实现了有效的监管政策，并建立了管理经济和社会互动联系的机构，决策者可以通过好的治理领导经济和社会发展战略，并通过有效的收入再分配政策尽量减少贫困。经典的经济增长模型描述了纯经济变量如何解释国家经济发展，在此基础上，一些经济学家开始考虑政府治理对于经济增长的贡献。North 提出了新制度经济理论，阐述政府治理和制度因素对经济增长的影响问题，North 认为在有效的制度下，降低交易成本、有效监管和尊重产权可以促进经济增长，并且在经济增长模型中引入政治因素发现，有些政治环境有利于经济增长，而另一些政治环境则会阻碍经济增长②。

文化是推动共同富裕的基础力量，也是关键变量。Fukuyama 提出将文化因素纳入经济学家已经使用的现代理论和实证模型，奥地利经济学家哈耶克认为非正式制度和文化因素对经济繁荣至关重要③。Guiso 等通过工具变量分析了文化影响经济的三个机制，首先文化通过影响再分配或生产性的政策来影响经济增长；其次文化可以影响经济偏好，而经济偏好反过来影响经济结果；最后文化影响人的信念，而人的信念会影响人的行为和经济结果④。文化特征分为两大类：第一类为成就导向的特征，这会提高人的生产力；第二类为广义道德导向的特征，这会促进人的信任，降低交易成本，成就导向与道德导向的文化互相弥补，共同促进经济和社会的稳定⑤。我国历史源远流长，以儒家文化为代表的传统文化对我国社会影响重大，同时改革开放以来，我国的市场经济逐步发展，市场文化也不断滋

① Kaufmann D, Kraay A. On Growth without Governance [J]. *Social Science Electronic Publishing*, 2003.

② North D C. A Transaction Cost Theory of Politics [J]. *Douglass North*, 1990.

③ Fukuyama F. Culture and Economic Development: Cultural Concerns-ScienceDirect [J]. *International Encyclopedia of the Social & Behavioral Sciences*, 2001: 3130 - 3134.

④ Guiso L, Sapienza P, Zingales L. Does Culture Affect Economic Outcomes? [J]. *Social Science Electronic Publishing*, 2006.

⑤ Maridal J H. Cultural impact on national economic growth [J]. *Journal of Socio-Economics*, 2013, 47 (dec.): 136 - 146.

养着我国的经济活力，研究传统文化资本与市场文化资本对我国经济发展的影响具有理论和实践意义。

文化是国家和民族之魂，也是国家治理之魂，没有社会主义文化繁荣发展，就没有社会主义现代化。党的十八大以来，党和国家高度重视社会主义文化建设。党的十九届五中全会明确将建设“文化强国”“国民素质和社会文明程度达到新高度，国家文化软实力显著增强”的文化战略目标纳入“到2035年基本实现社会主义现代化远景目标”中。文化是国家和民族的灵魂，集中体现了国家和民族的品格，悠久灿烂的中华文化是中华民族生生不息精神纽带，五千年的历史长河中，中华民族历经劫难而百折不挠，在每次面临严峻的挑战时，中华文化便是支撑并团结着华夏儿女为了国家和民族浴血奋战的力量源泉。在现代化发展中，文化也是我国经济社会发展的强大精神动力，繁荣发展先进的中华文化，将为社会主义现代化提供思想基础。在我国的文化建设方面，“十三五”时期，《国家“十三五”时期文化发展改革规划纲要》确定的各项任务顺利完成，我国文化建设在正本清源、守正创新中取得历史性成就、发生历史性变革，为了在新的历史起点上进一步推动社会主义文化繁荣兴盛，2022年8月16日，中共中央办公厅、国务院办公厅印发了《“十四五”文化发展规划》（简称《规划》），为应对世界百年未有之大变局、推进中华民族伟大复兴的战略全局提供磅礴的力量源泉。《规划》提出加强中华优秀传统文化和革命文化研究阐释，坚持把马克思主义基本原理同中国具体实际相结合、同中华优秀传统文化相结合，深入推进社会主义核心价值观建设，加强公民道德建设。并且，把进一步发挥市场在文化资源配置中的积极作用与更好发挥政府作用结合起来，深化文化领域行政体制改革提升文化治理效能。此外，加强人才队伍的素质能力建设，建设勇担使命责任、善于创新创造的时代新军。文化治理即为文化在政府治理中发挥的作用，进而文化会通过影响政府治理间接影响经济增长。我国将大力建设社会主义文化强国，并以此加强政府人才队伍的素质能力，强化政府治理，推动社会主义现代化建设。

本文使用2009年至2019年我国31个省级行政区（不含中国香港、中国澳门以及中国台湾地区）的面板数据，实证分析了传统文化资本与市场文化资本对经济增长的影响，并探讨了以上作用中政府治理参与的机制。

二、文献综述和假设提出

文化资本由法国著名社会学家皮埃尔·布迪厄提出，是社会中的非正式制度。文化特征分为两大类：第一类为成就导向的特征，这会提高人的生产力；第二类为广义道德导向的特征，这会促进人的信任，降低交易成本，成就导向与道德导向的文化互相弥补，共同促进经济和社会的稳定①。我国是一个拥有五千年悠久历史的国家，以儒家文化为代表的传统文化影响深远，同时改革开放以来，我国的市场经济文化也不断发展。

文化资本会对经济主体的行为产生影响，并节约交易成本，同时影响人力资本、技术创新、消费等经济变量，进而影响经济增长。姜琪将政府质量与文化因素纳入经济增长模型，使用实证分析研究了不同维度的政府质量与文化分别对地区经济增长的数量和质量的影响，强调我国需要通过制度因素和非制度因素兼顾经济增长的数量和质量②。高波和张志鹏提出文化资本是一种价值观体系，它会自我更新发展，并且文化的因素影响了经济利润，这又影响了更多人对这种文化的信念，进而实现文化传播，因此文化资本是边际报酬递增的；另一方面，文化资本约束着资源、技术的使用，例如我国儒家文化的道德观影响着我国经济市场中人的仁、义、信等道德行为，并且我国的晋商、徽商等地域商业文化也形成了不同风格的经济行为③。罗枢和白仲林建立了文化综合指数，通过索洛模型探讨了文化对经济增长的影响，并且在不同的发展阶段，文化对经济的影响机制也有所不同④。张军和郭希宇研究了儒家文化影响下我国家庭的生育偏好，对于生育男孩的偏好影响了男女比例，进而影响了我国的经济增长率⑤。

---

① Maridal J H. Cultural impact on national economic growth [J]. *Journal of Socio-Economics*, 2013, 47 (dec.): 136 - 146.

② 姜琪. 政府质量、文化资本与地区经济发展——基于数量和质量双重视角的考察 [J]. 经济评论, 2016 (02): 58 - 73.

③ 高波, 张志鹏. 文化资本: 经济增长源泉的一种解释 [J]. 南京大学学报: 哲学·人文科学·社会科学, 2004, 41 (5): 11.

④ 罗枢, 白仲林. 文化的经济增长效应与机制研究 [J]. 江西社会科学, 2020, 40 (3): 12.

⑤ 张军, 郭希宇. 儒家文化是否损害了中国经济增长——基于性别失衡视角的实证检验 [J]. 重庆工商大学学报: 社会科学版, 2020, 37 (3): 11.

Guiso 等发现，宗教和种族出身会影响个人的储蓄水平。他们还发现，由宗教和种族定义的文化会影响对信任的信念，他们通过分析一般社会调查（GSS）和世界价值观调查（WVS）发现，与不参加宗教服务的人相比，定期参加宗教服务会增加22%的对他人的信任①。他们还发现，信任显著加强了成为企业家的概率。付金存采用“社会主流价值观—社会制度—经济绩效”（VIP）模型，认为社会文化塑造了经济主体行为的制度，进而影响市场结构，并最终影响经济增长②。李娟伟和任保平等将我国的文化资本分为传统文化资本与市场文化资本两类，来研究对经济的影响，李娟伟等发现传统文化资本通过提高人力资本而促进经济增长，市场文化资本通过促进技术进步而影响经济增长，同时两种文化共同影响的制度效应也影响了经济增长③④。Maridal 总结了不同的文化对经济的影响⑤。父母教导孩子的价值观，如节俭和独立对经济有很强的影响，独立的需要列为驱动企业家的四大动机之一，独立是个人主义文化中的一个强烈特征，它培养了跳出框框思考和挑战现状的能力和接受度。从供给方面来看，这种文化特征对创新和发明的速度很重要，创新是将发明引入市场的过程，也是创业的基本要素。从需求方面来看，独立思考提高了人们对新的不同解决方案的接受度。与独立性相反，服从和对权威毫无疑问地尊重所代表的价值观与个人主义、独立和创业精神背道而驰。从节俭的角度来讲，节俭会提高储蓄，这对个人和集体都产生了互惠效应，并且也增加了经济投资资金的可用性，推动资源投入创新事业。成就导向的文化在经济的生产阶段非常重要。另一个层面是道德导向的文化，道德导向的文化减少社会中的机会主义行为，创造了增强集体行动过程的社会资本，在经济的交换阶

---

① Guiso L, Sapienza P, Zingales L. Does Culture Affect Economic Outcomes? [J]. *Social Science Electronic Publishing*, 2006.

② 付金存. 文化资本对于经济增长的作用机理——基于 VIP 框架的中国考察 [J]. 社会科学研究, 2014 (5): 5.

③ 李娟伟, 任保平. 中国经济增长新动力: 是传统文化还是商业精神? ——基于文化资本视角的理论与实证研究 [J]. 经济科学, 2013 (4): 11.

④ 李娟伟, 任保平, 刚翠翠. 异质型文化资本与中国经济增长方式转变 [J]. 中国经济问题, 2014 (2): 10.

⑤ Maridal J H. Cultural impact on national economic growth [J]. *Journal of Socio - Economics*, 2013, 47 (dec.): 136 - 146.

段很重要，道德导向的文化强调诚实、无私和同情他人，减少机会主义行为，创造信任，信任可以降低交易成本，扩大市场，社会圈越大，社会资本越多，经济市场越大。更大的市场使更高的劳动分工成为可能，更专业的经济提高了生产力。生产力的提高是经济增长最重要的长期来源。

我国传统文化对经济社会的影响深远。一方面，我国传统文化倡导勤俭节约，不鼓励消费主义，因此传统文化的传播有利于经济行为中的资本积累，更多的资本积累也会促进经济增长；另一方面，以儒家文化为代表的传统文化宣扬仁、义、礼、智、信，这有助于规范人的经济行为，经济主体在进行经济活动时，会更加懂得换位思考，心存善念，并讲究义气，广结善缘，以礼相待合作及竞争者，讲究诚信，这有助于形成良性的经济秩序，减少交易成本，促进经济增长。改革开放以来，我国社会有了更多的创新精神和开拓精神，这有助于经济行为中的创新，并促进经济主体扩大经营规模。因为更强的竞争意识，我国的经济行为人会更有激励地提高经济技术，降低生产成本，获得更高的经济利润，而正向的经济利润也激励了更多人投入经济行为，这刺激了我国市场上的经济活力。因此，我们提出假设1。

假设1：传统文化资本和市场文化资本促进了我国的经济增长。

文化资本在政府治理中发挥了重大作用，进而影响经济增长。政府效率是政府机构在单位时间内的运转速度，办事的数量和质量，反映一个政府的整体功能水平。足够有效率的政府能够更高效地根据当地的实际情况制定并执行适宜的政策，进而促进经济增长。我国以儒家文化为代表的传统文化对人的行为有约束及规训作用，道德的约束让政府行政人员在行政合作中更愿意沟通理解，降低合作成本，提高合作效率，使得政策的执行更高效地实现既定目标。此外，传统文化的同理心会让政府治理更多地关注弱势地区和群体，从而提高公平程度，并且道德的约束也降低了政府人员的腐败概率，从而促进经济增长。市场文化代表了创新、勇敢、开拓、竞争精神，在这样的文化激励下，政府治理会为了更高的绩效而创新治理形式，开拓更多治理模式，我国正向服务型政府的转变，“放管服”改革使得政府治理的效率更高，进而各种经济行为的进行也更加顺畅，为经济行为创造了良好的营商环境。在市场文化激励下，政府也鼓励更多的经济形式，降低市场上的交易成本，促进市场化水平的提高，促进经济增长。然而市场文化的激励也会加强资源分配的不平等，有原始资本积累、更强开拓、创新精神的人获得了资本积累，有机会获得更好的资源，而原本没有资本积累的人也更难获得好的资源和机会，这激励着政府对于有更高利润的经济行为投入更多的资源，对较低利润的经济行为投入较少的资源，降低政府治理的公平程度，同时，市场经济高利润的刺激也会加剧政府治理的腐败程度，对经济增长产生不利影响。

因此，我们提出以下假设。

假设2：传统文化资本和市场文化资本通过提高政府效率促进了我国的经济增长。

假设3：市场文化资本通过提高市场化水平促进了我国的经济增长。

假设4：传统文化资本促进了政府治理的公平程度，市场文化资本不利于政府治理的公平程度，进而影响经济增长。

假设5：传统文化资本降低了政府治理的腐败程度，市场文化资本加剧了政府治理的腐败程度，进而影响经济增长。

三、理论模型、数据样本与变量设定

（一）理论模型

我们首先设定一个生产函数，假定经济增长由技术进步、资本与人力决定，如下（1）式：

$$Y = AF(K,H) = A K^{\alpha} H^{\beta} \tag{1}$$

上式中，Y 为总产出，K 为资本存量，H 为人力资本存量，A 为技术水平。在此生产函数中，借鉴 Bucci 和 Segre①，我们考虑加入政府质量与文化资本因素形成内生增长模型，如下（2）式：

① Bucci A, Segre B. Culture and human capital in a two-sector endogenous growth model [J]. *Research in Economics*, 2011, 65 (4): 279-293.

$$Y = A * I * [(\lambda G)^{\theta} K]^{\alpha} * [(\mu_1 C_T * \mu_2 C_M)^{\eta} H]^{\beta} \tag{2}$$

$$0 < \alpha, \beta < 1;\ 1 < \theta, \eta < 1;\ 0 < \lambda, \mu_1, \mu_2 < 1$$

（2）式中，G 为政府治理，影响资本存量 K，λ 为影响资本存量的政府治理份额，θ 为政府治理影响资本存量的强度，C 为文化资本，影响人力资本 H，C_T 和 C_M 分别为传统文化资本和市场文化资本，μ_1、μ_2 为文化资本影响人力资本的份额，η 为文化资本影响人力资本的强度，α、β 为资本存量与人力资本对总产出的弹性。同时政府治理与文化资本又通过制度因素 I 影响技术水平 A，如下（3）式：

$$I = [(1 - \lambda)G * (1 - \mu_1)C_T * (1 - \mu_2)C_M]^{\varphi}, 0 < \varphi < 1 \tag{3}$$

$$A = \bar{A}(\lambda G * \mu_2 C_M)^{\psi}, 0 < \psi < 1 \tag{4}$$

在（3）式中，φ 为文化资本与政府治理对制度因素影响的强度，$(1 - \mu_1)$ 与 $(1 - \mu_2)$ 为影响制度因素的传统文化资本份额以及市场文化资本份额，（3）式表示不同文化资本以及政府治理下的制度因素，（4）式中，μ_2 为影响技术水平的市场文化资本份额，ψ 为市场文化资本对技术水平的影响强度，$\bar{A}$ 为其他影响技术进步的因素，把以上两式代入（2）式得：

$$Y = \bar{A}(\lambda G * \mu_2 C_M)^{\psi} * [(1 - \lambda)G * (1 - \mu_1)C_T * (1 - \mu_2)C_M]^{\varphi} * [(\lambda G)^{\theta} K]^{\alpha} * [(\mu_1 C_T * \mu_2 C_M)^{\eta} H]^{\beta} \tag{5}$$

对（5）式两边取对数得：

$$lnY = \beta_0 + \beta_1 lnG + \beta_2 ln\,C_T + \beta_3 ln\,C_M + \beta_4 lnK + \beta_5 lnH + \varepsilon \tag{6}$$

因此，基于上式可得本文的计量模型：

$$ln\,Y_{it} = \beta_0 + \beta_1 ln\,G_{it} + \beta_2 ln\,C_{T,it} + \beta_3 ln\,C_{M,it} + \beta_4 ln\,K_{it} + \beta_5 ln\,H_{it} + \beta_6 Control + \varepsilon_{it} + \mu_i \tag{7}$$

上式中，Control 为控制变量，包括人口结构、外商投资水平、产业结构、城市化，μ_i 反映个体效应。

（二）数据样本与变量设定

本文使用 2009 年至 2019 年我国 31 个省级行政区（不含中国香港、

中国澳门以及中国台湾地区）的面板数据，数据来源于《中国统计年鉴》以及《中国检察年鉴》，同时我们剔除了主要变量数据缺失的样本。

1. 文化资本的度量

本文借鉴李娟伟和任保平的度量方法①，使用城乡居民对文化的消费支出以及政府在对文化的财政支出之和来表示文化资本投入，采用《中国统计年鉴》中“各地区农村居民家庭平均每人生活消费支出”中的“文教、娱乐用品及服务”项、“城市居民家庭平均每人消费性支出”中的“教育文化娱乐服务”项、“分地区财政支出”中的“文体广播事业费”和“教育事业费”。城镇人口和农村人口根据“人口”中的“分地区年末人口数”和“分地区年末城镇人口比重”计算。在计算中，选取各地区城乡居民每人全年平均文化消费与城乡人口数乘积之和，再加上各地区财政支出中的文化支出，计算出各地区文化资本投资，使用永续盘存法，以1997年为基期进行计算，假设文化资本的折旧率为10%。

传统文化与市场文化在不同发展程度的地区有不同的影响力，在西方国家，市场经济更为完善，市场化程度较高，竞争与创新精神更强，市场文化资本积累更高，而在发展中国家，市场化程度尚未发展成熟，传统文化影响力根深蒂固，传统文化资本积累也更高。在我国，韦森发现市场化程度高的地区经济结构不断多元化、市场化，市场文化资本积累更高，而市场化程度低的地区因儒家文化代代传承，相对较循规蹈矩，市场文化资本积累不够高，而传统文化资本积累更高②。因此，本文借鉴李娟伟和任保平的方法，使用各地区文化资本存量与市场化指数的乘积作为市场文化资本存量，各地区文化资本存量减去市场文化资本存量得到传统文化资本存量，市场化指数来源于樊纲等③，之后的数据通过估算得到，取市场文化资本存量与传统文化资本存量的人均存量作为度量，由市场文化资本存量与传统文化资本存量除以劳动力人数计算得到。

---

① 李娟伟，任保平．中国经济增长新动力：是传统文化还是商业精神？——基于文化资本视角的理论与实证研究［J］．经济科学，2013（4）：11．

② 韦森．从传统齐鲁农耕文化到现代商业精神的创造性转化［J］．东岳论丛，2004（06）：5－12．

③ 樊纲，王小鲁，朱恒鹏．中国市场化指数．各省区市场化相对进程2011年度报告［M］．北京：经济科学出版社，2011．

2. 政府治理

借鉴姜琪和王越的方法①，我们使用政府效率、市场化水平、公平程度和腐败程度作为衡量政府治理的变量。政府效率由政府财政支出除以各地区 GDP 计算而得。市场化水平由利用外资、自筹投资和其他投资除以地区固定投资计算而得。公平程度为城乡居民人均可支配收入之比。腐败程度由公职人员职务犯罪立案数量与公职人员总数的比值，该数据来源于《中国检察年鉴》。

3. 被解释变量

被解释变量为人均产出，使用各省的以 1997 年价格水平为基期的人均 GDP。

4. 控制变量

本文采用人口结构、外商投资水平、产业结构、城市化作为控制变量。人口结构为城乡居民人数之比。外商直接投资水平来源于《中国统计年鉴》。产业结构为第二、第三产业产值之比。城市化为城镇化率。

变量的描述性统计如下表。

表 1　描述性统计

变量名称	均值	标准差
人均产出	2. 799	1. 741
传统文化资本	7. 543	0. 376
市场文化资本	7. 938	0. 926
政府效率	0. 282	0. 889
市场化水平	0. 246	1. 321
公平程度	0. 522	0. 881
腐败程度	0. 375	3. 116
人口结构	0. 628	2. 415
外商投资水平	0. 219	1. 275
产业结构	0. 637	0. 164
城市化	46. 332	10. 268

① 姜琪，王越. 政府质量、科技创新与绿色 GDP——中国省际空间溢出效应及区域差异对比 [J]. 贵州财经大学学报，2020 (06)：87 - 99.

四、实证分析

表2显示了传统文化资本和市场文化资本对经济增长的影响。结果表明，传统文化资本与市场文化资本均对经济增长有促进作用，假设1得以支持，并且，市场文化资本对经济增长的促进作用比传统文化对经济增长的促进作用更强。在不同地区，东部地区中，传统文化资本和市场文化资本对经济增长的促进作用都更强，东部地区经济更发达，信息化程度高，人们接触文化信息的资源和平台更多，文化传播更快，因此对于经济的作用更强。西部地区传统文化资本和市场文化资本对经济增长的促进作用相对较弱，西部地区经济发展程度不如东部、中部地区，文化规训作用不如其他地区强，人们接受信息的平台也更少，文化传播不够快，对于经济的作用较弱。

表2　基准回归

	经济增长	东部地区	中部地区	西部地区
传统文化资本	0.192*** (0.0208)	0.221*** (0.0282)	0.156*** (0.0427)	0.123*** (0.0433)
市场文化资本	1.159*** (0.0142)	1.299*** (0.0217)	1.237*** (0.0299)	0.963*** (0.0236)
control	控制	控制	控制	控制
R-squared	0.434	0.473	0.425	0.413

注：*、**、*** 分别表示10%、5%、1%的显著性水平。

表3显示了传统文化资本和市场文化资本对政府治理的影响。结果表明，首先，传统文化资本和市场文化资本都促进了政府效率的提高，且市场文化的创新、开拓精神对于政府效率的提高作用更强。其次，市场文化资本显著促进了市场化水平，传统文化资本对市场化水平并无显著影响。再次，传统文化资本显著提高了政府治理的公平程度，而市场文化资本对公平程度有所减弱但并不显著。最后，传统文化资本显著降低了政府治理的腐败程度，相对地，市场文化资本小幅提高了政府治理的腐败程度，进而影响经济增长。

表 3　机制分析

	政府效率	市场化水平	公平程度	腐败程度
传统文化资本	0.0762*** (0.0181)	−0.00457 (0.00619)	0.0745*** (0.0218)	−0.0142** (0.00694)
市场文化资本	0.172*** (0.0137)	0.138*** (0.0134)	−0.00179 (0.0157)	0.0142*** (0.00504)
控制变量	控制	控制	控制	控制
R-squared	0.086	0.137	0.011	0.237

注：*、**、*** 分别表示 10%、5%、1% 的显著性水平。

五、结论与建议

本文使用 2009 年至 2019 年我国 31 个省级行政区（不含中国香港、中国澳门以及中国台湾地区）的面板数据，分析了传统文化资本和市场文化资本对我国经济增长的影响，并探讨了两种文化资本通过政府治理对我国经济增长的间接影响。结果发现，传统文化资本和市场文化资本促进了我国的经济增长，传统文化资本和市场文化资本通过提高政府效率促进了我国的经济增长，市场文化资本通过提高市场化水平促进了我国的经济增长，传统文化资本促进了政府治理的公平程度，市场文化资本不利于政府治理的公平程度，传统文化资本降低了政府治理的腐败程度，市场文化资本加剧了政府治理的腐败程度，进而影响经济增长。本文目前仅进行了基础的回归分析，更多实证分析有待进一步研究。

因此，本文提出以下建议。

第一，促进文化资本积累，加大对公共文化服务体系建设的投资，在充分包容吸收外来文化的同时，更重要的是要挖掘我国自身源远流长的中华文化，同时进一步加强对文化产业落后地区的扶持，真正使文化资本作为推动资本积累、提升人力资本的重要力量。

第二，由于不同地区的基础建设和信息化程度不同，文化传播力度不同，文化投入对经济增长存在区域差异性，因此应重视不同区域的文化传播途径建设，加大中西部及落后地区文化资本投入，并增加力度支持中、西部地区的基础建设、信息化建设、文化教育投入和文化素质培养，为我国的社会主义文化建设奠定基础。

第三，根据不同区域文化发展的不同布局适宜的文化发展具体规划，东部地区经济较发达，文化资本对经济增长的正向影响较大，应加大文化资本投资，注重文化资本的积累，促进文化与科技、金融和互联网的融合，最大程度地发挥文化资本的作用。中西部地区经济基础相对薄弱，文化资本的带动作用比较有限，更为重要的是以经济发展来带动文化资本积累。

第四，加强文化软治理在我国政府治理中的作用，培育政府人才队伍的文化信念，以中国特色社会主义文化指导政府治理行为以及人们的经济行为。协调传统文化和市场文化的发展，以市场文化的创新、开拓精神带动市场化水平，以传统文化滋养政府治理的公平和廉洁，以此促进政府效率的提高。

基层协商文化的缺位与发展

——基于北京卫视《向前一步》节目的研究

王　欢*

【摘要】 协商民主在我国基层治理实践中显示出独特优势和潜力，发展出一系列具有特色的基层协商模式。协商文化生发于基层协商实践，是协商民主的精神支撑。在当前基层协商实践中，协商文化形迹微弱。本研究立足于北京卫视的《向前一步》对话协商节目，通过内容分析、参与式观察、深度访谈等方法开展案例研究，分析基层协商文化缺位的现状和原因，提出从协商制度、协商意识、协商能力等方面共同发力，以促进基层协商文化和协商实践的长远发展。

【关键词】 基层协商　协商文化　文化缺位　《向前一步》

近年来，协商民主在基层治理中悄然兴起。2015 年 2 月，中共中央印发的《关于加强社会主义协商民主建设的意见》明确规定："坚持协商于决策之前与决策实施之中，增加决策的科学性与实效性。"同年，中共中央办公厅、国务院办公厅印发了《关于加强城乡社区协商的意见》，明确提出在城乡坚持广泛协商，提出明确协商内容、确定协商主体、拓展协商形式、规范协商程序、运用协商成果等主要任务和加强党的领导、建立健全工作机制、加强对协商工作的支持和保障、提升城乡居民参与协商的能力等要求。越来越多的基层公共事务和决策引入公共参与机制，通过协商

* 王欢，北京航空航天大学人文社会科学学院（公共管理学院）博士研究生。

会议讨论和决策，逐渐形成“协商议事”规则。在基层协商民主实践中，民主恳谈会、社区议事会等形式兴起，基层协商民主建设有所建树。然而在实践中，也面临协商程序不规范、议事主体不清[①]、参与积极性不足、议事理性和能力匮乏[②]等困境，协商质量和效果参差。这些困境既受限于制度条件，也受困于基层协商实践与协商文化的失衡发展。文化源于实践，是长时间历史、现实的积淀，同时也反作用于实践，影响人们的实践活动。协商文化的缺位使得基层协商实践缺乏动力，影响协商质量和效果，阻碍其发展。“独足难行千里路”，要提升基层协商的质量和成效，必须重视协商文化的作用。基层协商文化缺位为何出现、如何表征、如何破解？这是本文接下来探究的主要问题。本文将基于北京卫视的对话协商节目《向前一步》开展案例研究，通过内容分析、参与式观察和深度访谈，分析基层协商文化缺位的现状和原因，以期促进基层协商文化和协商实践的发展。

一、协商文化的概念与内涵

学界对于协商民主的研究更多关注于知识普及和建章立制，也比较关注迫切需要解决的民生等实际问题，对于文化精神层面的思想、理念和信仰则多有忽略。[③] 要发展协商文化，首先需要明确其内涵与本质。在中国，基层协商文化源自公民文化、中华传统文化及协商民主实践。

协商文化的本质是公民文化。公民文化是民主制度的灵魂，而民主制度则是公民文化在制度上的体现。协商民主视域下的公民文化是一种协商理念、协商文化，是采取协商、对话的方式解决公共问题的理念，是对协商规则的认识和遵守。[④] 从政治文化和公民文化的视角来看，协商文化是一种通过话语沟通、交流的参与型政治文化，以公共利益与集体理性为导

① 杨弘，郭雨佳．农村基层协商民主制度化发展的困境与对策——以农村一事一议制度完善为视角［J］．政治学研究，2015（06）：20－27．

② 阚为，洪波．协商民主如何嵌入中国民主治理场域——公民参与的视角［J］．浙江学刊，2015（01）：126－130．

③ 赵秀玲．论基层协商文化的培育和成长［J］．东吴学术，2017（05）：5－11．

④ 李淑梅，董伟伟．协商民主与公民文化建设的拓展［J］．南开学报（哲学社会科学版），2016（05）：146－153．

向、具有内在妥协与包容品质且重视公民协商能力成长的公民型文化。①

在中国，协商文化有着更丰富的内涵和更深远的渊源。作为一种公民文化，协商文化的理性价值追求与中国传统文化中的“和而不同”政治价值理念是一致的。② 中国具有源远流长的民主协商文化传统，早在西汉年间就有“盐铁会议”的协商议事先例。③ 历代政治发展中形成的“和合”“民本”“议事”“大一统”文化思想也在一定程度上塑造了中国人政治生活的基本方式。④

而协商文化最直接的来源是西方协商民主理论及其在中国的实践。20世纪90年代，协商民主理论在西方兴起。伴随着国内学者对协商民主理论的关注，浙江温岭的参与式预算制度创新开启了协商民主在国内的实践浪潮。近年来，协商治理逐渐在基层治理中发展起来，基层协商制度不断完善，为协商文化的生发培育了土壤。

综上所述，我国基层治理中的协商文化融合了公民文化、中国传统协商文化和西方协商民主理念，既兼具西方协商文化的理性，又强调中国传统协商文化的包容，是倡导开放包容、平等对话、理性论辩、共赢共识的公民文化。

二、从《向前一步》节目看基层协商文化缺位

《向前一步》是北京市委宣传部指导、北京市广播电视台主办的全国首档市民与公共领域对话节目。该节目以首都“疏解整治促提升”专项行动为中心，以首都城市建设的核心诉求为抓手，聚焦公共领域的热点难

① 徐理响．协商文化：公民文化的话语转向——兼论中国式协商文化［J］．求实，2011（03）：60－63．

② 张儒娟．浅析协商文化在中国的培育与推进［J］．科教导刊（中旬刊），2013（10）：202＋234．

③ 李亚．两千年前的政策协商？——西汉盐铁会议的再考察［J］．中国行政管理，2021（05）：79－85．

④ 廖清成，罗家为．中国协商民主的文化渊源、制度创新与逻辑进路［J］．江西社会科学，2021，41（02）：192－199．

题，创造公开、平等、理性、积极的对话语境①，搭建公民与公共领域对话平台，旨在建立公德意识，普及公共价值，构建公共情感，解读公共政策，培育公民精神。② 节目选题覆盖首都基层治理中的热点和难题，采用的对话调解方式颇具协商意涵，可视为一种新的协商模式。每期节目邀请基层治理冲突或规划中的相关当事方、基层管理者等，在主持人、城市沟通团和青年观察团的支持下展开对话、协商与共识。当事方主要包括相关民众、企事业单位等基层公共事务的利益相关方。城市沟通团由 6 ~8 名法律、物业、心理等领域专家以及媒体评论员、人民调解员组成。青年观察团由 4 ~6 名来自高校或社会的青年组成，分别为当事双方提供观点输出、逻辑梳理等支持。自 2018 年 6 月开播至 2022 年 8 月 31 日，《向前一步》节目共播出 184 期，协商主题涉及物业纠纷、停车管理、老旧小区改造等社区建设与公共服务问题，拆迁腾退等利益纠纷、农村环境改造、集体利益分配等村民自治矛盾等基层治理难题，以及垃圾分类、桥下空间利用等城市环境整治和空间规划问题。

（一）研究方法及案例选取

本文以北京广播电视台主办的协商对话节目《向前一步》为例，通过内容分析、深度访谈和参与式观察开展案例研究，分析基层协商实践中文化缺位现状和原因。案例选取主要基于以下考虑。第一，真实性原则。基层协商的一个普遍困境是公开性和真实性难以两全。“公开”意味着协商过程的可控性风险提高，因而公开的协商存在“假协商”的争议。“真实”通常意味着协商过程的开放性低，局限于相关方内部，鲜少向外部群体呈现，研究者也很难介入或者有机会观察。基于媒体平台的协商突破了这一困境。媒体自身的公信力奠定了公众信任基础。而基于节目分析、深度访谈和参与式观察，可以判断《向前一步》节目中的协商是真实协商过程的浓缩和呈现。第二，《向前一步》节目中的协商是较高质量的协商。受政府支持、依托媒体平台，《向前一步》节目的相关方完整性、资源整

① 《向前一步》：搭起一座沟通的桥梁［N］. 北京日报，2018 -11 -28（007）.
② 邵晶. 着眼立意与模式创新 民生节目如何“向前一步”［J］. 广电时评，2018（14）：17 -20.

合程度、协商空间、协商能力等相对于普通基层协商而言已然处于较高水平。第三，《向前一步》节目涉及公共领域的多个主题，同一主题涉及不同当事人的多次协商，因而可作为丰富的协商实践案例库用于开展相关研究。本文基于对《向前一步》节目中12期节目的综合分析，聚焦《向前一步》2018年8月3日播出的《南苑新梦：北京南苑棚户区腾退分歧》一期节目，结合笔者对参与录制者、相关基层管理者、观众等的深度访谈，基于3次作为《向前一步》青年观察团的参与式观察经历，对《向前一步》的协商方式和协商文化缺位现状及原因展开分析。

（二）《向前一步》节目的协商过程分析

《向前一步》节目主要通过主持人、城市沟通团专家和青年观察团的支持与调解开展协商，协商方式包括政策解读、理性论辩、情感渲染等。政策解读即通过专家的专业知识或基层管理部门代表的权威身份，向当事人详细讲解矛盾症结所涉及的相关政策，为协商共识和矛盾化解奠定基础。在此基础上，通过相关方理性论辩化解基层治理中的矛盾冲突。理性论辩是当事人之间基于事实证据、观点论据“摆事实、讲道理”，强调理据和逻辑。情感渲染则是以情动人，通过开解当事人的心结，使其更可能理性地面对所处的问题和争议。一种方式是通过心理专家挖掘协商中的心理症结并进行疏导；另一种是通过其他参与者分享与当事人类似的情境故事，唤起当事人对于城市、社区、邻里的情感联系和共鸣，从而促进问题的协商解决。

以2018年8月3日播出的《南苑新梦：北京南苑棚户区腾退分歧》一期为例。该期节目当事人是北京南苑棚户区腾退的一户居民代表，因对腾退政策及其执行存疑而滞留九年，类似情况的未腾退居民在该项目中占有6%。该期节目旨在帮助未腾退居民理清政策、化解政策执行中的争议，寻求共识的腾退方案，实现签约腾退。

对于当事人对于房屋安置标准的政策质疑，专家进行了“政策解读”。

法律专家：……我的解读是这样的，他说这个房屋安置标准，档次划分标准是一档为35平方米到45平方米的一居室，根据您家的10平方米乘1.3乘1.7，您在这个35平方米到45平方米这个档次，这是第一个，你先听清楚。然后这里奖励和补助又说了，如果你在奖励期限内签订房屋拆迁补偿安置协议，并腾空房屋给被拆迁人，凡符合单套房屋安置标准的，可以上靠一档选择安置房。上靠一档是什么呢？就刚才说的本来是35平方米到45平方米是一档，上靠一档是可以到60平方米左右的二居室。那按照我刚才的解读，主任说如果我们能协商，能在限期内跟政府达成一致，跟拆迁员达成一致，我对你的奖励让你上靠一档到58平方米。

对于当事人认为的工作人员失误问题，主持人从刚性原则和柔性原则两方面阐述了政策原则，增进了当事人对于政策的理解，也为化解双方矛盾、寻求共识奠定了基础。

主持人（调解专家）：这是张大哥的宣传手册，打开它，里面条条框框，有画有写。棚户区改造出发点很好，张大哥认。其次看有没有标准和原则，也就是刚性的部分。我这么理解，这本手册里代表的一些依据是刚性、是原则，只有刚性和原则就够了吗？必须有柔性的部分，柔性的部分是什么？是一本白纸黑色的宣传手册之上，谁来解读，如何解读，解读成什么样。为什么要做解读，为什么要做宣讲，这就是我说的柔性的部分。柔性的部分的作用是让张大哥这样的居民明白这个宣传手册里写的是什么意思。是不是有可能在2009年的时候，宣讲或者是解读这本宣传手册的工作人员柔性有欠缺，不然张大哥不会坐在这儿说我要一个说法，为什么有四套方案。所以这件事情很简单，在城市的发展过程中有刚有柔。刚性原则坚守，柔性和弹性兼备，让所有享受到这个政策本来应该有优惠的，能够享受到恩泽和阳光的居民，真的能够刚柔并济，把问题解决掉。这是我们应该努力实现的目标。如果有不足，请改进。

对于当事人认为自己利益受损提出的进一步补偿诉求，规划专家算了一笔账，通过理性论辩证明其已经受益良多。

规划专家：张大哥，具体的拆迁补偿的这个条款要由各区县制定。所以出了这样一个会议纪要的红头文件，里面明确说，区委区政府同意南苑棚改区指挥部的这个拆迁补偿的政策。

规划专家：刚才替您算了个账，如果按1平方米1万，您这是13.3平方米的话，可能您的资产值相当于14万元。但是这个58平方米的相当于290万元，现在甚至更高，将近300万元，就是您的资产凭空涨了20倍。

最后，为了与当事人产生共鸣，化解心结，主持人分享了自身对于腾退的看法和对于当事人诉求的理解，人民调解员分享了自身对于北京城市变化和自身生活改善的感受，试图通过“情感渲染”促进协商。

主持人（调解专家）：其实昨天我跟张大哥在我们台里见了一面，我问他说，张大哥你为什么不走。这九年住10平方米多憋屈，什么能买回这九年的宽敞和舒坦呢，是一套房吗，是多58平方米吗？买不回来。后来我回家反省了一下，我这么说不客观。为什么。张大哥昨天有一句话说，北京市的市民碰上拆迁是很大的福气，大家赞同吧？当然这是掏心窝子的话，有小伙子不太明白，他充满疑惑地看着我。我告诉你为什么。一套房58平方米，你知道一平方米多少钱吗？5万，一共200多万。

人民调解员（调解专家）：我想说一个我的亲身感受。我们家原来住天坛北门，也是直属公房，房本面积是13多平方米。当初我和我们的儿子睡在一张床上，翻身都要喊“123”，我同学就传：“看她住北京管什么用啊，住的就是个窝棚。”从那以后我没让任何人去过我家。因为我少了自信，多了自卑。您干了九年的出租，我们天天看着都是北京城的变化。那么你也知道，我们过去叫北京，现在我们自豪，都叫大北京。所以大哥咱们再考虑考虑好吗？

经过多番调解与协商，当事人虽然并未当场与街道工作人员达成共识，但表达了愿意继续进行协商的态度。上述协商过程呈现的正是目前大多数基层协商面临的现实场景：相关方（尤其是民众当事人）缺乏深思熟虑的考量、理性论辩能力较弱，协商意识和协商能力方面较为欠缺；政府（街道等）工作人员协商能力较弱，对于政策的解读权威性强，但在利益协商时难以获得当事人信任，需要借助外力来开展协商；即使是专家团队，也面临着协商理念僵硬、协商方式单一等问题。

(三)《向前一步》节目的协商文化分析

协商文化生发于协商实践，其成长关键在于协商意识与协商能力的提升。[①] 整体而言，《向前一步》节目呈现了较高质量的基层协商场景，为培养和传播协商文化提供了土壤和养分。同时，剖析其协商过程，可以窥见基层协商文化发展的现实困境。

第一，公民文化基底弱。民众缺乏公共理性和“主人翁”意识，只有面临同自身利益密切相关的事情时才深思熟虑地考量公共事务。以前文分析的腾退争议协商为例，在腾退启动伊始，当事人并未以“主人翁”的姿态积极主动地参与到公共事务中，而是观望、甚至企图“捡漏”政策，谋取更多利益，直到后来发现利益受损风险，才积极参与协商中。面对公共议题，相关方的思维方式受限于个人得失，鲜少主动考虑他人和公共利益，在协商中缺乏基于公共理性的思考和表达。在调解与协商过程中，当事人更关注个人私利而不是兼顾公共利益，缺乏公共理性。

第二，相关方协商意识不足，协商制度有待完善。尽管协商议事已成为基层治理的有效途径，相关民众、群体、组织、甚至基层管理者对协商这一方式仍存在疑虑、顾虑或缺乏信任，参与协商的意识不足。在节目分析和参与式观察过程中，笔者注意到，因对“协商”存在顾虑，一些企业、民众当事人拒绝参加节目录制。而较为特殊的是，在《向前一步》搭建的协商平台上，基层管理者参与协商的积极性较高，这与政府和媒体的

① 徐理响．协商文化：公民文化的话语转向——兼论中国式协商文化［J］．求实，2011（03）：60－63．

支持密不可分。而在现实中，基层管理者对协商顾虑重重的情况并不鲜见。基层协商繁荣发展的表象之下，不乏协商制度不完善、协商程序不规范的现实境况。在笔者访谈的三个相关社区的参与者中，仅有一名社区干部表示其所在社区有用协商方式解决冲突的惯例。

第三，协商能力有待提升。当事人执着于立场、不能灵活基于利益调整预期、提出新的解决方案，在协商中处于较为被动的境地。尽管采用了政策解读、理性论辩、情感渲染等方式，本质上，协商所采用的调解和协商方式仍以劝服为主，共识的达成也多来自当事人的妥协和让步，少见利益协调的共赢共识。民众的论辩方式也较单一，稍好些的尚能有理有据、逻辑严谨地娓娓道来；协商能力弱些的则很容易围绕一个观点“车轱辘话来回说”，快速接收和处理和回应信息的能力不足，难以起到推动协商、促进共识的作用。

三、如何进一步发展基层协商文化

从《向前一步》节目来看，基层协商存在着公民文化基底弱、协商意识和协商能力不足的问题，协商文化氛围淡薄。要发展更高质量的基层协商，仍需不断增强相关主体的协商意识和协商能力，在更广泛的社会范围培育协商文化，孕育公民理性，为基层协商实践注入精神支持。如何进一步发展基层协商文化，需要基层管理者等协商实践者从协商制度、协商意识、协商能力等方面共同发力。

（一）建立可持续、常态化的基层协商制度

归根结底，协商文化依托协商实践产生，其发展离不开制度支持和完善。协商文化与协商实践的发展是相辅相成的。协商文化的培育与成长过程实质上也是协商文化政治社会化的过程，是协商民主生活化、习惯化的过程。协商文化的成长需要我们在制度实践中尊重协商、倡导协商，给予协商以制度与体制保障，提供协商所需的公共平台与机制。[①] 在社区、乡

① 徐理响．协商文化：公民文化的话语转向——兼论中国式协商文化［J］．求实，2011（03）：60－63．

村等基层治理场域建立程序规范、便于运行、易于操作的协商程序；将基层协商与社会主义政治协商制度相结合，充分发挥人大代表联络机制；从制度层面提升协商成果在决策体系中的话语权，[①] 将协商成果切实应用到基层治理，提升公众满意度和信任度，从而激发公众参与协商的积极性，形成可持续的良性循环和常态化的基层协商制度。

（二）多途径促进观念转变，提升协商意识

协商意识的提升在于日常公共事务参与过程中潜移默化的影响。因此，应将协商意识的培养和公共理性的孕育融入公众日常的公共生活中，利用基层大讲堂、社区教育平台等实现协商议事制度进基层、进社区、进民心，加强对协商议事的宣传力度，逐步提升基层民众的协商意识。通过类似《向前一步》的协商节目传播协商理念，培育公民精神，生发公共理性，提升公民参与度，实现公众的协商理念由“个我”到“集体”、由“私”向“公”、由“小”至“大”的转变。对于基层管理者，更关键的是要转变观念，打破顾虑，形成协商治理的工作思路。通过理论学习、激励机制健全等方式增强基层管理者发展基层协商的动力，主动搭建民主协商平台，营造民主协商氛围[②]，为协商文化的发展夯实土壤。

（三）培育与提升多元主体协商能力

协商理念、协商文化需要通过专门的教育和具体的协商实践来培育。[③] 针对不同主体，有的放矢地培育和提升协商能力。一是通过社会组织、高校等培训单位和机构专门开设协商民主、协商议事的相关课程，提升基层管理者的协商理论水平与组织能力；二是通过引入专业社会组织、公共参与专家优化协商方案，为基层协商注入开放空间技术[④]、利益博弈政策实

① 徐春辉．协商文化的价值意蕴与实践路径［J］．延边党校学报，2020，36（06）：79－84.

② 张紧跟．主体、制度与文化：基层协商民主建设的三维审视［J］．云南大学学报（社会科学版），2021，20（02）：109－118.

③ 李淑梅，董伟伟．协商民主与公民文化建设的拓展［J］．南开学报（哲学社会科学版），2016（05）：146－153.

④ 袁方成，张翔．使协商民主运转起来：技术如何可能——对“开放空间会议技术”及其实践的理解［J］．甘肃行政学院学报，2015（04）：55－71，127.

验方法①等技术支持，针对不同治理场景，因地制宜地制定和实施协商方案；三是多途径深入挖掘专家的支持作用，形成领域专家、调解专家、协商专家各有所长、各司其职的协商支持体系；最重要的是，重视民众在基层协商中的作用，通过社区课堂、社区活动日等方式开展协商能力提升培训，增加民众对公共协商的认识和了解，组织程序规范、议题实质、成果有效的较高质量基层协商，从而在实践中提升协商能力。

四、结语

基层协商不是“通报会”“通气会”“发布会”，其目的不是走过场。理想的基层协商应能够实现平等对话、理性沟通、偏好转换，最终达成共识、促进决策。这样的公共协商能够激发公共参与热情，汲取公众智慧，产生实质性的协商效果。理想的基层协商需要以完善的协商制度为基底，辅以丰盈的协商文化，加上恰当的协商意识和能力。而在发展基层协商和基层协商文化的同时，也要避免协商议事方式的无序滥用，从问题实际出发，避免形式主义，在公共协商的适用领域充分发挥其作用和价值。

鉴于基层协商实践难以大量、系统地深入观察，本文以《向前一步》节目的协商为案例开展研究，对节目内容的分析本质上仍基于二手资料，不可避免地有一定局限性。尽管尝试通过参与式观察和深度访谈进行弥补，但正如前文所述，《向前一步》节目呈现了较高质量的协商，可视为基层协商的一个剪影而非全貌，未来研究还须从更多视角切入和探究。依托媒体平台，《向前一步》一类的公共协商兼具公信力和影响力，对于传播协商文化、促进协商实践、发展协商民主理论而言均有研究价值。

① 李亚，王倪．利益博弈政策实验方法：一种本土化的协商工具［J］．甘肃行政学院学报，2020（02）：62－72，126.

共生理论视域下台儿庄古城文化保护与更新策略研究*

高书平**

【摘要】在城市更新过程中传统的地产导向型更新模式，导致历史古城及文化街区等的发展陷入了千城一面和文脉传承断裂的局面。本文经过实地调研和访谈，选取山东省枣庄市台儿庄古城作为案例，基于共生理论视域，结合台儿庄古城自身本有的发展优势，分析台儿庄古城在共生单元、共生环境和共生模式上的现状情况，针对街区特色不明显、交通接驳不便、政府引导作用占据高位、古城保护所需财力较大、业态结构比重失衡和文化感知度低等具体问题，提出协调古城与城市共生单元、改善古城与城市共生环境和优化古城与城市共生模式等具体的古城文化及保护更新策略，以期为城市更新过程中古城文化保护性更新建言献策。

【关键词】共生理论　台儿庄古城　文化保护　城市更新

一、问题缘起

近些年，城镇化进程不断加快以及老龄化社会到来，城市更新和文化传承已日益提上政府日程，尤其是加强文物保护利用和文化保护传承已连

* 本文系国家社会科学基金重点项目“建设更高水平的平安中国研究：制度保障、技术支撑与指标引领”（项目编号：21AZD080）的阶段性成果。

** 高书平，北京航空航天大学人文社会科学学院（公共管理学院）博士研究生。

续五年（2018—2022年）被列入全国两会政府工作报告，各地区和各部门也相继出台了相关政策文件。2022年8月14日，中共中央宣传部、文化和旅游部及国家文物局《关于贯彻落实全国文物工作会议精神的通知》①，明确推动在城市更新前对老建筑要进行普查甄别并及时开展保护对象认定公布工作，着力加强历史文化名城、文化名镇、文化街区和传统村落的整体性保护。2021年9月3日，中共中央办公厅和国务院办公厅印发《关于在城乡建设中加强历史文化保护传承的意见》②，指出在城市更新中禁止大拆大建、拆真建假、以假乱真，要坚持以用促保，让历史文化遗产在有效利用中，成为城市和乡村的特色标识与公众的时代记忆，让历史文化和现代生活融合为一体，实现永续传承。2018年7月29日，中共中央办公厅和国务院办公厅印发《关于实施革命文物保护利用工程（2018—2022年）的意见》③，指出文物事业自党的十八大以来虽已取得显著进步，但是面对当前新时代新任务提出的新要求，文物保护利用不平衡不充分的矛盾依然存在，文物安全这一形势依然严峻，文物合理利用不足、传播传承不够，文物保护管理力量也相对薄弱，文化治理能力和治理水平尚需进一步提升。

城市更新主要是通过综合整治、调整结构、功能改变或者拆除重建等途径④，使城市适应新发展趋势、适应现代化风险与复合型灾害的重要举措⑤。传统地产导向型的更新模式主要是以房地产业为城市更新的主力，单纯地关注城市外在形象和物质环境的改善，对于区位价值颇高的旧城采用大规模和迅速大拆大建的更新方式，对于原有环境基质复杂的部分传统街区在旅游开发中也一刀切地采取粗暴拆改⑥⑦，这不仅使得老城区潜在

① 关于贯彻落实全国文物工作会议精神的通知［EB/OL］. http：//www. ncha. gov. cn/art/2022/8/14/art_722_176370. htm.

② 关于在城乡建设中加强历史文化保护传承的意见［EB/OL］. http：//www. gov. cn/zhengce/2021－09/03/content_5635308. html.

③ 关于实施革命文物保护利用工程（2018—2022年）的意见［EB/OL］. http：//www. gov. cn/zhengce/2018－07/29/content_5310268. htm.

④ 邵任薇. 城市更新中的社会排斥：基本维度与产生逻辑［J］. 浙江学刊，2014（01）：117－123.

⑤ 朱正威. 科学认识城市更新的内涵、功能与目标［J］. 国家治理，2021（47）：23－29.

⑥ 周武忠，蒋晖. 基于历史文脉的城市更新设计略论［J］. 中国名城，2020（01）：4－11.

⑦ Mrda A，Caric H. *Models of Heritage Tourism Sustainable Planning*［M］. Cham：Springer International Publishing，2019.

的旅游资源未得到充分挖掘和利用，而且导致历史文化街区的发展陷入千城一面和缺乏创新的粗放式商业开发困境之中，尤其历史悠久的古城文脉传承断裂，不能与现代文化形成良好的发展机制与共生环境①。在传统地产导向型更新模式弊端日益暴露之后，文化产业导向型的更新模式逐渐出现在中国城市更新的舞台上②，诸如著名的北京 798 艺术区对旧有工业遗产建筑的更新、上海田子坊石库门对老旧居住区的改造、深圳市“中国油画第一村”大芬村国际艺术城区对城中村和衰落工业园区的再利用等都是典型示范。文化产业导向型的更新模式，一方面避免了传统地产导向型更新模式粗暴对待历史文化的问题，保护了历史文化遗产和历史原有风貌，解决了文化与经济发展的矛盾；另一方面，更是从经济发展和产业结构转型为城市衰败地区开辟了一条新路径，实现了城市空间层面的更新，创新了城市内在发展机制。

然而事实上，历史古城或传统村落虽然在城市更新过程中得到了一定的保护，但是与现代城市相比，其在功能、空间、布局和文化生活等方面仍然存在较大的隔阂。因此，“古城文化如何在保护与更新中实现共生”亦成了我们在新型城镇化和城市更新过程中亟待解决的重要难题。基于此，本文以山东省枣庄市台儿庄古城项目为例，从共生理论视域出发，立足于台儿庄古城文化产业的发展优势与现状问题，提出古城文化保护性更新策略，以期为中小城市在更新过程中创新古城文化保护与更新提供一定的参考价值和实践借鉴意义。

二、视域分析：共生理论

（一）关于共生理论与发展领域

“共生理论”（Symbiosis Theory）最早起源于生物学领域，德国真菌

---

① 李渊，黄竞雄，李芝也．基于共生理论的历史文化街区旅游概念规划研究——以厦门市中山路片区为例［J］．中国名城，2020（09）：35－41.

② 张伟．文化产业与城市更新——基于“台儿庄古城”项目的实证分析［J］．东岳论丛，2012，33（04）：155－158.

学家德贝里（Anton de Bary）于1879年首先提出“共生”这一概念，他认为不同种属的生物可以按照某种物质联系共同生活在一起①。自20世纪50年代以后，共生理论开始逐步渗透到社会科学领域，衍生出社会科学共生理论，特指共生单元之间在共生环境中按照某种共生模式形成的关系②。可见，共生理论主要是由共生单元、共生环境和共生模式三个核心要素组成③。其中，共生单元是指共生体的能力交换单元、作用对象和物质基础；共生环境是共生体环境基底条件，不仅在一定程度上影响着共生模式，而且对共生单元之间建立共生关系起到了推动作用；共生模式是共生单元结合与发展的组合形式，决定着共生单元之间需要交换的共融的物质、信息的内容，决定着共生体能否成功实现④。由此可见，共生理论的三大核心要素是紧密相连、相互作用和不可分割的。随着社会发展“从机器原理时代迈向生命原理时代”，“共生”思想被进一步应用到城市规划发展和城市边缘区保护与更新领域⑤。

赵彬元通过分析苏州苏纶厂现阶段的更新改造，引入“共生理论”作为指导思想，构建工业遗产在开发主体层面、功能配置层面、资源融合层面的共生策略体系，以期探索出工业遗产保护与更新的新思路及其与城市环境共生的发展模式⑥。李渊等以厦门市中山路历史文化街区为例，应用文本数据进行旅游者旅游意象的研读，结合历史文化的挖掘，基于共生理论提出旅游概念规划方案⑦。卓想以台北宝藏岩国际艺术村城市更新为例，

---

① 周建华，邹顺兰，周晓成．基于共生理论的具有历史遗存的城市公园改造研究［J］．中国园林，2020（04）：67－72.

② 马国强，汪慧玲，许倩．西北地区旅游经济与交通业共生发展［J］．经济地理，2019，39（10）：223－230.

③ 马国强，汪慧玲．共生理论视角下兰西城市群旅游产业的协同发展［J］．城市问题，2018（04）：65－71.

④ 侯学韬，马聪，代晓芳．基于共生理论城市边缘区传统村落的保护和发展探析——以石屏县冒合村为例［J］．绿色科技，2018（01）：165－167.

⑤ 高长征，闫芳，龙文燕．基于“共生理论”的工业遗产改造模式探索——以洛阳轴承厂为例［J］．城市发展研究，2017，24（03）：54－60.

⑥ 赵彬元．共生理论下的工业遗产保护与更新规划策略研究——以苏州苏纶厂更新改造为例［J］．城市住宅，2021，28（01）：62－64.

⑦ 李渊，黄竞雄，李芝也．基于共生理论的历史文化街区旅游概念规划研究——以厦门市中山路片区为例［J］．中国名城，2020（09）：35－41.

在规划设计层面提出通过艺术家、原住居民和外来游客等不同多元融合，形成集生态旅游（作为经营与产业策略）、文化创意（作为创造力来源）与社区生活（作为国际艺术村骨干）为一体的“三生合一”（生态生活生产）共生体①。林青青等以宁波市城市边缘区憩桥历史文化名村为例，阐释了城市边缘区古村落发展中面临的历史环境侵蚀、空间肌理破坏、功能形式衰退三大共生矛盾，基于共生理论从宏观和微观两个层面提出了相应的共生保护模式②。

（二）关于古城与城市共生构建

梳理以往研究发现，共生理论已被具体应用到了工业遗产、历史文化街区、艺术村和历史名村等更新改造研究中，但是对于城市边缘区的古城与城市的共生问题关注程度不足。因为古城在行政级别、面积、城墙和护城河等方面，都有别于古都、古镇、古村和古街的情况，因此，古城与城市的共生三要素内涵和相互关系有必要进行重新建构。

古城与城市的共生单元的内涵。古城与城市的共生单元是历史古城与其所在的城市社区，是共生模式的作用对象和共生策略的落实基础。依据两个共生单元的相对位置不同，其共生关系可以分为外共生和内共生两种③：外共生即古城与城市相邻或是有一定地理距离，没有被城市社区完全包围在内；内共生即古城完全被城市社区包围住，古城位于城市社区系统的内部。古城与城市社区自身现状发展和存在的问题，尤其是功能、交通和文化生活这三方面缺乏共生的状态，诸如古城功能单一而城市功能多样、古城街巷狭窄而城市道路宽阔、古城衰败萧条而城市活力现代等，这些是共生单元彼此需要建立共生关系的重要原因。

古城与城市的共生环境的内涵。古城与城市的共生环境是更大范围的

---

① 卓想．在地活化策略研究——以台北宝藏岩国际艺术村城市更新为例［J］．国际城市规划，2019，34（02）：126－135．

② 林青青，何依，张星．基于共生理论的城市边缘区古村落保护与更新——以宁波市憩桥历史文化名村为例［C］．持续发展 理性规划——2017 中国城市规划年会论文集（09 城市文化遗产保护），2017：332－343．

③ 马航，刘琳．基于共生理论的城市边缘古村的保护性更新策略研究——以深圳凤凰古村为例［J］．现代城市研究，2016（01）：30－37．

城市，与其背后的政治管理、经济发展和社会环境息息相关。从政治管理来讲，政府是推动古城保护与城市更新行动的主导力量，起着重要的推动和引导作用；从经济发展来讲，古城的保护、城市的更新及其他城市项目的推进，都与经济发展大趋势密不可分，都会影响古城与城市的共生模式的选择；从社会环境来讲，历史古城及其所在地城市社区的居民的保护意识、对古城文化保护更新的态度行为等，也会影响古城文化保护性更新策略的实施。

古城与城市的共生模式的内涵。古城与城市的共生模式是历史古城与现代城市利用彼此优势、弥补自身缺陷和谋求共同发展的方式，也是解决古城与城市两个共生单元之间在功能、交通和文化生活等现状问题之道。共生模式通常包括产业经济和文化生活两个方面，按照共生作用的结果，可以分为偏利共生和互利共生两种类型。前者重产业经济发展、轻古城文化生活的保护；后者既关注产业经济发展、又尊重古城格局的完整真实性和潜在文化价值。

古城与城市的共生三要素的相互关系。古城与城市的共生关系是由共生单元、共生环境和共生模式构成的①。其中，共生模式与共生单元、共生环境之间呈双向的相互作用力。换言之，古城与城市的共生模式的确定，既要分析两个共生单元自身的特色价值及共生需求，又要考虑两个共生单元现实存在的问题和所处的共生环境，以顺应业态经济发展和文化保护发展的大趋势。古城与城市的共生模式的落实，既需要强化共生环境中有利因素对共生模式的支持，又需要两大共生单元在功能、交通和文化等方面的协调更新。

三、台儿庄古城文化的发展优势

山东省枣庄市台儿庄古城肇始于秦汉，发展于唐宋，繁荣于明清，毁损于抗战，重建于今朝。2008 年，为引领服务业发展，打造文旅融合高地，推动资源枯竭型城市转型，枣庄市委市政府决定重建台儿庄古城，并

① 乔小容．平遥古城居游共生关系初探［J］．城市建筑，2020，17（34）：37－42.

提出了“存古、复古、创古”的建设理念。2013 年 8 月，台儿庄古城重建工程成功顺利告竣。重建之后的台儿庄古城，建筑风格各具形态，别具一格，院院不同，院院有水，院院有主题文化，院院有展馆风格，集“运河文化”和“大战文化”为一城，融“齐鲁豪情”和“江南韵致”为一城，充分诠释了历史原真性、审美艺术性和社会功能性的完美结合，再现了当年“商贾迤逦，一河渔火，歌声十里，夜不罢市”的繁盛景象①。由此，台儿庄古城被国家文物局批准为全国首个国家文化遗产公园、被国家旅游局批准为 AAAAA 级景区。通过梳理资料和实地调研，笔者发现台儿庄古城有如下发展优势。

（一）声名鹊起：知名度不断提升

台儿庄这座以文化与历史为依托的古城，既有如诗如画的江北水乡风景，又承载着不屈和抗争的厚重历史，是融齐鲁豪情和江北韵致为一体的中华古水城，也是集运河文化和大战文化于一城的“天下第一庄”，更是涵养着最后一段“活着”的京杭大运河。根据美国华盛顿特区官方刊物 *Smithsonian* 报告，台儿庄古城与荷兰的阿姆斯特丹、比利时的布鲁日等城市一起被评为世界十大历史运河旅游目的地之一。

台儿庄举办了丰富多彩的国际文化交流。2018 年以来，坚持“国际市场引领国内市场”的营销战略，不断扩大国际旅游市场规模。举办了中法文化交流、中韩文化交流活动，并在法国巴黎成功举办了“寻梦台儿庄，欢乐中国年”活动。2018 年台儿庄古城共接待来自英国、意大利、捷克、泰国、马来西亚、韩国等国家以及港澳台地区旅游考察团队数百个。

（二）游客汇聚：文旅融合发展较快

台儿庄古城的开发，跨越了资源匮乏地区对旅游的开发局限，充分挖掘悠久的历史文化底蕴，并进行了创造性地恢复。台儿庄古城不仅拥有二

① 郭环，伊人．台儿庄运河——一段活着的运河［J］．山东档案，2011（01）：59－60.

战遗址，还是中国运河文化的活化石，古运河、街巷和历史建筑聚集一身。台儿庄古城景区拥有京杭大运河仅存的最后一段长达3公里左右的古代运河，并被世界旅游组织称之为“活着的运河”①。台儿庄古城景区内拥有18个汪塘和7公里的水街水巷，可以在水域内舟楫摇曳、遍游全城，是名副其实的东方古水城，不是江南水乡，胜似江南水乡；台儿庄古城景区拥有53处保存完好的战争遗迹，重建后的古城，成为世界上继华沙、庞贝、丽江之后第四座重建的古城，是与华沙、伏尔加格勒齐名的二战纪念城市，还是全国首个海峡两岸交流基地。

台儿庄古城自2010年运营以来，始终坚持以文旅融合为主导，不断加快“旅游＋体育”“旅游＋会展”“旅游＋非遗”“旅游＋教育研学”“旅游＋影视”等多业融合快速发展，景区接待游客量、营业收入逐年双提升。2018年，古城接待游客701.6万人次，古城旅游集团营业收入3.9亿元，同比增长分别为20.6%、17.1%。2019年年底开始，由于受到新冠肺炎疫情影响，客流量相比往年有所减少。2020年2月至12月，为致敬奋斗在抗疫一线的医务工作者，对全国医护工作者实行了免费开放优惠政策。

（三）动能转换：资源城市有效转型

山东省枣庄市作为鲁南的一个煤城，资源枯竭迫在眉睫。台儿庄古城作为枣庄市资源型城市转型的重点工程，把旅游业作为资源型城市转型的替代支柱产业和实现经济结构调整的突破口②③。历经短短十多年发展，却带来两次足以震动中国城市改革创新之举，造就了业界瞩目的“枣庄实践”和“台儿庄模式”。台儿庄古城在拉动台儿庄区国民经济发展、促进台儿庄区资源型城市转型方面发挥了重要作用。台儿庄古城的建设和成功

① 黄敬梅．运用SWOT分析文化旅游产业的发展——以台儿庄古城为例［J］．农村经济与科技，2017，28（14）：58－59．

② 白彦，刘畅．文化旅游产业的经济带动效应研究——以枣庄市为例［J］．湖南社会科学，2021（04）：55－61．

③ 唐月民．资源枯竭型城市的文化转型之路——以台儿庄古城为例［J］．文化产业研究，2014（02）：29－42．

运营，极大地带动了台儿庄区和枣庄市的文旅融合产业发展。

2017 年，台儿庄区旅游总消费占该区 GDP 的 42.2%，远超山东省 13.7%旅游消费占比，枣庄市 9.5%旅游消费占比。2018 年，台儿庄区旅游总消费占枣庄市旅游总消费的 38.01%，远超台儿庄区 GDP 占枣庄市 GDP 的比重 8%，充分地说明了台儿庄古城建设对台儿庄区旅游业的巨大带动作用，也进一步验证了“台儿庄模式”的巨大成功。2019 年，台儿庄区共接待国内外旅游者 1252.99 万人次（增长 5.2%），实现旅游消费总额 92.72 亿元（增长 5.2%）。2020 年，旅游复苏有效，共接待游客 487.93 万人次（恢复至上年水平的 38.9%），实现旅游消费总额 36.11 亿元（恢复至上年水平 38.9%）。台儿庄区文旅融合发展，又进一步助推第三产业发展，对台儿庄区乃至枣庄市优化产业结构、实现产业升级提供了巨大助力，有力地促进了城市发展新旧动能转换。

四、台儿庄古城与城市共生的现状问题

本研究通过文献资料搜集、实地调研访谈等方法展开，主要搜集了国内关于台儿庄古城重建及文化特色的相关文献资料，并分别于 2018 年 8 月和 2020 年 4 月对古城进行了实地踏勘，对古城内的 5 位企业运营人员、8 位管理部门工作人员、10 位当地市民和 20 名游客进行半结构访谈，了解台儿庄古城的现实发展情况和在保护和更新过程中面临的一系列问题。

（一）古城与城市共生单元的现状问题

1. 街区特色不鲜明，布局亟待优化

台儿庄古城目前建有大衙门街、箭道美食街、台湾古玩非遗街等特色街区，其中，主街大衙门街于 2019 年成功跻身山东省首批特色步行街 12 强；箭道美食街大多为当地鲁菜馆，菜品较为单一、同质化严重，整体服务品质一般；台湾街东段分布有药典博物馆，中段是古城古玩字画的集聚区，西段以工艺品销售、展示为主，现有古玩非遗街区的功能定位较为单

一。同时，街区景观建筑特色不鲜明，商户千篇一律，除了店铺的不同之外，街区没有明显的风格差异，古城也未形成主题商圈，不能有效引导游客分流，造成主街游客拥堵，其他街区人烟稀少、商业惨淡，整体布局亟须优化。

2. 交通接驳不方便，公共服务不足

台儿庄古城地处枣庄市台儿庄区东南角，南临京杭大运河，东靠鲁苏两省交界处，地理区位较为优越，对外交通主要依靠周边的京台高速、京沪高铁等交通干线，枣庄站、徐州东站等铁路客运站，以及徐州观音机场、临沂机场、枣庄机场（筹建）等机场，但与此同时，台儿庄古城与周边火车站、机场等对外交通枢纽接驳不便，目前除了枣庄高铁站、枣庄客运换乘中心已经开通 BRT 专线直达台儿庄古城以外，周边其他的火车站、机场尚未开通。另外，台儿庄古城停车难问题也尤为突出，停车位不足、缺少配套数量的停车场，许多自驾游和本地车辆只能就空停靠在路边，严重阻碍交通，使街道更加拥挤。同时台儿庄古城尚缺乏现代城市的文化生活功能的融入，尤其古城内尚需配套优质的居住条件和旅游公共服务设施。

（二）古城与城市共生环境的现状问题

1. 政府引导作用占据高位

枣庄市政府对台儿庄古城的发展规划提出了高定位高要求，比如《枣庄市城市总体规划（2010—2020）》，提出江北水乡、运河古城的形象定位；以及《枣庄市精品旅游产业发展专项规划（2018—2022 年）》，提出中华古水城、英雄台儿庄的定位。从宏观上看，政府制定了一系列重要的举措，旨在加快推进台儿庄古城的保护与更新进程。但是从另一角度来看，目前的高定位高要求，在一定程度上缺乏对台儿庄古城自身资源优势、经济产业发展及社会文化生活等方面的深入考量，没有把握好旅游消费大众化、需求品质化、客群年轻化和文化热的发展趋势。同时，枣庄市政府并未明确台儿庄古城与城市的共生模式的具体选择，未能充分地利用优势提出保护性更新策略，若是继续盲目地对古城物质空间进行高定位和高要求的更新改造，必然将会对台儿庄古城造成不可逆的损害。此外，缺少社会力量的参与。

2. 古城保护所需财力较大

依据《山东省台儿庄古城保护管理条例》（以下简称《条例》）可知，枣庄市财政部门将台儿庄古城保护管理工作所需经费划拨了财政预算，枣庄市人民政府设立了台儿庄古城专项保护经费，专项用于台儿庄古城的更新与保护。据悉我们看到的古城，是在2008年之后重建的古城，共投资约72亿元。2022年2月底，枣庄市台儿庄区15个重点项目集中开工，总投资144.2亿，其中年度计划投资52.2亿元，涉及锂电新能源、新材料、高端装备、基础设施和社会民生五大类别，此类项目的兴建将进一步筑牢台儿庄区“5+3”现代产业体系的发展基础。台儿庄古城的保护与更新需要巨大资金支持，专项保护经费不单单是由国家专项补助资金和台儿庄区财政预算组成，在一定程度上离不开民间资本投入、社会捐赠以及其他依法筹集的资金来源，因此亟需完善文旅投融资体制，拓宽投融资渠道。

（三）古城与城市共生模式的现状问题

1. 商业氛围浓厚，业态结构比重失衡

目前，台儿庄古城入驻商户共计400余家（不包含自营业态），商业品类齐全、业态丰富，涵盖餐饮、住宿、休闲娱乐、商品销售、体验展馆等业态，形成了较为完善的商业体系。但旅游商品占比58%，休闲娱乐占比仅有3%，古城商业氛围较为浓厚，且店铺同质化、低端化现象突出，服务品质普遍不高，业态结构比重严重失衡。台儿庄古城商户自营客栈较多，品牌、连锁酒店相对较少，客栈服务品质参差不齐，并且大部分酒店客栈设施老化，装修设计较为低端、缺乏特色，游客住宿体验感一般，难以满足游客多样化、品质化住宿消费需求。

2. 文化元素众多，但文化感知度较低

台儿庄古城汇集大战文化、运河文化、鲁南文化等文化资源，文化底蕴深厚、文化元素众多，拥有运河故道、古驳岸、古码头等京杭大运河仅存的最后一段古运河遗址，以及世界上保存数量最多、最具独特性的53

处二战遗址，融东西南北建筑文化风格于一身，同时，非物质文化遗产也很丰富，汇聚了众多国家级、省级非遗项目，如伏里土陶、柳编、鲁绣等。近几年，古城不断加快文化的展示交流以及对外宣传力度，相继建成40多个文化展馆、博物馆，文化保护传承取得了一定成就。但与此同时，各种文化元素竞相开放，使得古城文化主题不突出，且游客对古城文化的感知度较低，特色文化资源尚未充分呈现在游客面前，此外，文化资源的开发利用价值不高，未能最大化地转化为旅游产品和文化产业，古城文化保护传承工作任重而道远。

五、台儿庄古城保护更新策略探讨

（一）协调台儿庄古城与城市的共生单元

1. 打造“一主四副”，五大主题商圈

复兴广场周边打造古城核心商圈：以复兴广场为核心，辐射大衙门街中段、丁字街、月河街和箭道街南段四条街区，依托现有酒吧、建筑特色以及广场、游船资源，打造集夜游、酒吧、餐饮、购物、沉浸式体验、灯光秀于一体的古城核心商圈。泰山行宫周边打造艺术品商圈：以泰山行宫为核心，辐射台湾街中段、箭道街两条街区，依托雅风堂、听松堂、玉宝斋和明德茶苑等古玩字画店铺聚集发展优势，营造沿街古玩文化的景观环境，打造集古玩、字画、鉴赏、交易和体验于一体的古玩艺术品商圈。天后宫周边打造民俗文化商圈：围绕天后宫、船型街、月河街、大衙门街围合区域，沿街布设具有台儿庄古城文化特色的景观小品、文化景观墙，打造最具古城韵味的民俗文化商圈。新关帝庙周边建设高端购物商圈：以新关帝庙为核心，辐射运河北岸、车大路两个街区，面向高端休闲人群、本地品质生活消费人群以及城市发展需求，打造“旅游+居民”高端购物商圈。药典博物馆周边建设医养保健商圈：以药典博物馆为核心，辐射台湾街东段，依托药典博物馆，借助周边欧式、民国建筑风格，打造集中医保健、康养体验和药品销售于一体的医养保健商圈。

2. 强化外部交通接驳，加强停车场建设

建议在省道234任楼社区转弯处，建设一大型接驳中心，兼顾徐州机场、徐州高铁站及新台高速游客；建议在台儿庄北部叶庄村，建设集大型停车场和游客服务中心为一体大型游客集散中心，能较大程度减轻城内交通压力。建议结合济枣旅游高铁规划，修建台儿庄至枣庄站轨道交通，缩短高铁站至台儿庄乘车时间。同时建议在台儿庄北部新在张山子半楼村、孙庄村建大型客服中心“京台高速大运河服务区”，接待G3高速游客。建议在台儿庄东部沧浪庙村东新建游客接驳点，来自东面方向游客在此转驳，通过客运或小季河水路将游客送至古城东门，在邳庄湿地与古城建形成互动。同时，建议在古城周边结合古城风貌和景区（点）的整体形象建设中小型生态停车场（草坪式或树阵式），方便自助游和自驾游游客；建议在古城东门南侧建设一综合性地下停车场，缓解地上交通压力。

（二）改善台儿庄古城与城市的共生环境

1. 贯彻落实重大战略，布局七大功能分区

贯彻落实中共中央、国务院《大运河文化保护传承利用规划纲要》《长城、长征、大运河国家文化公园建设方案》等重大战略，以及山东省支持全域旅游、夜间旅游发展等政策意见，积极争取国家、山东省政策倾斜，特别是鼓励大运河文化传承建设的相关政策扶持。加快与淮河水利委员会对接，积极争取淮河水利委员会提供支持台儿庄古城发展相关政策支持。重点支持通过开放部分运河河道，支持运河古道的旅游开发，发展运河水上游线，促进枣庄全域旅游发展。同时，积极落实严格保护传承文物和非物质文化遗产，突出活化传承和合理利用，落实改革创新，强化中国高度、时代眼光和全球视野，打造中华民族的特色文化名片。对台儿庄古城的物质空间可划分出国际会议会展、民俗旅游休闲、儿童主题游憩、文化康养区、抗战红色文化、艺术家岛等功能分区，以此在进行系统保护与更新基础之上，更好地把握消费大众化、需求品质化、客群年轻化、文化热的“三化一热”趋势。

2. 加大金融投资支持，创新资本融资模式

枣庄市委市政府一方面应该加大对台儿庄古城保护与更新工作的金融支持，加快台儿庄古城确权工作，推进上市工作；另一方面应该完善文旅投融资体制，拓宽投融资渠道，优化当前古城融资结构，提高融资效率。政府可以适当放手干预程度，以市场化运作为核心，探索文旅投融资有效方式，加大文旅项目招商引资力度，论证使用PPP、BOT、TOT等方式创新旅游项目融资方式，调度各类投资主体的积极性，将枣庄市旅游资源整合到台儿庄古城，实现资本与资源的最佳结合，推动古城旅游资源优势向经济优势转变。适时引入战略伙伴，打造更高层次更大范围的旅游产品，积极推动古城上市。

（三）优化台儿庄古城与城市的共生模式

1. 升级传统业态，调整古城业态比重

打造“游客+当地居民”一站式品质休闲商业综合体，增强城的概念。还古城于当地居民，加快推进古城由传统商业向一站式休闲游憩商业综合体转型，满足游客消费需求的同时，服务本地居民休闲生活和枣庄市城市发展需求。重点发展高端餐饮和特色小吃，打造古城餐饮“两端化”。旅游古城商业配置的关键是建立商业消费生态链条，特别是餐饮消费，品质化、特色化经营是增加游客量关键。突出个性化、多元化住宿产品，升级古城度假体验。迎合游客消费需求和市场发展趋势，构建“品牌民宿+高端酒店+主题客栈”个性化、多元化住宿产品，升级古城住宿体验服务。借鉴知名旅游小镇商业发展的成功案例，结合台儿庄古城发展实际及游客消费需求，加快古城传统商业向休闲、游憩、创意、体验和跨界融合等多元方向扩展，盘活闲置用地，有序引入高端品牌，不断优化古城业态配比。按照业态建筑面积占比，建议将古城业态配比调整：加大休闲娱乐业态比重（由2.6%提升至10.0%）；适当提高住宿业态比重（由27.2%提升至30.0%）；适当增加餐饮业态比重（由4.2%提升至7.0%）；适当增加旅游商品业态比重（由3.8%提升至5.0%）；降低游览观光景点比重（由62.8%降低至48.0%）。

2. 新旧文化融合，提高景观可识别度

坚持仿古为今，借助创意、创新、创作等形式，通过文化传承、文化演绎、文化创意和文化交流等途径，实现新旧文化融合创新发展。依托八大建筑、“百馆百庙”、文化街区打造等文化场所，强化大战文化、运河文化、民俗文化及非遗文化传承保护。增加实景演出，创新非遗体验活动，加快古城特色、个性化文创产品开发设计，丰富研学教育产品类型，增强古城文化创意体验。开展具有影响力的国际、国内重大会议会展服务，继续优化节庆活动，特别是做好清明、五一和重阳节等小节庆活动。设计一条专属招牌游览线路。充分发挥古城以招幌为主题的中国运河招幌博物馆的招幌文化资源优势，深入挖掘明清及民国时期各式招幌设计特点，尝试在民俗旅游休闲区植入招幌文化元素，并按照商业业态分类提取其特色元素作为基础，根据店铺本身特点进行元素附加，设计形成专属台儿庄古城的招牌系统，增强功能区景观风貌特色的同时，打造成为古城旅游新的吸引点、网红打卡点之一。并以此为标识，串联形成一条特色游览线路。设计一套特色标识系统。为了让游客更加方便快捷地识别古城景点，建议对古城标识系统进行特色化设计，布置清晰的景区指示地图，并根据游览主题的不同，设置不同的颜色和特色指引牌，便于游客根据游览线路指引到指定景点，丰富游客的游览体验。如设计一套独特标识，串联起古城 53 处二战遗址，形成一条独特的深度体验游线，让游客在游览的过程中真实感受“中华民族扬威不屈”的抗战精神，提升文化感知度。